新/闻/传/播/学/丛/书
▪主编▪李珮▪

中国数字出版产业链整合研究

裴永刚/著

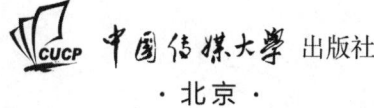 中国传媒大学 出版社
·北京·

编委会

主　任：李希光　欧阳宏生
编　委：李希光　欧阳宏生　李　珮　罗小萍
　　　　　李　韧　蒙晓阳　贺　艳　王　炬
　　　　　陈笑春　裴永刚　屈永刚　赵文丹
主　编：李　珮
副主编：李　韧　罗小萍

2018年国家社科全球化视野下中国出版"走出去"战略创新发展研究（18XXW002）的阶段性成果之一

总　序

西南政法大学新闻传播学院是重庆市第一所经教育部正式批准建设的新闻学院，筹建于1994年，1995年开始面向全国招生。

学院在办学之初提出了"主新辅法"的培养模式，形成新闻学和法学相结合的独特学科交叉优势，并整合了法学、哲学、文学、管理学等学科资源，形成"媒介视野、法律正义、社会责任"三者并重的办学特色。

学院于2010年更名为"全球新闻与传播学院"，这是学院保持发展法制新闻特色办学15年之后的一次理性拓展，力求充分整合国际国内优势资源，培养具有全球视野的新闻与传播人才。

2015年是学院成立20周年，为总结我院办学经验，醇化学术氛围，提升学术影响力，从2014年起，我院陆续向社会呈献西南政法大学"新闻传播学系列丛书"。

第一套丛书共11部作品，已经于2014年5月由法律出版社出版。这11部作品分别为：《新闻侵害人格权研究》（蒙晓阳教授著）、《中国电视娱乐文化批评》（李林容教授著）、《法律的电视虚构生产——中国当代法律题材电视剧研究》（陈笑春教授著）、《1903年：上海苏报案与清末司法转型》（蔡斐副教授著）、《中国出版物版权输出竞争策略研究》（裴永刚副教授著）、《媒体是信任危机的帮凶吗？》（郭晓科副教授著）、《关于"家"的想象与叙述：20世纪90年代以来家庭伦理电视剧的叙事文化研究》（贺艳副教授著）、《三峡工程纪实影像传播史》（郑微波副教授著）、《重庆都市报发展史》（赵文丹副教授著）、《关注热点：特定议题新闻报道研究》（陈丽丹副教授著）、《地理影响与文化表征——重庆电视纪录片研究》（周松博士著）。

这11部作品分别代表了我院教师尤其是青年教师在新闻与法治研究、国际新闻研究、影视与新媒体研究、政治传播研究四个研究方向的成果，也是我院新生代学术实力的一次整体亮相。

即将面世的这套丛书共15本，是我院面向社会推出的第二套丛书。本套丛书的作者主要以我院的青年博士为主，也是我院青年教师在新闻与法治研究、国际新闻研究、影视与新媒体研究、政治传播研究四个研究方向所取得的最新成果。

李珮教授等所著的《网络环境下突发事件传播与管理研究》，旨在通过对我国网络环境下突发事件案例的剖解、反思，以及引入政治经济学、社会心理学等学科的研究方法，从系统论视角出发，勾勒突发事件在网络环境下的"异化"以及不同诉求传播主体间的博弈、妥协与共谋；根据网络环境下突发性事件发展的新形势，提出"网络舆情事件"的概念，并据此指出相应管理制度的缺失和法制建设的盲区，在此基础上，深度剖析突发事件政府应急管理陷入的误区，并尝试在"中国特色"框架之下给出网络环境下加强突发事件管理的对策建议。

陈笑春教授所著的《影视作品里的中国法治进程》，主要以法治题材的电影电视作品为对象，探讨了虚构的影视作品对于现实法治进程的再现及其社会语境。该书以法治题材影视作品发展的滥觞、发轫、兴起、多元和转型这五个时期为分野，每部分选取了具有典型意义的影视作品进行具体分析。影视作品对个体生活的再现，令法治领域与其他社会领域之间的关系在微观故事中变得具体而多样，诠释了法治内涵的现实性和丰富性。

贺艳副教授所著的《媒介表征与城市形象：以重庆为例》以重庆为研究个案，从较为宽泛的媒介界定出发，试图探讨以下问题：在文学作品、报纸、电视、电影、网络等多种媒介所传播的内容之中，重庆呈现为怎样的形象？重庆的这些形象又是怎样被建构的？媒介所呈现的重庆形象还存在着哪些问题？

蔡斐副教授所著的《戈公振新闻思想研究》，以中国新闻传播史奠基人戈公振先生为研究对象，以历史的眼光和翔实的史料剖析了戈公振新闻本位、新闻法制、新闻教育、自由主义、新闻编辑、媒体经管等新闻思想的各个维度，全面展示了戈公振新闻思想的丰富内涵和时代特征。

谷李副教授所著的 *Intellectual Constellations（1980—2008）*，提出文学、电影文本和文化经济政策及其讨论、批评作为知识分子聚集并集中表达和建构自身与世界关系的场域。通过对 20 世纪 80 年代初到 21 世纪初的个案分析，该书勾勒出一种可被称为后社会主义情感结构的现象的一些侧面。

杨婷副教授所著的 *Effects of SNS Uses on International Students' Socialization：Focusing on Chinese Students in Korea*，研究了在韩中国留学生的社会化状况。该书研究分为两个阶段：第一个阶段为定量研究阶段，通过自填式问卷调查，对社会化结果（包括学习动机、社会融入程度等六个变量）以及社交媒体的使用对于各个变量产生的影响进行了调查；第二个阶段运用深层访问法，分三个时期（期盼、遭遇、习得与改变）对被访者的社会化状况进行了分析。

刘娟副教授所著的《疫病防治与健康传播：重庆的天花灭绝实践（1891—1952）》，在挖掘大量民国时期原始材料的基础上，从阶级基础、社会组织、文化建构及行为模式等方面，以 19 世纪以来天花防治为背景，截取重庆开埠直至宣告天花灭绝为时间切片（1891—1952），描述了牛痘接种的信息从传播到扩散，最终改变民众防疫行为的过程。本研究的价值在于以历史的视角拓展了"创新扩散理论"在健康传播中的运用，认为阶级基础是重庆乃至中华人民共和国成立后迅速扑灭以天花为代表的烈性传染病的重要原因，以期为当下疫病防控提供本土经验。

屈永刚博士所著的《儒家政治正当性观念发展研究——从孔子到董仲舒》，以西汉初期之前儒家政治正当性观念为研究对象，以孔、孟、荀正当性观念为基点，上溯殷周时期，下及西汉初期（以董仲舒为代表），对西汉初期以前儒家政治正当性观念的渊源和发展做出了系统的梳理。

赵莹博士所著的《我国民间商事借贷立法研究》，基于民间借贷的商法属性探讨了其立法体系的构建，认为在我国应建立规范民间商事借贷的统一立法。

刘大明博士所著的《宋代新闻传播与政治文化研究》，主要从新闻史的角度研究了宋代邸报的新闻活动，从传播史的角度研究了谣言传播以及宋代出版传播活动，从政治史的角度讨论了宋代文人谈兵论战的时代背景、具体策略以及兵学文化繁荣等系列议题，并且通过个案的描述来分析，使读者能够认识宋代新闻传播的具体运作逻辑和构成方式，从而提高解析当今社会问题的能力。

申可君博士所著的《城市社区居民参与机制研究》，试图通过分析居民参与要素的新特点，构建一套有效促进居民参与社区建设的六个二级参与机制，并剖析了该机制的形成、分类及其影响因素。同时，该书提出了推动居民参与机制运行的保障条件，以期助力基层政府摆脱长久以来居民参与不足的困境。

廖宇翃博士所著的《大众传媒对城乡统筹发展的作用研究》，从经济学、管理学和传播学相结合的新角度研究了城乡二元结构和城乡统筹发展的问题，通过实证研究发现了知识和信息在城乡之间的不均衡分布是城乡差异的基本原因，提出了缩小城乡差异的新途径是改变知识和信息在城乡之间的供需失衡状态。

刘必华博士所著的《转型社会中的大众传媒与公共利益》，提出了当代中国社会转型的复杂性与矛盾冲突的尖锐性，要求建立以公共利益为基本取向的传媒体系。该书从体制、话语与实践三个层面考察了中国传媒服务于公共利益的表现，并从传媒治理、职业道德和受众参与等方面提出了建议。

任正安讲师所著的《走出现代的尴尬——边缘民族传统文化与现代传播的土家族样本》，观察了在新传播环境下西部少数民族地区社会沟通和媒介使用现状与变迁，将文化传播和媒介教育相结合，以少数民族媒介素养教育为出发点，探讨了如何更好地在少数民族集中的西南地区提升媒介教育，进而提高其媒介素养，传播本民族文化，以对传受双方及其与社会文化环境的多元互动的高度重视探索传播效果的有效提升。

徐金讲师所著的《解码与编码——广告创意实务》，旨在运用符号学和结构学视角对经典广告进行分解，寻找出独特可行的广告创作思路，总结出广告思维及创作规律，并通过广告创作实例展示广告创意及创作方法的运用。

这套丛书集中体现了西南政法大学新闻传播学的传承和创新，也是我院新生代学术实力的再一次整体亮相。

甲戌年间建经纬，荏苒岁月二十载。

日钟两江之灵秀，月沐法府之鸿光。

法治新闻创特色，全球视野开新章。

心系天下得清誉，五湖九州望徜徉。

我们真诚地期待着学术界对我院新闻传播学系列丛书提出宝贵的意见和建议。

是为序。

李珮

2015年12月于毓秀园

前　　言

"计算机不再只和计算有关，它将决定我们的生存。"尼葛洛庞帝（Negroponte）1994年大胆预测，比特将取代原子，成为我们生存的统治者。而今，比特力量显现，数字出版成为当今出版领域的高频词汇，成为新闻出版业新的经济增长点。

"十二五"以来，我国数字出版业产值从 2011 年的 1,377.88 亿元增长到 2015 年的 4,403.85 亿元，年均连续增长率远超其他行业，产业的跨越式发展与市场需求间的满足关系持续稳固。数字出版产业收入在新闻出版产业收入的占比由 2014 年的 17.1% 提升至 20.5%。其中，互联网广告、移动出版与网络游戏依然占据收入榜前三位。互联网期刊收入达 15.85 亿元，电子书（含网络原创出版物）达 49 亿元，数字报纸（不含手机报）达 9.6 亿元，博客达 11.8 亿元，在线音乐达 55 亿元，网络动漫达 44.2 亿元，移动出版（手机彩铃、铃音、移动游戏等）达 1,055.9 亿元，网络游戏达 888.8 亿元，在线教育达 180 亿元，互联网广告达 2,093.7 亿元。① 收入比例如图 1 所示。

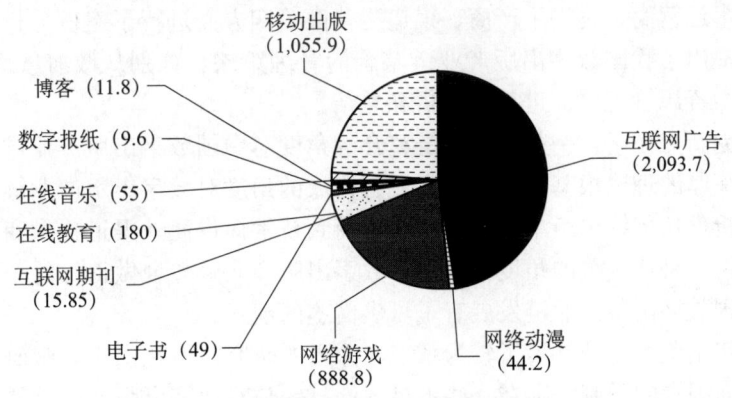

图 1　2015 年数字出版产业收入（亿元）

说明：数据来源于《2015—2016 年中国数字出版产业年度报告》。

中国新闻出版研究院、前瞻产业研究院、中研普华集团等机构每年均出版数字出版产业年度报告，对前一年的数字出版产业发展状况进行宏观层面的探讨。这些为本书研究奠定了比较坚实的基础。

中国新闻出版研究院每年组织出版中国数字出版年度报告，笔者作为研究成员之一，曾经参与数字产业年度报告的研究工作。《中国数字出版产业发展研究》一书的一些资料来源于这一研究课题。同时笔者在进行该课题的研究过程中，根据自身研究需要，进行了大量的调研工作，先后咨询、走访、调研了许多具有代表性的机构或单位，例如国家新闻

---

① 中国数字出版产业年度报告课题组. "十二五"收官之年的中国数字出版［J］. 出版发行研究，2016，(8)：5-10.

出版广电总局、北京市新闻出版广电局等政府部门，高等教育出版社、上海理工大学出版社、西南大学出版社等出版单位，中华版权代理公司、北京市版权代理公司等版权代理机构，出版工作者协会、中国编辑学会等行业协会，中国新闻出版科学研究院、武汉大学——长江传媒出版研究中心以及北京大学信息管理系编辑出版学专业、北京印刷学院等科研和教学单位。本书采取了实证研究和理论研究相结合的调研方法。首先，进行系统的文献调研，通过北京大学数据库资源查阅国内外相关数字出版产业链文献资料，从而掌握了国内外关于数字出版产业链的一些特点。在此基础上，设计出调查问卷和半结构化访谈提纲。其次，对国内从事数字出版产业链的研究与教学机构进行问卷调查，并选择有代表性的个案进行深入研究。再次，进行焦点小组访谈，主要与相关领域专家，如出版社负责数字出版的人员、相关政府官员等进行访谈，搜集大量的实证数据和资料。最后，在调查数据的基础上进行实证分析，并运用历史方法将数字出版产业链整合置于社会发展和文化变迁的历史背景中进行分析。该研究为本书的形成奠定了另一部分基础。

本书除了绪论和结语外有五章。第二章介绍了数字出版产业链的相关理论，包括产业发展理论、产业关联理论、产业链纵向关系理论、产业链纵向一体化动因理论、产业链纵向成长理论等；第三章描述了数字出版产业链的构成，从数字出版产业链主体、数字出版产业链流程、数字出版产业链资源和数字出版产业链客体等四方面阐述了数字出版产业链的构成因素；第四章比较详细地论述了中国数字出版产业链的发展现状，从数字出版产业链的发展成就、存在问题、数字出版产业的细化研究等方面进行了阐述；第五章探讨了数字出版产业链整合途径及实践，主要论述了数字出版产业链整合的几个重要路径，并从内容提供商、技术运营商、终端生产商、渠道运营商等四方面进行了案例分析，提供了实践指导；第六章提出了我国数字出版产业链整合的管理策略，分别从政府层面、产业层面、企业层面和人力资源管理层面进行了分析和总结。

本研究的创新点在于：一是从产业链整合的角度对中国数字出版产业进行了研究，使得研究有比较深厚的理论根基；二是从产业链构成的角度对数字出版产业链条上的各环节进行了详细分析，从传统出版单位等内容提供商到技术提供商、渠道提供商、产业链终端均进行了探讨；三是从实践的角度对国内外数字出版产业链整合做得好的企业进行了具体剖析，使得中国数字出版产业链发展有了可供借鉴的模式。

本书对数字出版产业链开展了较为系统、深入的研究，但是由于客观研究条件、研究者能力等多方面因素的限制，存在一些不足之处。一是对数字出版产业链整合的实证评价分析不足。虽然笔者按照数字出版产业链的构成情况选取了传统出版单位、技术运营商、硬件商、渠道运营商等，力图对我国数字出版产业链的整体运行情况进行实证分析，但由于数字出版产业的投入产出数据、产业链各环节主体的市场销售数据缺乏，制约了本研究的调查。二是研究视角方面，研究方法有待丰富。就我国数字出版产业链而言，不同地区、不同类型数字出版产品的产业链发展状况、存在问题、管理思路均有所不同，这里并没有做到具体分析和研讨。三是对国外数字出版产业链的分析不足。以上均是未来研究需要强化的部分。

目　录

1　绪论
　1.1　国内外研究现状述评及研究意义 ································· 001
　1.2　主要内容、基本思路、研究方法 ································· 002
　1.3　重点难点、主要观点和创新之处 ································· 004

2　数字出版产业链相关理论
　2.1　产业发展理论 ·· 005
　2.2　产业关联理论 ·· 007
　2.3　产业链纵向关系理论 ··· 010
　2.4　产业链纵向一体化动因理论 ·· 015
　2.5　产业链纵向成长理论 ··· 020
　2.6　产业链纵向整合关系的理论分析 ······································ 022
　2.7　小结 ·· 026

3　数字出版产业链构成
　3.1　数字出版产业链主体 ··· 027
　3.2　数字出版产业链流程 ··· 035
　3.3　数字出版产业链资源 ··· 041
　3.4　数字出版产业链客体 ··· 046
　3.5　小结 ·· 050

4　中国数字出版产业链发展现状
　4.1　发展和成就 ··· 051
　4.2　存在的问题 ··· 054
　4.3　数字出版产业的细化研究 ·· 067
　4.4　小结 ·· 089

5　数字出版产业链整合途径及实践
　5.1　数字出版产业链整合的重要途径 ······································ 090
　5.2　数字出版产业链整合实践 ·· 094
　5.3　小结 ·· 110

6 我国数字出版产业链整合的管理策略

6.1 政府层面 ······ 111
6.2 产业层面 ······ 115
6.3 企业层面 ······ 117
6.4 人力资源层面 ······ 120
6.5 小结 ······ 121

7 结语 ······ 122

参考文献 ······ 123

1 绪论

1.1 国内外研究现状述评及研究意义

1.1.1 国内外研究现状述评

从文献调研看，产业链整合的思想最早来自亚当·斯密的分工理论。马克思在《资本论》中指出，分工可以通过企业制度来组织，也可以通过市场制度来组织。马歇尔（Marshall）把分工扩展到企业与企业之间，强调了企业间分工协作的重要性。赫希曼（Hirschman，1958）应用"关联效应"强调了前向联系（forward linkage）与后向联系（backward linkage）对于经济发展的重要意义。阿罗（Arrow，1969）指出，在产业链上占有垄断优势的企业采取对其他企业纵向控制的方式，获得市场优势，从而提高市场占有率和利润。1981年，威廉姆森（Williamson）和奥利弗（Oliver E.）指出，纵向一体化可以减少交易成本。费德瓦（Fedwa，1996）在他的论文中使用了"盈利模式"（Profit Model）一词。他提出了七种创造收入的盈利模式。埃利奥特（Elliot，2002）认为，盈利模式详细说明了一个商业实体中不同参与者之间的关系，以及每个参与者的成本和收益，所有的盈利模式都可以简化成一个公式：利润＝收入－成本。对于数字出版盈利模式，艾伦（Allen）从管理角度将其分为四种：一是商业出版模式，二是补贴出版和按需打印，三是不收费的"传播者"，四是个人电子出版。罗切斯特理工大学教授迈克尔·L. 克莱佩（Michael L. Kleper）所著的《数字出版手册》（*The Handbook of Digital Publishing*）则从专业技术角度解剖了数字出版及盈利模式。日本学者小林一博（2004）和长冈义幸（2006）分别在各自的著作《出版大崩溃》和《出版大冒险：剖析日本 13 家出版社产生利润的机制与结构》中探讨了数字出版盈利模式。我国对数字出版盈利模式的研究开始于 20 世纪 90 年代末期。周荣庭（2000）认为，互联网出版可采取三种收费方式：有偿出版、广告收费出版和无偿出版。钟智锦（2002）介绍了美国数字出版网站 Iuniverse.com 和 Xlibris.com 以差别服务实现盈利的模式。匡文波（2007）阐述了日本手机报三种主要赢利模式，即手机广告模式、阅读收费模式和增值服务模式。傅苓（2007）按业务形式给数字出版一一分类，并分门别类介绍了这些业务的运营情况。方卿（2011）指出，数字出版已形成了三种基本的成功模式，分别是基于内容资源的模式、基于数字技术的模式和基于开放共享理念的模式。

国外研究产业链的著作主要包括以下几本：1985年，波特（Porter）在《竞争优势》（*Competitive Advantage*）一书中首次提出价值链的概念，并且迅速成为研究和构建企业竞争优势的分析工具；1958年，赫希曼在《经济发展战略》（*The Strategy of Economic Development*）一书中从产业关联的角度论述了产业链的概念；1986年，里昂惕夫（Leontief）在《投入产出经济学》（*Input-Output Economics*）一书中，借助投入产出表进一步定量分析了产业关联的前向、后向联系。

国内研究产业链的书籍有方卿教授所著的《出版产业链研究》（高等教育出版社，2011）。该书是教育部人文社会科学重点研究基地重大项目研究成果。《出版产业链研究》在对出版产业链的概念、属性、价值特征与类别归属等基本理论问题进行系统分析的基础上，着重探讨了出版产业链的延伸和拓展等出版产业链建设与管理方面的核心问题，在大量的个案研究与实证分析的基础上提出了进一步加强我国出版产业链建设与管理的思路与对策，观点明确，论证充分。芮明杰所著的《论产业链整合》（复旦大学出版社，2006）一书中，作者分别就产业链演化的一般形态考察、纵向一体产业链的分析、网络状的产业链分析、产业链的空间集聚研究、产业链整合的知识共享分析、产业链整合的实现模式及其组织等做了详细论述。

另有曾元祥的博士论文《数字出版产业链的构造与运行研究》、吕强龙的博士论文《冲突与整合：中国数字出版产业链研究》、张晓岳的硕士论文《云计算对数字出版产业链的影响研究》、黄立雄的硕士论文《数字出版产业链整合研究》等。除此之外，中国新闻出版研究院的《中国数字出版产业年度报告》也是非常重要的研究资料。

1.1.2 研究意义

第一，本研究在理论层面侧重构建完整的基于产业链整合的数字出版盈利体系，这对于改变数字出版产业链体系内盈利模式的各自为政和数字出版产业链各方之间的竞争博弈具有重要作用。另外，本研究所进行的基于产业链整合的数字出版盈利模式优化研究，对于突破数字出版瓶颈和主体创新都具有重要意义。

第二，创新数字出版的盈利模式，特别是数字出版盈利模式的配置能力和效率，已经成为评价数字出版产业成熟度的重要指标。在实践方面，本研究将提出具有可操作性的面向不同运营环节的数字出版方案、不同主体的数字服务方案，为政府、科研机构、数字链内各提供商所应用。

第三，中国具有丰富的出版产业资源，能否形成具有中国特色的数字出版理论，创建影响世界的具有中国特色的数字出版品牌体系，是关系中国经济持续发展、中华文明影响世界的重大理论和实践问题。

1.2 主要内容、基本思路、研究方法

1.2.1 本研究的主要内容

本研究立足于国家数字内容文化产业发展的需求，以数字出版产业链整合为导向，以数字化技术为依托，以数字内容为支撑的数字出版盈利模式推进，在实证基础上，形成理论与应用成果，项目研究的主要内容如下：

第一，数字出版产业链构成的理论研究。对有关数字出版产业链构成的理论进行系统分析，探讨在不同理论视野下，数字出版产业链的构成机制、盈利模式等；结合我国国情和区域经济发展实际情况，吸取国外的先进理论和方法，为数字出版产业链整合的系统研究奠定理论基础。

第二，数字出版盈利机制及模型研究。基于数字出版产业链整合从理论和实践层面解析各个环节的数字出版整合模式，包括相关制度、资源组织、业务体系重构的研究，探索数字出版盈利模式的集成重组方式，构建基于数字出版盈利的配置平台，提出并构建出相应的数字出版盈利方式。

第三，数字出版盈利模式实证研究。对不同国家的数字出版整合模式的运行进行具体分析，研究其结构和运营规律，分析其影响因素，寻找数字出版整合的方式；在实证中，以数字出版产业链构成为研究对象，从各环节进行具体研究，着眼于互动和双赢，建立跨媒介的数字出版整合平台。

第四，构建数字出版盈利模式和对策研究。通过上述基础理论和实证应用研究，优化数字出版盈利模式与机制，找出数字出版盈利模式的制约因素，归纳影响数字出版盈利成效的主要障碍，从区域经济、制度、战略等方面提出解决数字出版盈利的具体建议与服务策略，为有关管理和决策提供依据。

1.2.2 本研究的基本思路

本研究遵循理论研究—产业链结构分析—整合实践分析—对策建议的思路展开。以中国数字出版产业链整合为研究的出发点，以产业链各环节研究为内容视角，以实现数字出版产业链的协调配置和利用为目标，以提升数字出版内容产业创新能力为根本原则，探讨数字出版产业链整合模式及其配置，研究其组织与运行机制，形成一套切合我国数字出版产业链整合需要的策略，提出对整体资源规划和政策制定有参考价值的数字出版整合方式。

1.2.3 本研究的研究方法

本研究拟采用以下研究方法：①文献调研法。文献调研法是指通过对文献的搜集、鉴别、整理和研究，形成对问题的科学认识的方法。文献调研是本研究顺利开展的基础。本研究将围绕相关的研究问题，对数字出版产业链的相关研究成果进行搜集、整理和综述，形成系统认识，同时发现当前研究存在的不足。同时，产业链研究属于产业组织理论、产业经济学的范畴，故而对该领域文献的调研也将为本研究的顺利开展奠定坚实的理论基础；在探讨产业链运行机制的优化策略、分析产业链的管理思路时，也需要借鉴博弈论、规制经济学等的理论和方法，故而本研究将通过对上述理论文献的调研，吸收借鉴其理论研究成果，开展本研究相关问题的分析。②博弈论研究方法。博弈论又被称为"对策论"（Game Theory），既是现代数学的一个新分支，也是运筹学的一个重要学科。博弈论主要研究产业链主体不同的博弈行为的选择会对其价值收益产生的重要影响，在何种策略下，能够实现双方收益的最优。数字出版产业链的利益分配是多方博弈的结果，产业链主体为了追求各自产业链利润的最大化，会灵活选择不同的策略，其中总会有一个最优的博弈结果，即产业链利益分配的最优方法，实现双方的合作共赢。在数字出版产业链运行过程中，存在的博弈行为及其不同行为策略产生的博弈结果，是值得深思和探讨的理论问题，也是当前研究的主要问题。本研究将借助博弈论的相关分析工具，对数字出版产业链运行过程中的博弈行为及优化策略展开分析。③社会网络分析法。社会网络分析法是利用数学图形推理和定量分析方法对网络结构进行测定的一种重要分析方法和工具，是战略联盟关系研究的重要理论和分析视角。产业链是关联企业之间构成的一种战略联盟关系网链，本研究采用社会网络分析法，通过获取数字出版关联企业间的战略联盟/战略合作信息，构建数字出版战略联盟关系网络，探讨联盟企业间的关联关系强弱，探寻产业链的主导企业。④案例分析法。案例分析法是通过典型案例的分析研究，以得出一般性、普遍性规律的分析方法。出于数字出版产业链定量数据较为缺乏的现实情况，本研究借助相关案例研究当前数字出版产业链的发展问题，包括数字出版产业链的主体构成、主导企业、分工定位、利益分配等方面的典型案例，从实际层面解释数字出版产业链整合问题的内在本质。

1.3 重点难点、主要观点和创新之处

1.3.1 本研究的重点难点

第一，由于产业链整合体系内主体的需求差异和国内外环境的区别，如何将产业链整合与中国数字出版产业发展结合起来，构建基于产业链整合的中国数字出版产业理论体系，是本研究的重点和关键，也是难点之一。

第二，产业链整合体系内各环节需求的不一致问题，需要进行基于需求的模型研究与体系建设，确保数字出版产业链整合研究的可行性和与技术发展的同步性。

第三，在数字出版产业价值链结构分析方面，侧重于对数字出版产业链整合的几个重要路径，包括内容整合、渠道整合、资本整合、产业联盟与产业集群化建设等进行分析。这些方面的研究是本研究的重点，也是要尝试解决的难题。

1.3.2 本研究的主要观点

产业链整合必须立足于中国数字出版产业的总量与分布现状，一方面，不断提升数字出版产业链整合的质量；另一方面，通过高效的产业链整合，提升数字出版盈利效率，将数字出版内容资源运用在国家的重点领域和优势行业中，促进信息和知识的生产和传播，进行知识创新和文化创新，培育和形成能够支撑社会经济持续快速发展的创新能力。

1.3.3 本研究的创新之处

数字出版产业链整合模式是数字出版产业健康发展的关键，正得到空前重视。本研究的启动既是对已有成果的总结，也是解决基于产业链整合中存在的困惑，服务于国家数字文化产业大发展的战略。

2 数字出版产业链相关理论

2.1 产业发展理论

产业发展是指产业产生、成长和进化的过程，既包括单个产业的进化过程，又包括产业总体，也就是国民经济整体的进化过程。[1] 版权产业属于国民经济的第三产业，要推动中国出版物版权输出，则需要对产业发展的各个方面，包括产业生命周期、产业结构及产业发展战略进行把握。

2.1.1 产业生命周期

产业生命周期是指产业从出现到完全退出社会经济活动所经历的时间。产业生命发展周期主要包括四个阶段：幼稚期、成长期、成熟期和衰退期。产业生命周期曲线忽略了具体的产品型号、质量、规格等差异，仅仅从整个产业的角度考虑。识别产业生命周期所处阶段的主要指标有市场增长率、需求增长率、产品品种、竞争者数量、进入壁垒及退出壁垒、技术变革、用户购买行为等。①幼稚期。这一时期的市场增长率较高，需求增长较快，技术变动较大，产业中的用户主要致力于开辟新用户，占领市场，但此时技术上有很大的不确定性，在产品、市场、服务等策略上有很大的提升余地，对产业特点、产业竞争状况、用户特点等方面的信息掌握不多，企业进入壁垒较低。②成长期。这一时期的市场增长率很高，需求高速增长，技术渐趋定型，产业特点、产业竞争状况及用户特点已比较明朗，企业进入壁垒提高，产品品种及竞争者数量增多。③成熟期。这一时期的市场增长率不高，需求增长率不高，技术上已经成熟，产业特点、产业竞争状况及用户特点非常清楚和稳定，买方市场形成，行业盈利能力下降，新产品和产品的新用途开发更为困难，行业进入壁垒很高。④衰退期。这一时期的市场增长率下降，需求下降，产品品种及竞争者数量减少。从衰退的原因来看，可能有四种类型的衰退：一是资源型衰退，即由于生产所依赖的资源的枯竭导致的衰退；二是效率型衰退，即由于效率低下的比较劣势而引起的行业衰退；三是收入低弹性衰退，即因需求—收入弹性较低而引起的行业衰退；四是聚集过

---

[1] 苏东水. 产业经济学[M]. 3版. 北京：高等教育出版社，2008：474.

度性衰退，即因经济过度聚集的弊端所引起的行业衰退。[1] 根据产业生命周期理论，我国版权产业目前处于成长期。

2.1.2 产业结构

产业结构指在社会再生产过程中，一个国家或地区的产业组成即资源在产业间的配置状态，产业发展水平即各产业所占比重，以及产业间的技术经济联系即产业间相互依存相互作用的方式。产业结构理论的思想来源可以追溯到17世纪。威廉·配第（William Petty）在17世纪第一次发现了世界各国国民收入水平的差异和经济发展的不同阶段的关键原因是产业结构的不同：工业比农业收入多，商业比工业收入多，即工业比农业附加值高，商业比工业附加值高。20世纪30年代，新西兰经济学家费希尔（Fisher）以统计数据为依据，再次提起配第的论断，并首次提出了关于三次产业的划分方法，产业结构理论开始初具雏形。克拉克（C. Clark）在1940年出版的《经济进步的条件》（*The Conditions of Economic Progress*）一书中，重新发现并第一次研究了产业结构的演进趋势，得出了产业结构演进的规律性结论：随着全社会人均国民收入水平的提高，就业人口首先由第一产业转移，当人均国民收入水平有了进一步提高时，就业人口便大量向第三产业转移。日本学者筱原三代平于1955年提出了"动态比较费用论"，其核心思想强调：后起国的幼稚产业经过扶持，其产品的比较成本是可以转化的，原来处于劣势的产品有可能转化为优势产品，即形成动态比较优势。日本根据这一理论，在汽车产业和动漫产业方面获得了巨大成功。

关于产业结构具有代表性的理论有：①赫希曼的不平衡增长理论。由于发展中国家资源的稀缺性，全面投资和发展所有部门几乎是不可能的，只能把有限的资源有选择地投入到某些行业中，以使有限资源最大限度地发挥促进经济增长的效果，此即不平衡增长。赫希曼认为，在发展中国家，有限的资本在社会资本和直接生产之间的分配具有替代性，因而有两种不平衡增长的途径：一是"短缺的发展"，即先对直接生产资本投资，引起社会资本短缺，而社会资本短缺会引起直接生产成本的提高，这便迫使投资向社会资本转移以取得二者的平衡，然后再通过对直接生产成本的投资引发新一轮不平衡增长过程；二是"过剩的发展"，即对社会资本投资，使二者达到平衡后再重复此过程。不平衡增长理论基本上符合我国的实际情况，因为我国40多年的经济发展走的就是一条"不平衡增长"的道路。至于选择哪一条不平衡增长途径，则应视经济发展的瓶颈制约而定。该理论对我们大力发展出版产业，推动中国出版物版权输出具有非常重要的指导作用。②罗斯托（Rostow）的主导部门理论。罗斯托根据技术标准把经济成长划分为传统社会、为起飞创造前提、起飞、成熟、高额群众消费和追求生活质量六个阶段，而每个阶段的演进是以主导产业部门的更替为特征的。他认为经济成长的各个阶段都存在相应的起主导作用的产业部门，主导部门通过回顾、前瞻、旁侧三重影响带动其他部门发展。与六个经济成长阶段相对应，罗斯托在《战后二十五年的经济史和国际经济组织的任务》一文中，列出了五种主导部门综合体系：一是作为起飞前提的主导部门综合体系，主要是食品、饮料、烟草、水泥、砖瓦等工业部门；二是替代进口货的消费品制造业综合体系，主要是非耐用消费品的生产；三是重型工业和制造业综合体系，如钢铁、煤炭、电力、通用机械、肥料等工业部

---

[1] 朱战备. 产品生命周期管理：PLM的理论与实务 [M]. 北京：电子工业出版社，2004：32.

门；四是汽车工业综合体系；五是生活质量部门综合体系，主要指服务业、城市和城郊建筑等部门。罗斯托认为主导部门序列不可任意改变，任何国家都要经历由低级向高级的发展过程。罗斯托提出的主导部门通过投入产出关系而带动经济增长，以及主导部门并非固定不变的看法，对中国发展出版产业有重要的借鉴意义。

2.1.3 产业发展战略

产业发展战略是研究产业发展中带有全局性的规律性的东西，或者说，产业发展战略是指从产业发展的全局出发，分析构成产业发展全局的各个局部、因意之间的关系，找出影响并决定经济全局发展的局部或因素，而相应做出的筹划和决策。产业发展战略一般有：①平衡发展战略与非平衡发展战略。平衡发展战略是指通过国民经济各部门的相互支持、相互配合、全面发展来实现工业化或现代化的一种战略。非平衡发展战略是指发展中国家应将有限的资源有选择地集中配置在某些产业部门和地区，首先使这些部门和地区得到发展，然后通过投资的诱导机制和产业间、地区间的联系效应与驱动效应，带动其他产业部门和地区发展，从而实现整个经济的发展。②进口替代与出口促进产业发展战略。进口替代战略是一种内向工业化战略，其实质是以本国生产的工业制成品来满足国内需求，取代进口货，并通过进口替代工业的发展来逐步实现工业化。出口促进战略是典型的外向型工业化战略，也有人称其为"出口导向型战略"，其特点是发展面向出口的工业，并将其产品投放国际市场，用工业制成品的出口来代替农矿初级产品的出口，以推动工业化进程。③进口替代与出口促进相结合的发展战略。有些国家在积极扩充国内市场需求的基础上，不断扩大进口替代的广度和深度，并逐步实行对外开放和鼓励出口制成品的政策，实行进口替代与出口替代相结合的发展战略。[1] 在我国出版产业发展过程中，需要考虑非平衡发展战略，优先发展出版产业中的某些行业，从而带动其他行业的发展。同时应该实行进口替代和出口替代相结合的战略，充分利用国内外两个市场来发展出版产业，加大版权贸易力度，促进中国出版物版权输出。

产业发展理论指出了产品的生命周期、产业结构和产业发展战略。我国目前面临产品更新换代、产业结构调整，走节约型的发展道路，产业发展战略也经历了从引进为主到引进和输出并重，再到成为文化输出大国的转变，产业发展理论为这种转变提供了理论基础。

2.2 产业关联理论

2.2.1 产业关联的实质

产业关联理论来源于赫希曼的"联系效应"理论，主要研究存在于社会经济活动过程中各产业之间的广泛的、复杂的和密切的技术经济联系。产业关联理论的产生和发展在经济学史上具有重要的理论意义和实践意义，各个产业部门之间存在着某种关系，这种关系决定了各产业之间互相联系、互相影响、互相依存。从理论上看，实现了质的分析与量的分析的结合。里昂惕夫认为，"今天的经济学出现了这种情况：一方面理论高度集中而没

---

[1] 祁述裕. 中国文化产业发展战略研究 [M]. 北京：社会科学文献出版社，2008：23.

有事实,另一方面事实堆积如山而没有理论"。如果从历史演变的角度看,产业关联理论的形成大致经历了萌芽、产生和发展三个阶段。古典经济学的先驱威廉·配第及其同时代的早期学者们提出了一系列的观点和方法,包括把生产看成一种循环流,不同经济部门间生产中的相互联系,以及社会剩余的观点。后来的斯密和李嘉图也接受了生产是循环流和经济剩余的概念。而马克思批判地吸收了古典经济学,创立了剩余价值学说,并且在魁奈《经济表》的启发下形成了自己的再生产理论,建立了简单再生产和扩大再生产的图式和平衡条件。这一阶段的理论对产业关联理论的形成有重大意义,产业关联理论汲取了古典经济学把整个经济看作一个系统的思想,并正是继承了应用图表来描绘再生产过程,投入产出才应运而生。产业关联理论的创始人里昂惕夫于1936年在哈佛大学《经济学和统计学评论》上发表的《美国经济系统中的投入产出数量关系》一文以"均衡理论的经验运用"为副标题,标志着产业关联理论的初步形成。里昂惕夫在理论上吸收了古典经济理论、马克思的再生产理论、"全部均衡论"和国民收入理论的部分思想并受魁奈经济表、苏联国民经济平衡表中棋盘式表格的启示,从而在前人的理论基础上创立了产业关联理论。随着信息化进程的加快,周振华分析了产业关联的变化即产业关联的一般基础将由物质流占主导向信息流转变,开辟了新的产业关联的传递路径。今天产业关联理论已成为产业经济学的重要组成部分,其理论传播与实践应用日益广泛。

1. 产品形式:产品链

产品间的投入产出关系是传统产业链上下游企业间的主要关系。整条产业链是一个以产品流为主线的工业代谢过程。随着产品链条的逐步延伸,产品链条将以核心生产企业为中心与上下游生产过程或生产环节形成产品链,实现原料产品的最优组合,优化产业资源配置,同时产品的经济价值也随着产品链条逐级增加。

以传统出版行业为例,造纸企业为出版企业提供图书印刷出版所需要的纸张,出版企业利用纸张把编辑的电子文稿印刷成图书、期刊、报纸等产品批发给图书发行企业,然后图书发行企业通过销售渠道转售给图书零售企业,最后由图书零售企业为读者提供购买服务。

2. 价值形式:价值链

波特在《竞争优势》中提出了价值链理论,说明了供应链中的价值增值过程。波特认为,企业的流入"物流"经过运作转化后形成流出"物流",通过市场营销和销售为顾客服务。此过程伴随一系列支持行为(公司组织结构、人力资源管理、技术开发和原料采购等),企业最终完成全部价值活动。在整个价值创造过程中,每一个活动都是产生价值增值的环节,它们的相互联系构成了企业的价值链。企业创造的最终价值是顾客对产品和服务愿意支付的价格。当最终价值超过总成本时,企业的活动实现了价值增值,就可以获取利润。因此,要分析价值链及其环节对整个产业链的贡献,着力打造和培育"优势产业"和"优势企业"。

在供不应求的市场环境下,企业以生产和产品为导向。而在供过于求的市场环境下,渠道控制着顾客关系。例如,家乐福、沃尔玛不仅控制着制造商,而且试图通过价格和定位控制消费者(顾客)。随着竞争的加剧,市场的权利结构开始从过去的厂商过渡到后来的渠道(销售商)和现有的消费者(顾客)手中。在工业经济时代,企业的主要任务是制造产品和销售产品;在信息经济时代,企业的主要任务是创造价值和传递价值;在知识经济时代,企业利用知识为顾客创造价值。传统产业链的价值增值过程是一个线性增值模式，每个环节的产出都是下一个环节投入的成本，当产品在某个环节完成后，在该环节的价值增值已确定，对下一环节产品的价值增值没有影响，但下一环节的非价值增值活动可能会抵消上一环节的价值增值。

3. 知识形式：知识链

知识链（K-Chain）的概念首先由波特提出，而较早构建知识链模型的是美国学者霍尔萨普尔（Holsapple）和辛格（M. Singh），他们于1998年提出了系统知识链的概念。

知识链主要包括知识获取、知识选择、知识生产、知识内化和知识外化五种主要的知识活动。20世纪60年代，波兰尼（M. Polanyi）从认知科学的角度把一个人只可意会而不可言传的知识称为"隐性知识"，把其他知识定义为"显性知识"。1995年，日本学者竹内广孝（Hirotaka Takeuchi）和野中郁次郎（Ikujiro Nonaka）在《知识创造力》一书中提出了隐性知识与显性知识相互转换的四个阶段：①社会化（socialization）——从隐性知识到隐性知识；②外化（externalization）——从隐性知识到显性知识；③组合（combination）——从显性知识到显性知识；④内化（internalization）——从显性知识到隐性知识。我们把从知识拥有者向知识需求者的知识流动称为"正向知识流"，反之称为"逆向知识流"。

个人的隐性知识经过社会化、外化、组合和内化四个阶段，实现了个人之间、个人与组织之间知识的传递，最终产出新的隐性知识，这是一个动态循环的递进过程。知识成为知识经济社会经济增长的决定性因素。在知识链上，知识的应用和运营以价值增值为导向，通过提高产品及制造工艺中知识价值的含量来降低产品中物化劳动比例，利用知识为顾客创造个性化的新价值。知识具有传播和复制的低成本、利用的不排他性以及拥有的垄断性等特点，使其不同于传统物质经济形态下的产品，不存在边际收益递减性，而存在边际收益递增性。企业知识的整合能力直接与企业的竞争能力有关，并影响到企业的绩效。因此，基于模块化知识分工与合作的产业链成为产业链发展的高级形态。

2.2.2 产业关联的方式

产业关联方式研究的是产业部门间发生联系的依托或基础，以及产业间相互联系的不同类型所体现的内在机制。任何一个产业部门不论处在何种产业关联方式中，都会具有一定程度的后向联系或前向联系。前者表现为它从其他部门获得中间投入而发生的联系，后者表现为它为其他部门提供中间产品而发生的联系。在不同的部门关联方式中，这种后向联系和前向联系的根本属性不同，因而就会形成不同的类型。在并联关联中，这种后向联系和前向联系表现为产业部门多向联结关系，即多元的后向联系和前向联系。在前后向关联中，这种后向联系和前向联系表现为部门单向联结关系，即一元的后向联系和前向联系。在反馈关联中，这种后向联系和前向联系表现为部门循环联结关系，即零元的后向联系和前向联系。由于上述关联方式及各种前向联系和后向联系的存在，当某一产业的生产活动发生变动时，就会通过各种前向联系和后向联系影响其他产业部门，从而产生关联效应。产业关联效应的大小用"前向关联度"和"后向关联度"表示，是根据投入产出表计算的各产业部门的中间投入率和中间需求率来决定的。由于各产业的特点不同，关联效应大小以及强弱也不同。在经济发展中，某产业前向关联度越大，表明国民经济生产与发展过程中对该产业的需求越大，即该产业的最终需求扩张余地大，而且引起的中间需求也很大；后向关联度越大，说明该产业对利用其生产要素进行生产的产业所产生的影响越大。因此，在一定时期内，产业的前后向联系效应越大，其引致其他产业发展的伸展能力就越强，其发展的条件就越充分，机遇就越多，对经济增长的贡献就越大。产业间的关联，虽然都是由供给和需求维系的，但这种维系的方式因各产业所处地位和作用的不同而有所差异。依据不同的维系关系，可以将产业间的关联方式分为以下三类：

1. 并联关联

"并联关联"是指多个固定的输入输出联结的部门关联。其表现为一个部门的生产需要相关多个部门的投入输入，而其产品提供给其他多个部门生产消费输出，从而构成一个类似输入输出的系统。

2. 前后向关联

"前后向关联"是指有多个连续的输入输出部分相互联结的部门关联。一个部门的产出成为另一个部门的投入，而另一个部门的产出又成为第三个部门的投入。这一过程往往表现为中间产品被几个部门连续不断深加工，最后成为最终产品。在此过程中，这些部门通过中间产品的顺序运动实现了关联。

3. 反馈关联

"反馈关联"是指相互输入输出的部门关联。一个部门的产出成为另一个部门的投入，而另一个部门的产出反过来又成为这一部门的投入，或者通过若干投入产出环节，最后其产品又成为这个部门的投入。这一过程往往表现为中间产品的循环运动，部门之间的关联正是通过这一反馈回路实现的。

2.2.3 产业关联的效应

由于产业链间各产业存在着供给联系或通过需求联系与其他产业部门所发生的关联，因此当某一产业的生产活动发生变动时，就会通过"前向关联"和"后向关联"影响其他部门，这就是产业间的关联效应。测算关联效应或程度有各种计算方法，一般是利用投入产出表进行分析，并通过一系列指标体现，如直接前向关联指数、直接后向关联指数、直接消耗系数、完全消耗系数、感应度系数、影响力系数以及波及效果等。

2.3 产业链纵向关系理论

贝恩（Bain）在吸收和继承马歇尔的完全竞争理论、张伯伦的垄断竞争理论和克拉克的有效竞争理论的基础上，提出了"结构—行为—绩效"分析范式。这一范式认为产业结构决定了产业内的竞争状态，并决定了企业的行为及其战略，从而最终决定企业的绩效。该范式成为传统产业组织理论分析企业竞争行为和市场效率的主要工具。具体到存在着严密上下游分工的产业链而言，采用何种分工制度安排对产业的发展起到至关重要的作用，而实施不同的产业链纵向关系就可以对分工制度安排进行恰当的选择与整合。市场经济中，处于产业链节点的企业之间为了达到特定的经济目的，必然通过特定手段或经济行为形成某种企业之间的联合关系，这种关系受制于多种因素，双方在市场中的地位、市场结构等都将影响二者的行为。假设一个产业中存在着原料供应商、生产商、销售商、消费者，这些构成一个纵向产业链。在这个产业链中，由于各环节所处的企业资源、产业结构等多方面因素的制约，各环节企业面对的市场竞争程度是不同的，下面就几种主要的市场结构加以分析。

2.3.1 完全竞争价格

1. 完全竞争价格的内涵

在完全竞争的市场形态下，商品价格完全由市场决定，企业对价格无能为力，只是价格的接受者，而且企业的产量也只能根据市场的需求和价格，以及生产成本来决定。按照西方经济学理论，在完全竞争条件下，只要企业追求最大利润，从长期来看，就能既达到企业内部生产效率最高，又达到社会资源在企业之间的分配最为合理。同时，完全竞争的作用可以使市场均衡价格降到最低点，从而使消费者可以从中获取最大福利。

2. 完全竞争价格的计算

根据完全竞争下的长期均衡条件可知，这时市场价格＝企业的边际成本＝企业的平均成本＝企业的边际收益，所以完全竞争的市场价格可以通过市场商品的销售价格加以测定，无须其他的测算公式。需要说明的是，完全竞争的市场形态在人类历史上还未出现过，这只是一种理想的市场形态，对于这种理想的市场形态下的价格也只能从理论上加以测定，如运用价格＝边际收益来测定。

某企业在完全竞争的条件下，生产处于这样一个状态，增加一个单位产品，可增加销售收入100元，同时总成本也增加100元，则这时企业的边际收益100元＝边际成本100元，所以企业商品价格＝100元。

完全竞争市场形态有比较严格的定义，真正完全符合完全竞争定义的市场实际上是不存在的。因此，真正完全竞争下的价格水平也是不存在的。有的产业只是近似符合完全竞争条件，例如农业产品中的大米、小麦等市场。尽管如此，西方经济学家认为对完全竞争价格的研究仍十分重要。因为理论总是现实的一般抽象，它可以用来解释和预测社会现象。完全竞争理论被认为是一种理想的模式，是一个进行社会资源合理使用的比较标准。

2.3.2 垄断价格

垄断价格是指（国际）垄断组织利用其经济力量和市场控制力量决定的价格。

1. 方式介绍

在世界市场上，国际垄断价格有两种：一种是卖方垄断价格，另一种是买方垄断价格。在这两种垄断价格下，均可取得垄断超额利润。垄断价格的上限取决于世界市场对于国际垄断组织所销售商品的需求量，下限取决于生产费用加国际垄断组织所在国的平均利润。由于垄断并不排除竞争，故垄断价格也有一个客观规定的界限。

垄断价格是由垄断行业人为制定的价格，不受市场的影响而独立存在，是不受市场竞争机制的调节而且是不变化的独立价格，是市场价格中的独立的价格因素。随着经济的发展和市场的不断变化，各行业的产品或商品的价格也在不断地变化，不断地趋向于合理的价格，而"垄断价格"却保持着人为制定的价格恒定不变。

2. 形成原因

垄断价格的形成并没有否定价值规律，原因在于：

第一，垄断价格不可能完全脱离商品的价值，垄断组织也不可能任意提高或降低商品的价格。它的变化仍然在不同程度上受竞争和供求关系的制约。

第二，垄断价格没有改变全社会商品价格总额和商品价值总额的一致性，垄断组织通过垄断高价或垄断低价获取的垄断利润只是其他商品生产者所失去的价值部分。

第三，垄断价格的确定和变化，归根到底仍然取决于生产商品所耗费的社会必要劳动时间量的多少及其变化。因此，垄断价格只是改变了价值规律作用的表现形式，只是垄断资本主义时期价值规律作用形式的新变化。

3. 制定方法

第二次世界大战后，垄断价格的制定方法主要有：

第一，领先价格制。即一个行业部门中被公认为行业领导的最大的垄断企业，根据企业的目标先确定产品的价格，其他企业随之效仿。

第二，目标价格制。垄断企业根据预定目标收益率的高低确定其产品售价，即企业根据总成本和估计的总销售量，确定期望达到的目标收益率，然后推算价格。

第三，产品生命周期定价制。即将产品的市场生命周期分为引入期、成长期、成熟期和衰退期等不同阶段，根据产品生命周期的不同特征和企业目标采取不同的定价策略，以保证最大限度地实现垄断利润。

2.3.3　垄断竞争下的厂商

在 20 世纪 30 年代以前，英、美经济学界占统治地位的是马歇尔的经济理论，他的基本经济思想是，资本主义世界仍然处于自由竞争阶段，垄断可以看作例外现象。他的主要著作《经济学原理》(*The Principles of Economics*) 是以资本主义完全竞争的市场结构为分析对象的，虽然其中有专谈"垄断理论"的一章，承认垄断组织的目的在于获得"垄断收益"或"最大可能的净收益"，却否定了垄断价格的存在，认为这些收益是通过一种"适度价格"取得的。然而在现实生活中，市场经济情况下厂商数目众多，每个厂商都要在一定程度上接受市场价格，但每个厂商又都可以对市场施加一定程度的影响，不完全接受市场价格。另外，厂商之间无法通过相互勾结来控制市场。对于消费者，情况是类似的。张伯伦（E. H. Chamberlin）和罗宾逊（Robinson）的著作在马歇尔原有论点的基础上做了进一步的推进，在《垄断竞争理论》(*The Theory of Monopolistic Competition*) 一书的绪论中，张伯伦对当时西方经济学界流行的把竞争和垄断截然划分开的两分法提出了异议。他认为，市场上的实际情况既不是竞争的，也不是垄断的，而是这两个因素的混合。在他看来，许多市场价格都具有垄断因素，因此企业家心目中只有垄断竞争，而没有纯粹竞争的概念。因此，在理论上把垄断与竞争这两种基本的市场力量给予明确的定义，把它们各自孤立起来考察是不够的，必须把它们综合在一起进行分析。在纯粹竞争情况下，由于需求曲线是水平的，个别销售者按照现行市场价格愿意出售多少就可以销售多少。但是在垄断竞争市场上，销售量不但受价格的限制，而且受到销售者的产品性质和广告支出的影响。垄断竞争是那些产品都有品牌和商标，能够自行决定价格的厂商之间进行的价格、质量、服务和广告的竞争，质量竞争、服务竞争和广告竞争统称"非价格竞争"。

通过对价格、产品性质和广告支出这三种因素的分析，张伯伦建立了垄断竞争论，以确定这三种因素和销售量的均衡关系。他依次确立了单个厂商的均衡状态和一个行业所有厂商的集团均衡状态。

1. 在垄断竞争情况下，销售者的价格和销售量的均衡关系

张伯伦分别对个人均衡和集团均衡两种情况进行了分析。张伯伦认为，垄断竞争情况下的销售者面对的不再是像纯粹竞争情况下的一条水平的需求曲线。因为在其他情况不变的条件下，如果提高产品价格，销售量就会减少；如果降低产品价格，销售量就会增加。他面对的是一条向右下方倾斜的需求曲线。至于垄断竞争的销售者变动产品价格能否获得利润，则取决于他的产品需求曲线的弹性和需求曲线与成本曲线的相对位置。

此外，张伯伦将垄断竞争长期均衡和纯粹竞争长期均衡做了比较，在纯粹竞争长期均衡状态下，完全竞争厂商能充分利用生产能力，达到效率最高点，而垄断竞争厂商则不能够达到这一点。

2. 价格不变时，调整产品的情况

调整产品是由于产品差别的存在。因为销售者的销售量取决于他的产品和其竞争者的产品发生差别的方式。差别可能是由于产品的质量、包装、服务方式、经营方式和企业地址的变化引起的。这些变化有的具体明确，如新的设计等，有的变化缓慢，如服务质量的改变等。调整产品和调整价格一样，目的在于实现最大利润。当一个企业家接受市场通行的价格后，他就要确定产品或对其产品做出各种改变。比如，在开办企业之初，他可以自由选择产品的各个方面，甚至包括一些永久的特性，如零售业对场地的选择、制造业对商标的选择等，但以后的选择范围就缩小了。虽然如此，但是在零售业中，可以经常改变与销售业务有关的服务质量和其他情况。在制造业中，对产品或其容器做技术上或质量上的改进总是可能的。

产品变动的特点不同于价格的变动，因为产品的变动常常包含着生产成本曲线的变化，一旦它的生产成本发生变化，就会进一步影响市场对它的需求。因此，在价格一定的情况下，问题就归结为根据成本和市场情况，选择能实现最大利润的产品。

产品变动的另一个特点是，它本质上是由于质量而不是单纯数量的变动，因此无法用一个坐标轴来衡量，或用一个具体图式来表示。张伯伦对产品变动的含义和对产品差别的含义同样解释得太宽，以致产品的变动范围涉及企业生产经营管理的全过程。

虽然张伯伦的垄断竞争论打破了有关市场类型的两分法——完全竞争和完全垄断，但是垄断资本主义本质的和时代的特征是少数大企业垄断市场，金融寡头主宰经济以攫取高额垄断利润，而不是出售差别产品的许多中小资本家之间的垄断竞争。许多西方经济学家承认，垄断竞争只存在于牙膏、肥皂、糖果等日用消费品制造业和零售行业。

虽然是这样，但是张伯伦把企业经营管理中的非价格竞争因素引进他的理论之中，还是反映了一定的现实情况。实际上，非价格竞争在国内和国际市场上的作用愈来愈显著。包括垄断企业在内的所有企业如果要想求得经营上的成功，必然要着重运用非价格竞争。

2.3.4 市场势力

1. 市场势力理论

企业在市场竞争中处于垄断地位时，可以拥有影响价格的市场力量，能够以高于平均成本的价格出售产品，同时获取垄断利润。因此，企业进行产业链整合的目的之一就是获得一定的市场势力。企业可以通过水平合并提高市场集中度获得市场控制力，也可以通过纵向合并或通过对产业链上的企业施加纵向约束获得市场势力。混合合并因为可以促进暗

中的串谋，也可以产生或加强市场势力。产业组织学的三个主要的流派——哈佛学派、芝加哥学派和新产业组织理论，从不同的角度出发分析这一过程，得出了一些互为补充但也存在冲突的结论。

市场势力理论认为，并购活动的主要动因在于借助并购可以有效降低进入新行业的障碍，通过利用目标企业的资产、销售渠道和人力资源等优势，实现企业低成本、低风险的扩张，可以减少竞争对手，从而增强对企业经营环境的控制，提高市场占有率，并保持长期的获利机会。市场势力理论的核心观点是，增大企业规模将会增大企业的势力。在这个问题上，许多人认为兼并的一个重要动因是为了增大公司的市场份额，但他们不清楚增大市场份额是如何取得协同效应的。如果增大市场份额仅仅意味着使公司变大，那么我们实际上是在论述前面已经阐述过的规模经济问题。事实上，增大市场份额是指增大公司相对于同一产业中的其他公司的规模。

关于市场势力问题，存在着两种相反的看法。第一种观点认为，增大公司的市场份额会导致合谋和垄断，兼并的收益正是由此产生的。所以，在发达的市场经济国家里，政府通常会制定一系列的法律法规，反对垄断，保护竞争。第二种观点却认为，产业集中度的增大，正是激烈的竞争的结果。他们进一步认为，在集中度高的产业中的大公司之间，竞争变得越来越激烈了，因为价格、产量、产品类型、产品质量与服务等方面的决策所涉及的变量巨大，层次复杂，简单的合谋是不可能达到的。这两种相反的观点表明，关于市场势力的理论尚有许多问题没有得到解决。

2. 垄断动机

从垄断的角度来分析企业纵向一体化行为，认为纵向一体化有助于增强企业的垄断势力，从而增加垄断利润。企业通过纵向一体化可以以两种方式来提高垄断利润。第一种方式是一个企业是竞争性产业中某一生产过程所使用的某一关键投入品的垄断供应商，能够通过一体化来垄断生产企业提高自身利润，或者作为买方可通过收购它唯一的供应商而获益。第二种方式是一家纵向一体化的垄断厂商能够对产业链的不同阶段实行交叉补贴而形成价格歧视，从而将独立的竞争者从市场中排挤出去。

垄断的现实主要表现在以下三个方面：

第一，双边垄断。如果生产商和销售商都是垄断厂商，每一家都增加一次垄断加成，那么消费者将面临两次加成，形成所谓的"双边垄断"。通过构建简单的模型可以证明双边垄断将产生高价格、低产出的结果，不仅是消费者，厂商也会因双边垄断而遭受损失。与各自垄断的情形比较，如果生产商和销售商实现纵向一体化，那么厂商的利润总和会增加，消费者福利也会提高。因此无论是消费者还是厂商，都有动力去实现纵向一体化。

第二，排挤行为与进入壁垒。在一些情况下，一个强有力的纵向一体化企业能把未纵向一体化的企业排挤出去。如果一个纵向一体化企业在一种最终产品的生产过程中的前序阶段具有垄断能力，这个企业便可以提高前序阶段产品的价格，使未纵向一体化企业购买投入时支付高价。它还可利用其垄断地位压低最终产品的价格，未纵向一体化企业就不得不高价购进，低价出售，从而被赶出市场。贝恩对进入壁垒这一产业组织问题做了深入的研究，认为通过纵向一体化可以"使非一体化的竞争者们处于不利的地位，被削弱、被消灭或被排除"。市场经济中，企业的纵向一体化行为不但可以挤压目前已经存在的市场竞争者，也可被用于提高进入壁垒或进入门槛，有效阻止潜在的竞争者进入。

第三，价格歧视。"芝加哥学派"认为纵向一体化会产生价格歧视，通过纵向一体化，垄断者可以实行价格歧视，赚取更多的消费者剩余，在未一体化的情况下这种可能性要小得多。这是因为中间厂商如果只生产中间产品，即未实行纵向一体化，那么尽管消费者有不同的价格需求弹性，由于消费者之间会发生转卖行为，中间厂商就难以对不同消费者收取不同价格。如果中间产品制造者同时生产最终产品，就能防止支付低价的厂商向支付高价的厂商转卖产品，从而实行价格歧视。

2.4 产业链纵向一体化动因理论

科斯（Coase）在1937年发表的经典论文《论企业的性质》中，首次提出交易费用概念，现在交易费用已成为研究经济组织的核心内容。如果竞争性市场的运行成本为零，那么纵向一体化也许就没有优势了。但是这仅仅是假设，企业的市场交换是通过签订契约来进行的，并且有一系列科学的制度规则来管理企业，使之顺利进行。本节的研究主要沿着交易成本、不完全合约理论和资产专用性，从企业制度的发生及其边界的角度来研究纵向一体化，详细解释纵向一体化为何存在。

2.4.1 交易费用的视角

1. 关于交易费用的定义

分工与交换必然存在着交易，如果所有的交易成本都为零，则不论生产和交换活动怎样安排，资源的使用都应该相同。这说明在没有交易成本的情况下，各种制度或组织的安排提供不了选择的根据，因此也不能用经济理论来解释。不仅经济组织是随机决定的，而且实际上谈不上有什么组织生产和交换活动是由市场的"看不见的手"引导的。新古典经济学认为，在完全竞争的市场结构中，市场交易是无代价的，资源配置可以借助"看不见的手"自动达到帕累托最优状态。康芒斯（Commons）认为"交易"是无成本的交易。这种交易在瞬间完成，并且不需要投入资源。然而这与现实中的交易相距甚远。新制度经济学证明，在现实经济运行中，最重要的约束变量不仅是生产成本，而且还包括交易成本，用张五常的话说，就是制度成本。交易双方既有利益对立的地方，也有利益一致的地方。即使双方利益一致，即通过协议或契约等方式共同获利，也必须对这一交易支付费用。科斯提出了交易费用的概念，并用这一概念有说服力地解释了企业和纵向一体化的起源和原因。阿罗（1969）把交易成本定义为"运行经济系统的费用"。巴泽尔（Barzel，1977）认为交易成本是与转移、获取和保护权力相关的费用。埃格特森（Eggertsson）观察到，"在通常的术语中，交易成本就是那些发生在个体之间交换经济资产所有权的权利及执行这些排他性权利过程中的费用。关于交易成本的确切性定义并不存在，但是在新古典模型中的生产费用同样也没有被确切定义过"。

盛洪（1994）在其博士论文《分工与交易》中从分工与交易出发研究制度问题，构建了一个理论框架，但是没有得到学术界应有的重视和发展。青木昌彦（2001）在其《比较制度分析》中，把博弈的域参与者面临的可行的行动集作为制度分析的基本单位，交易经济交换是六种基本的域的一种。

2. 交易费用的度量与构成

组织或各种制度的安排确实存在，为了解释它们的存在和变化，必须把它们视为在交易成本的约束下选择的结果。当今的经济学模型或明或暗地包含着交易成本的假设。新古典经济学假设它们为零。新凯恩斯主义模型则假设在某些资本市场上存在很高的交易成本。博弈论模型假设某些但并非全部契约具有很高的信息和执行费用。

在《生产的制度结构》一文中，科斯对他的契约理论进行了概括：①市场机制的运作是需要花费成本的，为了减少其运作成本，人们可设计成本最小化的契约形式。②企业是人们设计的一种契约形式。通过契约，为花去一定的报酬生产要素就需接受企业家的指挥。企业家作为中心代理人，通过行政管理协调各要素之间的关系。③企业之所以减少了交易费用，是因为企业用一份契约代替了一系列契约。

由于生产和交易成本是被联合确定的，对交易成本的估计就成了问题。这导致对交易成本的单独估计变得相当困难。经济理论暗示交易成本的差异对生产边界具有某种影响力。低交易成本意味着更多的交易、更高的专业化、生产费用的变化以及产量的提高。生产费用方面的变化同样也会对交易成本产生影响。交易成本包括那些用于制度和组织的创造、维持、利用、改变等所需资源的费用……当考虑到存在着财产和合同权利时，交易成本包括界定和测量资源与索取权的成本，并且还要加上使用和执行这些权利的费用。简言之，交易成本包括一切不直接发生在物质生产过程中的成本。科斯认为企业这种组织的意义在于减少交易费用。企业本身是自由契约组织，所谓企业降低交易费用，意思是说整合化的交易比分散交易费用低。

2.4.2 不完全契约的视角

市场经济是契约经济。到目前为止，企业的契约理论被认为是企业理论中影响力很大而且广泛的一支。这一支理论的共旨是，企业是"一系列合约的联结"，它的产生以科斯发表的《企业的性质》一文为标志，该文在20世纪六七十年代才开始受到重视。循着科斯的分析思路，企业的契约理论沿着两条路径不断发展和深化：一条是循着科斯（1937）—威廉姆森（1979）、克莱因（Klein，1978）—张五常（Cheung，1983）—格罗斯曼和哈特（Grossman & Hart，1986）、哈特和穆尔（Hart & moore，1990）—道（Dow，1993）—卡普兰和斯托姆博格（Kaplan & Stromberg，1998）的路径，以交易费用分析基础上的企业与市场关系、纵向一体化和不完全合约为分析框架的契约理论；另一条是科斯（1937）—阿尔钦和德姆赛茨（Alchain & Demsetz，1972）—詹森和麦克林（Jensen & Meckling，1976）—埃斯瓦瑞和克特威（Eswaran & Kotwal，1989）—史雷福和维斯尼（Shlefer & Vishny，1997）等以企业团队理论、代理理论和治理理论为分析线索的契约理论分析框架。

1. 契约的不完全性

由于契约是对未来承诺的交换，未来是不可预期的，或有些事件往往因为有限理性、制度和不确定性而无法由合约界定，或者合约化成本无穷大，因而契约是不完全的。20世纪60年代，张五常开始研究契约的选择、风险规避和交易费用的关系。到20世纪80年代，张五常从分析企业的契约性质开始，深入地研究了市场经济条件下契约的本质与交易费用之间的关系。张五常对企业的解析表现出深刻的洞察力，他所解释的企业对市场的一系列替代性度量极富启发意义。但是，他只关注契约度量机制的演进，并且把契约的履行问题归结为度量问题，从而表现出理论上的片面性。有关契约履行机制的研究工作主要是由克莱因等人完成的。

克莱因等人在研究市场、契约和交易费用时崇尚市场力量和契约自由的原则。契约履行的困难在于一旦契约方进行了专用型投资以后,其准租金便有可能被有关当事人攫取。契约当事人的机会主义行为可能带来毁约的危险。

威廉姆森研究契约理论时,认为任何交易都是通过契约关系组织完成的。不同的契约适用于不同的交易,交易的发展推动着契约的演进。威廉姆森在《资本主义经济制度》一书中,采纳了麦克奈尔对契约的分类,即契约分为古典契约、新古典契约和现代关系契约三类。威廉姆森指出,如果没有有限理性也没有机会主义,契约问题便不复存在。从古典契约到新古典契约再到现代关系契约,契约的形态逐步从静止走向动态,契约的结构逐步从封闭走向开放。契约的演进是契约对有限理性和机会主义组合条件的反应。威廉姆森为我们勾画出了契约演进的基本线索。

哈特等人在研究不完全契约理论时,指出威廉姆森的交易成本经济学由于没有引入产权分析,因而不能在契约与制度之间建立起内在关联性,制度变迁也不能借助契约演进来说明。在阿罗—德布鲁的世界里,无论谁拥有财产,市场运行总是有效的,这说明在一般均衡理论的框架中产权的分配对市场的运作效率没有影响。但是哈特指出,当契约是不完全的时候不能保证市场交易是最优的。因此这些财产制度是最重要的。哈特把注意力集中在契约的不完全上。他指出,在现实中契约是不完全的,并且无时不在进行修改和重新协调。哈特从不完全契约中推导出了财产制度的重要性,实现了对阿罗—德布鲁范式的理论突破。

2. 关系契约

在麦克奈尔、威廉姆森等人原创性思想启发下,关系契约理论得到了蓬勃发展,从选择到契约的转变成为近年来西方经济学界研究的趋势之一。

贝克、吉本斯和墨菲(Baker, Gibbons & Murphy, 1999)把"关系契约"定义为基于未来关系价值的非正式协议,并认为关系契约的主要特点是"自我履行",即交易在很大程度上是由参与者自行协调来完成的,没有经过制度、仲裁者等第三方的干预。

贝克、吉本斯和墨菲(2002)基于博弈论的分析,进行了一系列与关系契约相关的研究。他们指出,关系契约贯穿于企业内与企业之间,并有助于避免某些正式契约所固有的不足。关系契约不能由第三方来执行,也就是说必须"自我履行"。要形成自我履行的关系契约,就要使打破合作关系的短期利益小于保持合作关系的长期利益。贝克等人对传统企业理论进行了补充,解释了产生不同于市场与企业的中间形态经济组织的原因。

莱文(Levin, 2003)对关系契约的激励作用进行了研究,并指出绩效与报酬联系在一起的契约能够缓解激励问题。莱文强调了关系契约执行过程中出现的绩效评估的主观因素,并且与贝克等人一样,认为关系契约是建立在未来关系的价值之上的,现阶段的合作产生于对未来交易的期望。

2.4.3 资产专用性的视角

资产专用性理论被企业理论家们誉为科斯交易费用经济学的研究取得实质性进展的重要方向之一。该理论把资产专用性及其相关的机会主义行为看作交易费用的主要因素,把专用性投资作为核心经济变量,进而把企业制度的选择看成资产专用性程度的函数。其核心思想是,由于交易各方投入资产的专用性和不完全契约的背景,为保护专用性投资免受机会主义的侵害,使交易费用最小化,让重要的专用性资产所有者拥有企业所有权,从而可以确保企业契约的效率(牛德生,2004)。

1. 资产专用性对一体化的解释

人的有限理性、机会主义和资产专用性导致了契约的不完全性。资产专用性在组织中有着特殊的意义，不同资产的性质影响组织安排的效率。当一种资产具有较高的转移成本，且只能在特殊交易中才能存在特殊收益时，这种资产就具有了某种专用性。资产专用性问题起源于合同执行期间的问题，一般情况下交易双方通常都会做出专项投资和一般投资的选择。威廉姆森在20世纪70年代研究纵向一体化问题时明确提出了"资产专用性"这个术语。

威廉姆森（1975，1979，1980）继承了科斯的交易费用思想，把资产专用性作为交易特征的重要维度之一，讨论在这一市场环境下对交易合约安排的影响；把资产专用性和与此相关的机会主义作为分析工具，对交易费用的决定提出了具有说服力的解释。他认为，资产专用性是决定交易费用的重要因素，从而是决定企业和市场不同制度结构的核心变量。随着资产专用性程度的增加，交易者所选择的使交易费用最小化的契约安排定会倾向于向内部组织或关系性契约的方向移动。当资产专用性较弱时，适合市场交易；当资产专用性很强时，内部组织有优势，宜采用企业制度。所以经济组织的逻辑应该是，在交易频率很高或交易经常发生时，不完全契约和资产专用性最终会导致企业的合并或纵向一体化。

资产专用性导致机会主义的主要原因在于合约的交易成本过高，交易双方无法事无巨细地预见事后发生的所有问题。因此套牢行为在现货市场合约条件下，只能导致交易双方关系性投资减少。虽然哈特同意关系性投资存在准租收益，但他认为收益分配的讨价还价耗散了租值，在资产互补的条件下，谁拥有资产的所有权，采取合并的方式是一种帕累托改进。

威廉姆森的分析基于传统产业组织的结构—行为—绩效的方法。他将市场结构包括了交易特征的概念，一定的交易特征决定了人的机会主义动机。这种机会主义动机又影响了合约安排的效率。为限制事后机会主义行为，各种合约的治理，特别是监督和惩罚成为必然。事实上，这种一一对应关系在对传统的产业组织的批判性分析中已经有大量的论述。后期人们对资产性质的讨论已不再局限于传统的视角，机会主义产生的原因可能是合约的不安全、未来预期的不确定等因素，对机会主义治理也更多地趋向于激励安排。资产专用性讨论有着深远的影响。威廉姆森通过对市场竞争中的纵向一体化研究表明兼并的效率，为政府管制的适应性提出新的理论依据。

2. 资产专用性的维度

资产的专用性是指为支撑某种具体交易而进行的耐久性投资，一旦交易中的一方或双方做出了专用性的投资，这种投资在其他用途上的价值就要低于用于支持特定双边交易关系用途上的价值。在分散的专业化经济中，资产之间是相互关联和相互影响的。专用性资产实质表明了资产之间的技术关联程度，这种技术关联影响了投资者之间的交易范围、方式和交易效率。

克莱因（1978）论述了资产专用性产生可占用的准租，对这种"租"的机会主义的追求是市场正常的自利行为，市场自我实施机制是可以进行的，隐含的用意在于合约即使不完全，在市场竞争的环境下也将受到约束。如果缺乏保障手段，资产专用性就会容易受到其他当事人机会主义的影响。在低度资产专用性水平的情况下，会出现保持距离型的市场关系，因为缺乏需要保护的关系专用性的资产。这种治理结构是有效的，并且能够提供强有力的激励。另一方面，在高度资产专用性程度的情况下，市场关系无法胜任，因为负担专用性投资的企业得不到充分的保护，因此具有共同所有权的双方企业的一体化以及对交易的科层式控制就会出现。在中度的资产专用性水平下，完全的一体化是没有效率的，建立一种能比纯粹市场关系提供更多保护的治理结构是很有必要的。

交易关系不只被纳入社会关系网络，而且由于反复的互动导致习惯的形成和行为的制度化，时间维度和信任维度也应予以考虑。信任就像时间嵌入，将减小由资产专用性所产生的未来的可预见性，并减少与这种依赖性相关的可感知的风险。

对管理者面对的不确定性，标准的交易成本经济学没有给出充分的评判，并且对于决策者的理性能力给予足够的认识。威廉姆森（1985）假设交易成本经济学所提出的私人秩序安排往往是非常复杂的，安排完全是事先设计的。尽管交易成本经济学采用了西蒙（Simon）所提出的有限理性假定，但"对目的理性的强烈信奉"仍是这一理论的特征。因此对于在不确定环境下产业链整合后的最优治理结构，管理者没有清晰准确的信息，没有简单的运算法则，因而其行动只能依据他们自己的不完全感知做出，使得产业链整合后企业关系的因素深化，一些企业与理论的因素随资产专用性理论被应用到纵向整合框架内。

2.4.4 产业链节点企业状态的周期性变化

1. 企业生命周期理论

人类在历史的大部分时间里面临的主要是不确定的自然环境的变化，但随着科技的发展，当人类逐渐获得了对自然环境更大的控制力时，由人类的相互作用以及由此造成的人文环境不确定获得了具有压倒优势的优先权。产业在环境的不断变化中持续变迁，希尔和琼斯（Hill & Jones, 1998）将产业生命周期界定为导入期、成长期、震荡期、成熟期和衰退期等阶段，象征整个产业演化的过程。企业环境也是不确定的，企业生存能力的重要特性之一是它对环境的适应性。企业适应环境变化以保持与环境相协调的能力，即其环境适应性，它强调企业组织能够运用自己的资源去适应组织外部环境和内在条件的变化。处于产业链中的企业，在这一过程中面对不同层次的不确定性环境，自动保持与环境相协调是企业自主生产经营的客观要求。增强环境适应性，降低外部环境不确定性带来的风险是普遍目的，是企业得以生存和发展的重要前提。

企业是一个不断演进的实体，而演进的路径和速度取决于内部因素，如公司战略、财务资源、经理人的能力等，和外部因素，如竞争环境、宏观经济等。这些因素导致企业生命周期的变化，尤其是企业的战略决策在不同阶段有明显的差别。因此企业生命周期是经营战略和经营决策的结果，综合反映了企业的内在因素。

系统的企业生命周期理论最早由美国著名学者伊查克·爱迪思（Ichak Adizes）博士提出，他根据企业的灵活性和可控性把企业生命周期划分为成长和老化两个阶段。达夫特（Daft）则提出企业发展经历四个主要阶段，即创业阶段、集体化阶段、规范化阶段和精细化阶段。米勒和弗里森（Miller & Friesen, 1980）将企业生命周期分为创业期、成长期、成熟期和衰退再生期四个阶段。每个阶段，企业组织结构、产品或服务、企业目标、高层管理方式都有不同的特点并面临不同的危机。

葛瑞纳（Greiner, 1972）在《组织成长中的演变和变革》一文中，第一次提出了企业生命周期的概念。葛瑞纳提出了一个五阶段模型，该模型突出了创业者或经营者在企业成长过程中的决策方式和管理机制构建的变化过程，认为企业的每个成长阶段都由前期的演进和后期的变革或危机组成，每个阶段的演进期都有其独特的管理方式，变革由企业面临的居于支配地位的管理问题所导致，而这些变革能否顺利进行直接关系到企业的持续成长问题。

邱吉尔和刘易斯（Churchill & Lewis，1983）从企业规模和管理因素两个维度描述了企业成长各阶段的特征，提出了一个更为细化的五阶段成长模型，为判别企业成长阶段提供了十分具体的标准。根据这个模型，企业成长一般呈现"暂时或永久维持现状""持续增长""战略性转变"和"出售或破产歇业"四种典型特征。在每个成长阶段，企业都会面临健康成长和经营失败两种状况，而很少有企业能够长期维持现状，不少企业会在生存阶段、发展阶段和起飞阶段之间发生战略性转变。

2. 产业链非一体化理论

在存在一体化力量的同时，也存在遏制一体化的相反力量。威廉姆森（1985）指出，一体化很难将市场所提供的强激励机制复制到企业内部而又不产生高的交易成本，这对企业创新影响很大；克雷普斯（Kreps，1990）认为规模的扩大可能会增加效率，但可能也会增加合约中所需要考虑的或然性。当事人广泛采用委托代理合同，可能增加因如何处理某个偶然性而产生的模糊性，从而不利于维护声誉机制或者人们可以维持聚点委托人—隐性合约—公司文化，但是该聚点无法适应偶然性范围和类型的增加。米尔格罗姆（Milgrom，1970）提出一体化会导致影响成本的增加，即企业越大，它的最高决策制定者的权力就越大，领导者有过度干预的倾向，在决策方面带有个人偏好，导致投入到提高组织生产力的时间会减少，科层结构中的下级倾向于将更多时间和资源用于能够影响上级的决策活动，由信息失真引起的决策错误与影响和组织效率有关，这是由于组织调整了其组织结构和政策来控制影响活动的损失。

国内学者罗珉（2004）运用拉卡托斯的科学研究纲领方法论，通过对其保护带即辅助性假说构成的反驳，批判了纵向一体化理论。他指出：第一，交易成本理论隐含的交易成本与技术无关的假设随着技术的发展失去了意义；第二，交易成本理论隐含的企业资源是同质的、可转移的假设并不能够成立；第三，交易成本理论隐含的不同交易主体具有相同能力的假设并不能够成立，没有考虑到高度专业化分工之后所形成的知识的分化，也没有考虑到存储于人们大脑的经历、经验、技巧、诀窍、体会、感悟等尚未公开的秘密知识，或者只可意会而难以表达的"隐性知识"在企业运作中的重要作用。

"流程再造"（Reengineering）理论的创始人哈默也指出，信息技术的发达与外包模式的盛行使企业间的业务互联度越来越明显，纵向一体化的传统运营模式越来越被横向的、"超文本化"的运营模式所代替，传统的企业边界呈现逐渐消失的趋势。

2.5 产业链纵向成长理论

2.5.1 基于资源的产业链成长理论

企业资源基础理论集中探讨了企业成长的实质，研究了企业资源与竞争优势之间的因果关系，并把资源看成企业竞争优势的根本源泉。最早认识到企业专有资源重要性的是经济学家张伯伦（1933）与罗宾逊（1934）。他们对企业拥有的特定资源的重要性进行了研究，提出了特殊的资源或匹配的能力是保证企业在非完全垄断竞争状态下获取经济回报的关键要素。他们认为这些要素是企业异质性的体现,张伯伦还专门列举了几种资源,包括我们所熟知的管理人员协调配合的能力、技术能力等,从中可以比较清晰地看出资源基础理论资源概念的原型。沃纳菲尔特(Wernerfelt,1984)认为企业内部的组织能力、资源和知识的积累是解释企业获得超额收益、保持竞争优势的关键,与外部环境相比,公司内部资源具有更重要的意义,并对企业创造市场竞争优势具有决定性的作用。他的观点对20世纪90年代以来的企业成长理论研究产生了非常深远的影响。

资源基础理论认为企业是"异质"的,企业这种异质资源完全是不能流动和不可交易。如果这个假设成立,那么拥有独特性、价值性、稀缺性和非流动的资源自然而然是企业获得超额利润的源泉,而且这种资源难以被其他资源替代。资源基础理论认为,企业内部的组织能力、资源和知识的积累是解释企业获得超额收益、保持竞争优势的关键;公司及其竞争优势是建立在公司所拥有的独特资源及其在特定的竞争环境中配置这些资源的方式的基础之上的;公司的边界由其面临的环境机会及其所拥有的资源决定;把知识和能力作为企业创造竞争优势的战略性资源。企业战略管理的主要内容是如何最大限度地培育和发展企业独特的战略资源以及优化配置这种战略资源的独特的管理能力。增强企业知识管理能力成为企业成长与再生的关键。资源基础理论的不断演化引起企业理论分析范式的重要转变,对企业成长的剖析由此开始从企业资源水平、结构构成、结构多样化及结构改变、外部资源结构构成及其变动出发,企业成长不再仅是经济学框架下受市场供求关系变动的结果,而是将企业置于市场环境中内外部资源积累的相互作用、相互协调的过程。

企业资源理论主要强调从企业自身的资源出发而不是从市场角度来研究企业的成长与竞争力,企业拥有的资源状况决定了它不同于其他企业的成长途径,保持优势的关键是获取并利用好企业难以复制和模仿的独特性资源。

2.5.2 基于企业能力的产业链成长理论

1. 核心能力理论

企业能力理论对企业资源理论做了进一步引申,能够使一个组织比其他组织做得更好是企业的能力或特殊能力。企业核心竞争力理论的开创者潘汉尔德(Prahalad,1993)和哈默(Hamel,1991)认为,"就短期而言,企业产品的质量和性能决定了企业的竞争力,但长期而言,起决定作用的是造就和增强企业的核心能力。"核心能力理论是企业内在成长理论,它将经济学和管理学有机结合起来,不仅打破了传统的"企业黑箱论",而且对数十年居于主导地位的现代企业理论提出了挑战。

第一,这一理论至今还未形成一个完整的理论框架和统一的企业核心能力概念。企业核心能力理论缺少像科斯那样的现代企业理论代表人物,缺少一组严密的概念和基本命题及定理,有关研究人员对一些基本问题的认识尚不统一,与其说是一种"理论",还不如说是一种"流派"或"思潮"更准确。

第二,核心能力理论在解释企业长期竞争优势的源泉的同时,没有给出可行的用以识别核心能力的方法,也没有对如何对核心能力的积累和使用进行有效管理提出有效的操作性强的途径。

第三,一个企业不可能在所有方面都同时具有核心竞争力,核心竞争力理论未能回答企业各方面能力的相互作用与匹配问题以及企业核心能力如何转化为现实竞争优势的问题。

第四，核心竞争力理论强调企业的内在成长，忽略了或者说淡化了企业与外部环境的关系以及外部成长机制问题。

第五，核心竞争力的培育需要经过长期而专注的积累过程，当企业核心竞争力被发展到极致时，就形成了深深的刚性。核心竞争力刚性形成后，会阻碍企业的变革，束缚企业核心能力的更新与重建。当外界环境发生变化后，企业的经营业绩将大受影响。于是，在核心竞争力理论之后，提斯（Teece，1997）等人提出了强调对环境适应能力的动态能力理论。

2. 动态能力理论

虽然核心能力理论解释了企业竞争优势的来源，但该理论对复杂动态环境下企业如何获取和维持竞争优势缺乏有力的解释。动态能力概念的提出，正是要克服核心能力理论存在的不足。该理论实际上是关于能力动力学的基本能力理论的进一步扩展，动态能力理论与核心刚度理论一样，把核心能力理论往前大大推进了一步，从理论渊源和理论基础方面分析，它们都属于核心能力理论的范畴。

提斯等人对20世纪80年代以来高科技企业发展的实证分析表明，对外部环境的反应能力是解释企业成功发展的关键。国际市场上的优胜者是那些能够适时反映技术和市场环境变化，通过对企业内部和外部资源进行有效整合、进行快速和灵活的产品创新的企业。他们将动态能力定义为公司的集成、开发和重构内外部能力的能力，以适应快速变化的环境，建立了动态能力的3P分析框架——流程、位势和路径。提斯认为，由于能力包含隐性知识，从而具备内部结构的模糊性，多种能力之间互相牵动，以及能力形成的历史特殊性等特征，导致其难以被复制。除了上述原因会导致能力的难以被模仿外，还有其他一些因素，例如知识产权保护、商业秘密、商标和企业风格等方面的限制，也会阻碍竞争对手的模仿。因此根据动态能力的3P分析框架，企业的竞争优势是通过构建既能适应环境变化，又与组织路径和现有资产相契合的流程和惯例来实现的。

动态能力理论秉承了熊彼特的创造性毁灭思想，认为企业只有通过对核心能力进行不断的创新，才能获取持续性竞争优势。总之，动态能力理论继承了传统战略管理理论的基本命题，但对于竞争优势及其来源的理解，它给出了一套完整而新颖的解答，是对其他企业成长理论很好的补充和更新，具有系统性的理论创新。尽管许多学者对动态能力的研究做出了有益探索，但是到目前为止对于动态能力的研究还主要停留在一些抽象空泛的概念和框架的讨论，缺乏对动态能力系统深入的可操作化研究，还无法有效指导企业实践，这最终会制约动态能力理论的进一步发展。目前关于动态能力的测量或者评价维度的识别研究还是一个空白。

2.6 产业链纵向整合关系的理论分析

2.6.1 产业链整合的目的

有人做过一个统计，《财富》500强大约每年有1/3不在名单，尤其像微软、思科、英特尔这类著名高科技公司，年前有的甚至还没有成立。是什么原因导致了公司之间的起落？公司或者企业的兴衰对产业链如何影响？二者的变化是否一致？

而产业链整合的最终目的就是，同比而言，使本条产业链所处的产业在国际竞争中处于比较优势，获得持续的竞争力。

美国哈佛商学院著名的战略管理学家迈克尔·波特提出了"钻石模型"，用于分析一个国家某种产业为什么会在国际上有较强的竞争力，具体如图 2.1 所示。

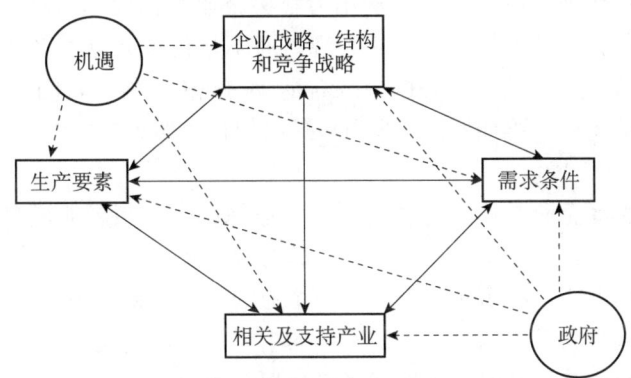

图 2.1　波特完整的钻石体系模型

波特对上述要素的具体分析是要从生产要素中获得优势，现在拥有什么资源并不重要，重要的是有没有一套能够提升生产要素的机制。

在目前科学技术不断进步和全球经济一体化进程加快的背景下，企业所面临的生存环境越来越复杂多变。由于市场环境的变化、顾客需求的变化以及其他诸多外部因素的影响，在激烈动荡的市场环境中，企业竞争呈现出动态化特征。市场的竞争从单独的企业对企业的竞争演变成了产业链之间的竞争，产业链竞争优势的取得与否关键在于产业链各节点企业之间能否实现协同合作。传统产业链整合理论提供了不少有益的分析方法和观点，但是由于环境产生了新的变化，需要一个新的产业链整合理论来解答。

2.6.2　产业链整合的手段之一——并购

很多经济学派对并购现象的产生进行了解释，但就企业并购的动机迄今为止还无法形成系统的理论框架。事实上，不同的并购活动背后的动机常常无法用单一的理论来解释。并购的经济实践不会停止，与此相应的是，对企业并购动机进行研究的理论也会随着并购实践的发展而深入。

新古典企业理论假设企业承担着集中、组织社会资源以生产社会所需产品的职能，企业是根据生产函数和成本函数进行生产的，也就是企业总是在既定投入和技术水平下实现产量极大化和单位成本极小化。企业的活动总是以追求效率为基础特征，而社会资源也总是向效率高的企业流动。

新古典经济学认为企业为了获得规模经济就有动力扩大企业的规模，而扩大企业规模速度较快的方法就是进行企业并购。莱宾斯坦（Leeibenstein）提出的一整套 X-效率理论的假设，是主要针对新古典的传统观点提出来的，X-效率理论是对新古典经济学的一次重要重构和重要补充，它揭示了新古典理论所没有重视的个人因素，动摇了新古典理论的基本假设。新古典经济学对规模经济的论述对企业的横向并购具有很强的解释力，而 X-效率理论从管理协同的角度对并购行为做了进一步的解释。

委托代理理论最早是由罗斯（Ross）于 1973 年提出来的。米尔利斯（Mirrlees）和斯蒂格利茨（Stiglitz）随后对它进行了广泛的研究，逐步使委托代理理论成为经济学研究的一个重要分支，其实质是对现代企业契约理论的发展。委托代理理论将企业并购作为解决企业委托代理问题的出路，这种从企业权利结构和利益结构入手解释并购现象的方法很有价值，也有很好的发展前景，但经济实践清晰地表明，并购行为并非仅仅是为了减少企业的代理成本。与委托代理理论将企业并购作为解决企业委托代理问题的出路的结论相反，一些学者认为并购行为本身是代理问题的表现，而不是代理问题的解决。如缪勒（Mueller）提出的经理主义理论认为，经理的报酬与企业的规模正相关，因此企业并购的动机在于经理对企业规模的追求。再如罗尔（Roll）提出的自负假说则把并购行为归因于经理对自己能力的自负。

交易成本理论解释企业并购行为时遵循的一般原则是，当企业通过市场进行交易时，如果交易成本过高，使得市场不再是配置资源的有效方式，那么此时企业应该根据具体的情况选择合适的并购形式，将市场交易内化为企业的内部交易行为，以节约资源配置的费用。当然，企业并购行为发生以后会增加额外的组织费用，企业会将所增加的额外组织费用与将市场交易内化所节约的资源配置费用进行权衡，在二者大致相等的时候，企业达到了规模的均衡，从而确定了企业的边界。

价值低估理论认为，并购的发生主要是因为目标企业的价值被低估（当一家企业对目标企业的估价高于市场对该目标企业的估价时，称为目标企业的价值被市场低估）。通常采用两种比率来衡量公司价值是否被低估：一是托宾比率（也称"Q比率"，即股票市场价值与重置成本之比），二是价值比率（即股票市场价值与资产的账面价值之比）。目标企业价值被市场低估，就会有企业采取并购手段，取得对目标公司的控制权。

市场势力理论认为，并购活动的主要动机是借助并购可以有效地降低进入新行业的障碍，通过利用目标企业的资产、销售渠道和人力资源等优势，实现企业低成本、低风险的扩张，可以减少竞争对手，从而增强对企业经营环境的控制，提高市场占有率，并保持长期获利的机会。

财务协同理论是基于一个有累积税收损失和税收减免的企业可以与有盈利的企业进行合并，从而实现合法避税的目的。该理论隐含的假设前提是，企业并购活动产生的税收减免大于并购成本，但是这种情况只有在特定的条件下才会出现。并购是企业的一种直接投资行为，其根本动机在于实现企业目标的最大化，这一目标是多种多样的，因此企业的并购动机呈现了多元化的模式。

产业链内企业并购理论迄今为止还无法形成一个系统的理论框架。早期研究者在研究方法上，试图运用一种理论或者假说来解释所有的并购活动。而事实上，不同的并购活动背后的动机常常无法用单一的理论来解释。有学者综合已有的研究成果，将并购理论囊括在一个一般的框架之中，建立并购动机的三个维度，即经济维、管理维和战略维。这种分析问题的思路无疑具有现实意义。从并购动机的时间分布来看，前四次并购浪潮基本上都是由经济维所引发的，第五次并购浪潮则更多的是由战略维所引发的。从纵向一体化的角度考察，并购的动机正是从经济维向战略维过渡，在此之间偶尔夹杂着一些管理维引发的并购动机。

2.6.3 产业链整合的手段之二——外包

当产业链的生产阶段Ⅰ和生产阶段Ⅱ之间不处于非一体化的趋向时，两个独立的生产阶段对于整个产业链来说，如果属于核心生产阶段，那么各相互联系的生产阶段依据市场结构、各自的市场力量进行决策选择。两个或以上的生产阶段，一个属于产业链核心生产阶段，其他的属于相对非核心价值增值的阶段，那么企业会采取何种行为获得持续的竞争优势与竞争力？

对于企业在市场中的竞争动力这一问题，波特（1997）在《竞争优势》一书中，从企业的产业环境入手，提出了价值链的概念作为识别竞争优势资源的基本工具。波特指出，价值链将一个企业分解为战略性相关的许多活动，而企业正是通过比其竞争对手更廉价或更出色地开展这些重要的战略活动来赢得竞争优势。作为形成价值链的结构和经济性的竞争景框能对竞争优势产生重大影响。它包括四个方面：细分景框、纵向景框、地理景框和产业景框。其中，纵向整合规定了一个企业和其供应商、销售渠道、买方之间的各种活动的分工。企业和其买方可以以不同方式对活动进行分工，从关系方面而不是从各种活动方面看待纵向整合的问题。价值链允许企业通过突出纵向联系的作用来更明确地识别整合的潜在收益，但这里的利用纵向联系并不一定要求资产上的纵向整合。因此企业在内部从事何种价值活动或购买何种价值活动有很多选择，但是最终的目标是唯一的，那就是要获取最大的收益。近年来，波特的这一价值链概念吸引了工业组织经济的注意力，鼓励了经理们将目光从某一业务单位的成本转移到与根本业务活动有关的利润机会，并且弄清楚用户是否应该在生产那个部件或者服务的业务过程中存在。更为根本而言，价值链的描述是要求用户考虑可以在何处获取价值，而业务或项目外包行为正是企业利用纵向联系来实现盈利的必然选择。

外包实质上是一种社会化分工，作为一种新兴的贸易方式和企业成长模式，外包的兴起和迅速发展既是国际产业结构转型的产物，又是推动产业结构优化的重要力量。因为它极大地提高了生产效率，提高了整个社会的生产能力。通过分工可以实现专业化，使各种资源得到最大限度的利用。实施外包战略的企业将一些传统上由公司内部人员负责的非核心业务外包给专业的、高效的服务公司，从而专注于自身擅长的创造最大价值的业务，最大限度地利用了企业的资源。从整个社会来讲，也实现了资源的优化配置，从而避免了社会整体资源的浪费。

为了在激烈的竞争中保持优势，越来越多的企业选择采用全部或部分外包信息技术的策略，以便用更低的成本获取更好的技术，集中精力发展自己的核心能力。外包之于企业核心能力的意义越来越引起注意。外包首先兴起于实践领域，20世纪90年代企业资源外包业务在世界各地迅速发展起来，大多数组织转而求助于资源外包以获取企业竞争优势。

2.6.4 产业链整体的协同效应

协同论（synergetics）亦称"协同学"或"协和学"，是20世纪70年代以来在多学科研究基础上逐渐形成和发展起来的一门新兴学科，是系统科学的重要分支理论。其创立者是联邦德国斯图加特大学教授、著名物理学家赫尔曼·哈肯（Hermann Haken）。1971年，哈肯提出了协同的概念。1976年，他系统地论述了协同理论，发表了《协同学导论》（*Synergetics: An Introduction*），还著有《高等协同学》等。

协同理论的主要内容可以概括为三个方面：

1. 协同效应

协同效应是协同作用产生的结果，指复杂开放系统中大量子系统相互作用而产生的整体效应或集体效应（《协同学导论》）。千差万别的自然系统或社会系统均存在着协同作用。协同作用是系统有序结构形成的内驱力。任何复杂系统，当在外来能量的作用下或物质的聚集态达到某种临界值时，子系统之间就会产生协同作用。这种协同作用能使系统在临界点发生质变产生协同效应，使系统从无序变为有序，从混沌中产生某种稳定结构。协同效应说明了系统自组织现象的观点。

2. 伺服原理

伺服原理用一句话来概括，即快变量服从慢变量，序参量支配子系统行为。它从系统内部稳定因素和不稳定因素之间的相互作用方面描述了系统的自组织过程。其实质在于规定了临界点上系统的简化原则——"快速衰减组态被迫跟随缓慢增长的组态"，即系统在接近不稳定点或临界点时，系统的动力学和突现结构通常由少数几个集体变量即序参量决定，而系统其他变量的行为则由这些序参量支配或规定，正如协同学的创始人哈肯所说，序参量以"雪崩"之势席卷整个系统，掌握全局，主宰系统演化的整个过程。

3. 自组织原理

自组织是相对于他组织而言的。他组织是指组织指令和组织能力来自系统外部，自组织则指系统在没有外部指令的条件下，其内部子系统之间能够按照某种规则自动形成一定的结构或功能，具有内在性和自生性特点。自组织原理解释了在一定的外部能量流、信息流和物质流输入的条件下，系统会通过大量子系统之间的协同作用而形成新的时间、空间或功能有序结构。

协同被认为是企业并购的主要动因之一，从上游企业到下游企业直至消费者，节点企业构成的系统中，最大限度地实现系统和各自子系统的目标，这是产业链整合的目的之一。

2.7 小结

本章主要对产业发展理论、产业关联理论、产业链纵向关系理论、产业链纵向一体化动因分析、产业链纵向成长理论、产业链纵向整合关系的理论分析等进行了论述。首先指出产业竞争已从物质、禀赋等外在的竞争转变到人才、机制、管理、创新等内部的竞争；其次指出产业发展在于使产业链条之间形成一体化竞争能力。基于资源为主的产业链和基于企业能力为主的产业链是数字出版产业发展可以借鉴的方式。

这些理论对中国的数字出版产业发展起到非常重要的理论指导作用。这些理论和方法既有经实践检验已比较成熟的理论，也有在经典理论的基础上结合我国国情和改革开放的实践而提出的理论，这些理论是本书研究的重要理论基础，为以后各章提供了理论依据。

3 数字出版产业链构成

数字出版产业链是数字出版关联企业基于价值增值活动所构成的战略联盟关系网络，是出版产业链在数字出版环境下的发展和延伸。传统出版产业经过多年的发展，形成了由出版商、印刷商、发行商共同组成的产业链形态，并由此推动了传统出版产业在过去一两百年间的快速发展。然而当前数字出版产业链条仍处在产业发展的成长期阶段，产业链的基本构造尚待完善，产业链主体的关联关系尚待理顺，产业链的价值创造活动有待明确。由此也导致数字出版产业链主体间各自为政、分工不清等诸多问题，严重制约了数字出版产业健康、快速发展。如何构建并完善数字出版产业链，首先需要明确构建怎样的数字出版产业链，即数字出版产业链的基本构造。基于此，本章依据哈坎森（Hakansson）教授的企业关系网络分析框架，从主体构成、流程、资源三个方面对数字出版产业链的基本构造展开研究，从而进一步理顺数字出版产业链主体间的关系，明确数字出版产业链的价值活动与价值创造环节。[1]

3.1 数字出版产业链主体

产业链的构建需要有一定的具有关联关系的企业参与，这些关联企业基于一定的分工关系联结在一起构成了产业链的组织形式。产业链的主体构成是研究产业链结构的前提，只有明确其主体构成，才能把握产业链主体间的角色分工及其关联关系，也才能明确把握产业链的结构。数字出版产业链的主体，即数字出版关联企业，既是数字出版产业链各环节价值增值活动的实施者，也是数字出版资源的所有者。随着数字出版产值规模的日益扩大，数字出版的盈利前景日趋明朗，数字出版逐渐吸引了众多企业的参与，产业链的主体数量与日俱增，产业链的主体类型更加多元。从目前数字出版产业链主体构成的实际情况看，基于其在数字出版产业链中承担的业务活动及角色定位不同，数字出版产业链的主体大致可划分为数字出版产品与服务提供商、数字出版技术开发商与平台提供商、数字出版产品与服务分销商三类，其中每类又包含几类具体的主体要素。

---

[1] 曾元祥. 数字出版产业链的构造与运行研究[D]. 武汉：武汉大学，2015.

3.1.1 数字出版产品与服务提供商

数字出版产品与服务提供商是进行数字出版产品或服务的开发、生产及提供的产业链主体。数字出版产品与服务既包括内容产品（数字出版的核心和基础），也包括有形产品，比如电子书阅读器、点读笔等电子产品，还包括无形的数字出版服务，比如数字教育出版领域的教学服务，以及数字学术出版领域的学术服务等。数字出版产品与服务提供商，即具体从事上述产品或服务的开发、生产和提供业务活动的企业，其身份、地位相当于传统出版中的出版商，是数字出版产业链的源头，也是数字出版产品与服务市场分销等其他业务活动开展的前提，肩负着为数字出版市场提供产品及服务的重任。

从当前数字出版产品与服务提供商的来源及其业务发展方式来看，具体又可分为混合型数字出版商、集成型数字出版商和纯数字出版商三类。

1. 混合型数字出版商

混合型数字出版商是指同时从事传统出版和数字出版业务的数字出版产品与服务的提供商。[1] 这类数字出版商主要由传统出版商转型而来，随着出版数字化程度的加深，数字化转型是传统出版商在数字出版时代的必然选择。也正因为如此，目前绝大部分传统的图书、期刊、报纸、音像与电子出版单位，在坚持原有的传统出版业务的同时也相继开展了数字出版业务活动。从当前的情况看，我国绝大多数出版社、期刊社、报社及其所属集团均已开展数字出版业务[2]，其涉足数字出版产业链的主要是传统出版内容的数字化。传统出版商手握相当数量的基于传统出版业务形成的优质内容资源，并熟悉出版运作规律和市场需求点，这是技术商所不具备的，传统出版商也因此得以在数字出版产业链中占据一席之地。尤其是在我国，对出版物（包括电子书）的出版有着严格的准入规定，大部分优质的内容资源仍掌握在传统出版商手中，这也是传统出版商与技术商或平台商各自为政、合作意愿较低的重要原因。凭借所掌握的内容资源，传统出版商不甘心由技术商或平台商主导数字出版产业链。虽然中国移动等技术商和平台商在数字出版产业链中占据主动，但是缺乏优质内容资源仍然是制约其开展数字出版业务的一大困境。然而，混合型数字出版商在数字出版产业链中的处境不甚乐观：一方面，其虽具有一定的内容优势，却固守其内容优势，无法摆脱传统出版思维；另一方面，其缺少技术，没能占得数字出版市场的先机，由此导致从产业链条中所获甚微。国外有亚马逊等忽略传统出版商的利益，控制并压低电子书价格，严重影响了出版商的利润水平；国内有中国移动等分走了电子书市场的大部分利润，"出版商辛辛苦苦，到头来钱都被中国移动赚走了"，这是国内出版社的普遍心声。

为此在数字出版产业链中，混合型数字出版商该何去何从？至少加强与技术商的合作，充分利用其内容优势对内容进行深度开发与整合，实现内容增值，而非固守内容，是其应有的做法。

2. 集成型数字出版商

集成型数字出版商是从事纸版出版物的数字转化加工与数字出版产品或服务的集成发布业务的产品与服务提供商。数字出版产业较之传统出版产业，其产业集中度更高，企业

---

[1] 曾元祥，余世英，方卿. 论数字出版产业链主体及其功能定位 [J]. 出版科学，2013（3）：85.
[2] 郝振省. 2012—2013 中国数字出版产业年度报告 [M]. 北京：中国书籍出版社，2013：37-99.

集成的内容资源越多，就越能对内容进行深度挖掘和整合，形成规模效应，从而"赢者通吃"。这也造就了集成型的数字出版业务发展方式，集成型数字出版商应运而生。集成型数字出版商通常以获取纸版出版物的网络出版和传播权，进行数字化转化加工并集成提供给用户为其业务开展的主要方式。依靠其规模优势，集成型数字出版商往往占据着数字出版产业链的主导地位，斯普林格、爱思唯尔、中国知网、万方数据、龙源期刊、超星（读秀）等典型的集成数字出版商，都各自占据着相关领域的数字出版市场。

集成型数字出版商有的是从传统出版商转型而成，比如斯普林格、爱思唯尔等，它们在传统出版时代本身就拥有相当数量的内容资源，其后又通过不断地兼并重组进一步增强了其内容的集成量，从而发展成为今天数字出版时代的佼佼者。以励德·爱思唯尔集团为例，正是通过在学术出版领域一系列的并购行为（详见表3.1），极大地丰富了其学术内容资源的集成量，从而巩固了其在学术出版市场（包括数字学术出版市场）的领先地位。如今Science Direct平台的期刊数量有2,000多种，其中有250,000篇学术论文处于开放存取状态（Open Access）。[1]

表3.1 励德·爱思唯尔在学术出版领域的并购[2]

年份	并购案
1997	收购JAI出版社/阿伯莱克斯出版（JAI Press/Ablex Publishing）
1997	收购制造材料出版商（Chilton Business Group）
1998	收购当前科技集团（Current Science Group）的Beilstein数据库、生物医学网（BioMedNet）、化学网（ChemWeb）
2000	收购化学产业信息出版商思科奈尔（Schenll Publishing）
2001	收购哈考特公共（Harcourt General）
2002	收购霍尔兹布林克（Holtzbrink）的STM业务
2003	收购美国医学出版商汉雷·贝尔夫斯
2004	收购Seisint——获取、处理、链接及查询公共记录数据的技术开发商
2005	收购医学出版商医学媒体（MedMedia）
2007	收购贝尔斯特恩（Beilstein）化学化合物数据库
2007	收购临床实践模型资源中心（Clinical Practice Model Resource Centre）

而更多的集成数字出版商是技术开发商出身，它们通过与大量不同的传统出版商合作，获取其纸质出版物的网络出版与传播权，并进行数字化加工处理，然后整合集成发布。它们所拥有的内容资源量与集成能力是传统出版商所无法比拟的，海量的文献数量造就了它们今天的垄断地位。比如我国数字学术期刊市场中的中国知网、万方数据、维普资讯，目前已基本垄断了整个数字学术期刊市场；再如我国的数字图书馆市场中的超星（读秀）、书生之家等，也凭借其内容集成优势具有较高的市场覆盖率。读秀的成功就说明了这点。2005年上线的超星读秀学术搜索（简称"读秀"），整合集成了包括电子书、期刊、报纸、学位论文等海量的学术内容资源于一体，为用户提供一站式检索服务及部分文献的

---

[1] Science Direct [EB/OL]. [2016-12-30]. http://www.sciencedirect.com/.
[2] 方卿，曾元祥，敖然. 数字出版产业管理 [M]. 北京：电子工业出版社，2013：251.

全文试读,很好地满足了用户的多元化、碎片化学术信息需求。因而读秀自上线以来获得了广泛认可,迅速铺开市场。虽然运行时间远晚于上述提到的其他数据库,但是读秀目前的市场认可度、覆盖率与它们却相差甚小,尤其是几乎与"老东家"超星数字图书馆并驾齐驱,这正是由于读秀的集成化发展理念。我们对全国12个省、自治区、直辖市的100个图书馆所做的调查统计结果也表明,超星数字图书馆和超星读秀网的网购比例分别超过了78%和64%,远超其他商业类的电子图书数字图书馆。无论是从传统出版商转型而来,还是技术商出身,集成型数字出版商的共同特点是充分利用规模经济优势,通过整合数字化加工后的传统出版物集成发布,以满足用户的多元化需求。

3. 纯数字出版商

纯数字出版商是立足于某一数字出版领域,直接从事原生数字出版业务的产品与服务提供商。纯数字出版商从一开始从事数字出版,就主要聚焦于某一数字出版领域,并以其经营理念、技术优势等决胜数字出版市场,其聚焦的市场定位发展方式、独特的经营理念,往往更能使其在所涉及的数字出版领域取得更加突出的市场地位。纯数字出版商通常不涉及传统出版,而是以完全数字化的方式开展数字出版业务,既没有经过传统出版环节,也不参与传统出版内容的数字化加工。然而,也有像盛大文学在数字出版市场站稳脚跟后,开始将其触角延伸至传统出版。近年来,盛大文学坚持全版权运营模式,依靠其原创内容资源进行多媒介的深层次开发,积极向传统出版、影视剧等领域拓展,使版权价值最大化,实现了自身利润及作者分成的双赢。

开放存取领域的 BMC、PMC、PloS、中国科技论文在线、奇迹文库等,网络出版领域的盛大文学,手机出版领域的数码超智、银河传媒等都是较有代表性的纯数字出版商。其中,我国网络游戏领域的完美世界(北京)网络技术有限公司(简称"完美世界")就是较为典型的纯数字出版商。成立于2004年的完美世界一直致力于创造优质的互动娱乐产业品牌,倾力打造拥有自主知识产权的高质量网络游戏产品。完美世界坚持在网络游戏市场不断推陈出新,自成立后陆续推出了《完美世界》《武林外传》《完美世界国际版》《诛仙》《赤壁》《梦幻诛仙》等为众多玩家所称道并取得了丰硕经济收益的网络游戏产品,通过产品的持续创新,保持并提升了其市场的影响力和竞争力,逐渐发展成为我国知名的网络娱乐企业。在此基础上,完美世界再将热卖的网络游戏产品开发成电影、电视、网络文学等,挖掘产品内容价值。2007年7月26日,完美世界成功登陆美国纳斯达克股票市场,获2011和2012年度"中国十大品牌游戏企业"称号及2012年中国网络文化杰出成就奖。[1] 当前,完美世界以网络游戏内容开发为核心,牢牢巩固产业链上游的内容资源优势,同时积极开展产业链的横向扩展与纵向延伸,正在构建、形成一条完整的传播优质互联网娱乐服务的产业链。

3.1.2 数字出版技术开发商与平台技术提供商

数字出版技术开发商与平台提供商是为数字出版业务活动提供技术与平台支撑的产业链主体。如果说内容是数字出版产业发展的基础,那么数字出版技术则是其推动力。作为技术驱动型产业,数字出版产业因技术而生,数字出版技术开发商从一开始就扮演着数字

---

[1] 新闻出版总署科技与数字出版司. 实践·探索·启迪——数字出版案例选编[M]. 北京:中国书籍出版社,2011:189-195.

出版产业推动者与产业链组建者的角色。数字出版产业的发展及其产业链的构建高度依赖技术商和平台商的有力支撑，技术商与平台商参与构建数字出版产业链，不仅极大地推动了传统出版商的数字化进程，也促进了数字出版产品的分销。这里以方正数字出版系统为例。方正数字出版系统提供包括电子书、数字报、数字博物馆、各类专业数据库及移动阅读的技术解决方案，并提供丰富多样的数字资源产品的运营服务。中国90%以上的出版社在应用方正阿帕比（Apabi）技术及平台出版发行电子书，每年新出版电子书超过12万种，累计正版电子书近70万册，并与阿帕比共同打造推出了各类专业数据库产品；中国90%的报业集团、800多种报刊正在采用方正数字报刊系统同步出版数字报纸。此外，全球8,000多家学校、公共图书馆、教育城域网、政府、企事业单位等机构用户应用方正阿帕比数字资源及数字图书馆软件为读者提供网络阅读及专业知识检索服务。[1] 又如，中国知网、维普、万方、龙源四大数字期刊出版平台，承担了我国绝大部分期刊的数字化加工和市场分销重任。再如，中国移动和内容提供商共建的手机阅读平台撑起了我国手机阅读的一片天地。数字出版技术开发商和平台提供商在数字出版产业链中有着极为重要的地位，可以说主导了数字出版产业链的发展和利益分配。

根据数字出版所涉及的三类关键技术，即数字内容阅读载体的终端设备的研发技术，数字出版产品与服务发布、分销的数字出版平台技术，数字出版业务活动开展的应用技术，数字出版技术开发商与平台提供商大致可分为终端设备技术商、数字出版平台技术提供商和数字出版应用系统开发商三种类型。

1. 终端设备技术商

终端设备技术商，即通过研发、生产数字阅读终端设备从事数字出版的产业链主体。一方面，数字内容需要借助台式电脑、平板电脑、电子书阅读器、手机等阅读终端设备进行读取；另一方面，阅读终端设备也是数字出版产品和服务分销的重要渠道，相当数量的数字出版产品和服务是直接经由阅读终端发布的。尤其是移动终端的出现及移动阅读的兴起，带动了移动阅读App的快速发展，成为移动阅读产品和服务的重要分销渠道及形式，移动阅读业务也正如火如荼地开展。此外，有的终端设备如电子书阅读器，本身就属于数字出版产品的一种。基于此，阅读终端设备的研发、生产也成了数字出版产业链的重要一环，这类设备的开发商、制造商也就构成了数字出版技术开发商与平台提供商的主体要素之一。

苹果公司、亚马逊等是终端设备技术商的典型代表，其推出的iPad、iPhone和Kindle等受到了用户的热捧。苹果公司于2010年发布的iPad，作为一款介于智能手机和笔记本电脑之间的产品，提供上网、电子书下载与阅读、播放音视频、网络游戏等功能，其超薄的机身和超炫的屏幕及设计为用户提供了非凡的阅读体验享受，一经面市即席卷全球，掀起了一股iPad追逐热潮。据市场调研机构IDC的调研数据，2016年苹果公司的iPad依然占据着全球平板电脑市场的头把交椅。[2] 亚马逊于2007年推出的Kindle电子书阅读器，如今已成为亚马逊电子书销售的利器，正是得益于Kindle作为世界上最畅销的电子书阅读器，2011年5月19日亚马逊宣布其基于Kindle的电子书销售量已经超过旗下所有

---

[1] 北京方正阿帕比技术有限公司简介［EB/OL］.［2016-12-30］. http：//www.apabi.cn/about/1/.
[2] IDC：全球平板电脑出货量连降8个季度［EB/OL］.（2016-11-01）［2016-12-30］. http：//mt.sohu.com/20161101/n472014428.shtml.

平装书和精装书的销量总和。[1]

2. 数字出版平台技术提供商

数字出版平台技术提供商，即从事数字出版平台技术研发与提供，并依靠自身搭建的数字出版平台开展数字内容出版与发布业务的技术商。数字出版平台既包括进行内容的数字化加工的出版平台，如 App 产品制作平台、数字出版管理平台等，也包括进行数字内容投送的发布平台，如各类应用商城、网络文学网站等。数字出版的网络化、虚拟化特征使得数字内容的出版、发布及消费一体化成为可能。平台技术商对应于传统出版中的分销商，控制着数字出版产品和服务分销的渠道，其在数字出版产业链中的重要性不言而喻。在数字出版平台技术商中，有的以数字出版平台技术的提供为主，不直接从事数字内容的出版或发布业务，比如 Adobe 公司。Adobe 公司是世界上领先的多媒体和网络出版技术开发商及服务商，其于 2010 年 6 月 1 日推出了针对杂志、图书发行商的数字出版平台（Digital Publishing Platform），该平台是基于 InDesign CS5 并整合一系列出版发行工具开发而成的。其中，Digital Viewer 数字浏览技术能更方便出版商将其内容转换为互动式数字媒体，面向平板机、电子书、智能手机等设备发行；Omniture 分析技术则能用于内容及数字广告与读者互动效果的分析。该平台能够很好地为出版商提供数字内容的在线发布的应用、技术及服务支持，《连线》（Wired）杂志率先使用这一平台发布 WIRED iPad 版，并取得了占据付费应用排行榜近一周的销售业绩。

有的数字出版产业链主体，通过自主研发数字出版平台开展数字出版分销业务，这也属于平台技术商的一种。比如前面提及的中国知网、万方、超星以及中文在线、书生等均属于此列，而且这种情况属于多数。

3. 数字出版应用系统开发商

数字出版应用系统开发商是面向数字出版的共性应用技术需求，开发数字出版应用系统的一类技术开发商。数字出版业务的开展离不开一些共性的应用技术的采用，比如数字内容编审校系统、数字内容存储格式系统、数字内容格式转换技术、数字出版物投送系统、数字权利管理系统等。微软、谷歌、方正阿帕比等均是数字出版应用系统开发商的典型代表。

其中，数字权利管理系统（DRM 系统）最为典型，应用需求最为广泛。无论是传统出版还是数字出版，版权管理和保护均是出版商面临的一大难题，如何解决这一问题是实现包括数字出版产业在内的整个出版业持续健康发展的重要前提。因而围绕数字内容产品的权利管理，为数字出版商与分销商开发数字权利管理技术、提供数字权利管理服务就必然成为数字出版产业发展的一个重要环节。微软、苹果、方正等均开发了自己的 DRM 系统。如方正阿帕比研发的 DRM 解决方案，目前为我国众多参与数字出版的企业所采用。方正阿帕比数字版权保护系统 Apabi DRM 是目前我国具备了完整 DRM 技术的中文电子书系统，涉及制作、发行、数字图书馆、手持阅读器等领域，为我国出版社电子书出版提供了数字版权保护技术支持。

终端设备技术商、数字出版平台技术提供商和数字出版应用系统开发商之间，甚至包括前述集成型数字出版商之间，往往会出现身份重合现象。比如，亚马逊既生产终端设

---

[1] 亚马逊宣布 Kindle 电子书销售额已超所有纸质书［EB/OL］.（2011 - 05 - 19）［2016 - 12 - 30］. http://it.sohu.com/20110519/n280626637.shtml.

备，也打造数字出版平台，甚至还开发了属于自己的内容格式技术——AWZ；再如，中国知网既是内容集成商，同时也是平台商。

3.1.3 数字出版产品与服务分销商

数字出版产品与服务分销商是利用数字出版投送平台或电子商务平台，从事数字出版产品与服务分销业务，连接内容与服务提供商和消费者的数字出版市场主体。它对应于传统出版产业中的发行商，是产业链中直面消费者的重要环节，在数字出版产业链中占有不可替代的地位。首先它是专业分工及协作的体现，有利于提高产业链的运作效益；其次它是扩大数字出版产品分销的需要，依靠分销商的参与，能够扩大数字出版产品及服务信息的传播范围，尽可能接触到更多的读者和消费者；最后，由于控制着分销渠道，分销商往往也主导着产品定价权和收益分成权，进而形成了对数字出版产业链的支配权，比如中国移动、亚马逊等。基于分销方式或途径的不同，数字出版产品与服务分销商又可分为以下四类：

1. 数字出版物批发商

数字出版物批发商即从事数字出版物批发业务的分销商。在传统出版产业链中，批发商在出版物流通过程中肩负着出版物批量转移的重任，无论是出版商还是零售商均离不开批发商。而在数字出版产业链中，绝大部分数字出版产品均没有了物理实体，可以通过网络直接向用户零售，而无须经过批发环节。但是，数字出版物也有以批发方式分销的。英格拉姆（Ingram）、贝克与泰勒（Baker & Taylor）、赛阅（OverDrive）等就是著名的电子图书批发商。赛阅公司是一家经营电子书、有声书、数字音乐产品等数字出版物的跨国公司，为包括西蒙与舒斯特（Simon & Schuster）、企鹅集团、兰登书屋等经销其 EPUB 电子书，并向如英国的水石（Waterstones）、WHSmith Online 等在线零售 EPUB 电子书。[1]

2. 数字出版单位自营分销商

数字出版单位自营分销商即自建数字出版平台分销自身出版或加工的数字出版产品与服务的分销商。这类分销商本身要么从事内容的出版业务，要么从事传统出版物的数字化加工业务，前者主要是传统出版企业这类内容提供商，后者则包括集成型数字出版商、数字出版平台开发商等。这是数字出版产品分销的一种常见方式，尤其是传统内容提供商。近年来，由于日益对技术商和平台商独享数字出版产业链利润"大头"，而自身的付出没有得到相应的补偿不满，传统出版单位纷纷开始自建数字出版平台，自营本企业的分销业务。如中国出版集团、中南出版集团等纷纷搭建出版、分销一体化的数字出版平台，新华书店、四川文轩九月网等则重点打造数字出版物分销平台，传统出版单位自建数字出版平台掀起了小高潮。其中于 2011 年 5 月正式上线的中国数字出版网——大佳网，作为国家发改委立项的"国家信息化试点工程"，本着"共建、共享、共赢"的原则，以中国出版集团公司为主导，联合全国出版发行集团和大型出版发行机构，聚合全国出版资源，打造面向全生产链的数字出版服务平台、行业决策信息支撑平台、全形态数字出版产品推送平台、中国出版业重要的电子商务平台、多元化个性化的互动出版社区。

---

[1] 徐丽芳. 浮现中的大众消费类数字出版产业链 [J]. 出版广角，2008（12）：18.

然而，传统出版企业在当前有无必要和能力自建数字出版平台？如何自建自营数字出版平台？传统出版企业自建的数字出版平台在未来是否具有足够竞争力？出版单位扎堆搭建数字出版平台是否存在资源浪费？对于这些问题，笔者认为仍有待进一步观察。

3. 电子书店

电子书店指的是从事数字出版产品（主要是电子书）零售业务的在线分销平台。对应于传统出版产业链中的零售书店，是数字出版物零售的常见方式。电子书店通常向用户提供免费试读、在线选购、付费下载等服务，用户一般需要注册登录电子书店门户系统或客户端方可在线阅读或下载至终端设备阅读。有的电子书店只针对特定终端设备，有的则没有限定。从目前的情况看，电子书店又分为以下三种不同类型：

第一，电子商务网站设立的电子书店或者电子书城，如国内的当当网、京东电子书城、淘花网等几大电商平台搭建的电子书分销平台，国外的 CourseSmart、eBookpie、FictionWise 等电子商务网站也属于此类。这是电商网站传统图书业务的数字化延伸，电商平台涉足电子书分销领域，一方面体现了其对于电子书市场前景的看好，另一方面也会加速电子书的市场分销。

第二，基于特定终端的电子书店，亚马逊的 Kindle 电子书店、巴诺的 Nook 电子书店、汉王的汉王书城等均是这类电子书店的代表。该类电子书店一般采用"终端＋内容"的业务模式，需要购买特定的终端方能接入并购买该电子书店内提供的数字出版产品。如亚马逊的 Kindle Store，海量的数字内容资源是 Kindle Store 取得成功的一大法宝，借助亚马逊所拥有的超过一百万种已获授权的图书、报纸、期刊、博客等数字资源的优势，实行"内容＋终端"的模式，读者可通过其个人电脑直接登录 Kindle Store 阅读、消费电子书，也可通过 Kindle 连接到 Kindle Store 网站下载数字内容。将内容与终端阅读设备 Kindle 捆绑，以内容促进 Kindle 的销售，以 Kindle 带动内容的分销。

第三，技术商的应用商城或电子书商城，如苹果的应用商城、谷歌的 Google One Pass、盛大集团的云中书城等。2011 年 2 月 16 日，苹果在其应用商店推出独立订阅服务，允许用户订阅杂志、报纸、视频及音乐等内容，由此也意味着苹果公司开始由单纯的平台服务商向内容发行商转变，根据协议苹果将获得读者订阅费用的 30%。[1]

4. 电信服务商

电信服务商也是数字出版产业链中重要的参与主体，甚至是占据了支配地位的参与主体。由于有着良好的网络平台优势，国内外的不少电信服务商纷纷开展电子书等数字出版销售业务。如国内的中国移动、中国电信、中国联通积极与传统出版企业合作，分销其数字出版产品与服务。其中，中国移动凭借其手机网络的覆盖面和手机用户的规模优势，通过手机这一移动媒体参与数字出版产品与服务分销，构筑了一条全新的手机阅读产业链，并成为我国最重要的手机阅读产品分销商之一。同时，在中国移动构建的这一手机阅读产业链中，实行"四六分成"，中国移动占其六，享有产业链条中不菲的利润。

此外，亚马逊、巴诺网上书店、当当网等网上书店以及新华书店等实体书店也在分销部分数字出版产品与服务，并主要以有形的数字出版产品分销为主。

---

[1] 王沛霖. 中国的数字出版发行商在哪里 [N]. 中国计算机报，2011-02-21 (003).

3.2 数字出版产业链流程

产业链流程即产业链的分工环节、生产环节。产业链最终产品或服务的产出需要经由多个生产环节，连续向产业链的最终产品或服务投入资源、追加价值。这些能够为产业链最终产品或服务实现价值增值的各个环节就是产业链流程。一条产业链中，从原材料的生产供应到最终产品的生产、流通、销售，存在着多个价值创造与转移的环节。其中，不同的环节基于其资源禀赋条件、所处的产业链地位、对最终产品的价值贡献等不同，存在着价值增值与产业链最终收益的不同。[1] 因此在产业链众多的生产环节中，有的环节属于产业链的基本环节，对产业链价值增值的实现起着核心作用，其价值产出与收益水平处于产业链的高端；有的环节地位、作用则相对弱化，是产业链的辅助环节，如出版产业链中的纸张、油墨等材料的供应环节。本书所探讨的产业链流程主要指的是产业链的核心环节。

产业链的流程是产业链分工关系的体现，对产业链不同流程的划分代表了产业链的纵向分工的安排与确定。厘清产业链的流程，有利于把握不同环节企业的价值创造活动及其价值增值贡献情况，明确产业链附加价值高的环节，并以此主导产业的发展。正如郎咸平所指出的，只有分清产业链的哪些环节附加价值更高，并由其主导产业链的整合对产业的发展才更有利。[2] 在由数字出版产品与服务提供商、技术商与平台商、分销商构成的数字出版产业链中，在当前数字出版产业链分工仍有待明确的现实背景下，探讨并分清其产业链的流程，有助于我们明确产业链的分工，理顺产业链的纵向关系，剖析数字出版产业链不同环节的价值增值状况及其中附加价值更高的环节，从而能够使得产业链主体数字出版业务的开展有的放矢，获得更高的产业链价值回报。

3.2.1 数字出版产业链流程的划分

产业链传统的流程亦即其分工安排的划分，是产业链分工结构的体现。传统观点主要是按产业链的流程分为产业链的上游、中游、下游，传统产业链的核心流程分别为上游的原材料供应（或研发设计）、中游的制造生产、下游的市场分销。应该说，这种较为粗犷的产业链流程划分方式，有利于理顺产业链的纵向分工关系，进而实施产业链的纵向控制与管理；有助于明确各环节在产业链中的地位，从而实现分工协作。大多数产业链的分工划分及其研究均采用的这一方式。传统出版产业链的研究也主要依据上述方式，将产业链的结构分为"编辑出版、复制印刷、市场分销"上、中、下游三大基本环节。这种三位一体的流程划分思路也影响到了对数字出版产业链流程的划分及确定。当前对数字出版产业链的研究，绝大部分仍按照上、中、下游的三元分工视角对数字出版产业链的分工与流程进行分析。

然而数字出版产业链流程的划分及确定关系产业分工的安排，关系对产业链价值创造过程的把握，是构建完整的数字出版产业链需要解决的重要问题。数字出版产业链相较于传统出版产业链，其最大的变化在于产业分工的不同。传统出版产业链上、中、下游的分

---

[1] 方卿，等. 出版产业链研究 [M]. 北京：高等教育出版社，2011：34.
[2] 郎咸平. 产业链阴谋 I——一场没有硝烟的战争 [M]. 北京：东方出版社，2008：2.

工方式已难以适应数字出版产业链，主要原因体现在以下三个方面：

1. 新闻出版业数字化转型升级

新闻出版业转型升级带来了产业链的内容编辑加工、采编流程、信息服务等生产环节与以往不同的特点。国家在数字出版"十三五"发展规划中明确提出，要在"十三五"期间建成数字出版产业化应用服务示范工程。其中，在教育出版领域，要开发数字教育内容资源产品、课程体系和服务平台，推出一批服务于教育领域的整体解决方案；在专业出版领域，要开发成体系的专业内容知识资源产品和垂直服务平台，探索知识服务产业化应用模式；在大众出版领域，在全民阅读、公共文化服务体系建设和信息服务等领域探索产业化推广模式。[1] 这些数字化平台和产业推广模式集内容出版和分销一体化的特性，无形中消解了产业链业务流程在不同主体间的分工，整合了产业链的业务环节，使其趋于一体。任何一家企业如果技术、资源能力足够强大，理论上是可以实现"打通"产业链的。在此情况下，产业链严格的上、中、下游的分工界限也就不复存在了。

2. 数字出版产业链主体身份的重合

数字出版产业链构成主体身份的重合，不仅体现在技术开发商与平台提供商之间，更体现在产品与服务提供商和技术开发商与平台提供商之间、产品与服务提供商和其分销商之间、技术开发商与平台提供商和分销商之间。虽然一般情况下产业链中也会出现个别产业链主体通过实施纵向兼并，从而获得在产业链中的多重身份，但是这仅是针对企业个体而言的，从整体上看，上、中、下游不同环节的产业链主体类别并没有较大重合，依然保持着一定的专业分工以提升产业效率。相反，数字出版产业链却是三类不同的构成主体之间发生了重合。数字出版产业链三大构成主体之间这种较为复杂的异构性，模糊了不同类型产业链主体之间的身份、地位，按照产业链上、中、下游的分工序列对数字出版产业链的分工结构及其价值创造环节进行划分的方式，显然就不太适宜。

3. 数字出版产业链的技术关联性

数字出版产业链的关联关系突出表现在技术关联上。而传统的产业链上、中、下游的分工序列，主要是基于有形产品投入产出的关联思维，将关联企业之间的价值增值活动划分为产品的研发设计、产品的制造和产品的分销三大环节，这三大环节是严格遵循从前到后的时空序列进行划分的。[2] 传统出版产业链，严格来说，仍然属于有形产品的关联，是围绕着出版物的投入产出，围绕着出版物实体从出版商到印刷商再到发行商之间的转移，对产业链的价值创造过程的时空序列进行划分的。而数字出版物产品基本摒弃了实物形态，更多地表现为一种无形的、虚拟的产品形态，因此数字出版产业链的关联已不是有形产品的关联，至少传统的印制环节已经退出，这种基于有形产品的产业链上、中、下游分工序列也就不相适宜了。

基于此，就需要对数字出版产业链流程进行重构。作为出版产业链在数字时代的延伸，数字出版产业链是基于数字技术对传统出版产业链的重构形成的，数字技术不仅重新定义了内容、渠道、技术等产业链资源的价值贡献和作用机制，也改变了传统出版产业的产业逻辑和产业流程，重构了传统出版产业链的流程，并在此基础上形成了全新的产业链

---

[1] 王强. 新闻出版业数字出版"十三五"时期规划要点 [EB/OL]. (2016-07-19) [2016-12-30]. http://www.docin.com/p-1730816266.html.

[2] 龚勤林. 论产业链构建与城乡统筹发展 [J]. 经济学家, 2004 (3): 121-123.

流程。从这个意义上说，数字出版产业链流程的重构过程即数字出版产业链流程的确立过程。

首先，传统出版产业链的三大核心流程——编辑出版、印刷复制、市场分销的纵向序列，由于数字技术的作用被打破。数字技术对出版业的影响首先表现在产品形态上，传统出版物的实体形态变为数字化的虚拟形态，这就意味着产业链最终产品基本上不再需要有形载体的生产环节，印刷环节基本退出了产业链，传统出版产业链中的印刷环节很难再对产业链的价值增值产生原有的贡献，产业链原有的三位一体的价值创造环节也随之消解。

其次，技术开发商与内容提供商的强力介入，不仅改变了产业链的价值创造过程，也重新定义了传统出版商与发行商的角色地位。一方面，技术商与平台商的介入，虽然导致印刷环节的退出，却新增了内容的数字化加工、平台搭建和内容发布等业务环节，产业链的价值创造活动与流程发生了重大变化。另一方面，技术商与平台商作为产业链的最初组建者与推动者，凭借着其技术和平台优势，主导了产业链的发展，由此也导致产业链原有的编辑出版和发行核心环节相对弱化并发生演化，由技术商与开发商参与的内容数字化加工与内容发布环节的地位却得到提升。

最后，在数字出版业务流程中，从其本质上看，内容的编辑出版与数字化加工可归为资源生产，平台的搭建及内容的发布均是为了产品的市场分销。而数字出版产业链的最终产品主要是内容产品，围绕着内容的生产环节，不仅对内容的价值增值贡献更大，其附加价值也更高。由此我们认为，数字出版产业链的核心流程主要可以划分为资源生产和市场分销两大环节。技术商与平台商开展数字出版业务，也主要是介入、承担原本由传统出版企业主导的内容生产与内容分销环节。

因此在数字出版产业链的重构作用下，数字出版产业链的核心流程主要划分为资源生产与市场分销两大基本环节，对数字出版产品与服务的价值增值追加的价值更多，产生的附加价值也更大。数字出版产业链的价值增值活动主要围绕资源生产和市场分销这两大核心环节展开，在此分工结构下，以技术优势见长的技术开发商与平台提供商往往以内容提供商的身份提供内容资源或以分销商的身份从事数字出版产品分销。[1] 当前控制着分销渠道的平台商极力向产业链上游的内容出版环节延伸，而传统出版商则积极自建分销平台向产业链下游的分销环节延伸，这正体现了这两大环节的价值增值能力，具体如图3.1所示。

3.2.2 数字出版产业链的主要流程

在数字技术的作用下，传统出版产业链的三大核心流程——编辑出版、复制印刷、市场分销被重构，传统出版产业链三位一体的分工结构被打破，形成了全新的"资源生

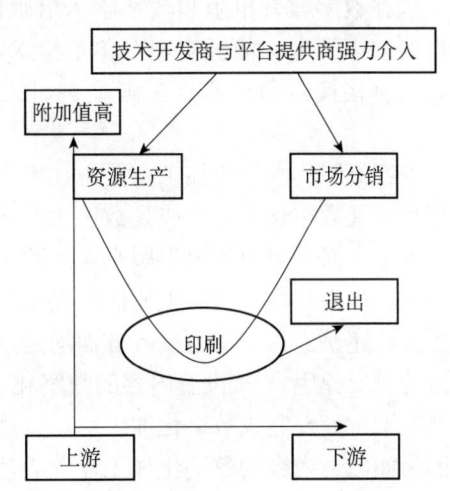

图 3.1　数字技术对传统出版产业链的重构过程

---

[1] 方卿，曾元祥，余世英．数字出版产业链的二元结构分析 [J]．出版科学．2013 (3)：80-81．

产+市场分销"的数字出版产业链二元分工结构,资源生产和市场分销是数字出版产业链的两大基本环节。数字出版产业链的价值增值活动主要围绕这两大价值创造活动展开,产业链主体竞争的焦点也主要集中在对内容资源的垄断或对分销渠道的控制上。在这一分工结构下,技术商与平台商或以内容提供商的身份开展资源生产的业务,或以分销商的角色从事分销平台的构建及内容的分销业务。

1. 资源生产

数字出版产业链的资源生产环节,即从事数字出版产品的生产及服务提供的产业链业务环节。从狭义上讲,资源生产主要指内容资源的生产,包括内容的出版(传统出版)及内容的数字化加工。从广义上讲,资源的生产除了内容资源生产外,还包括数字出版产业链最终产品或服务的产出所必需的资源的生产活动,如数字内容加工技术及加工平台的研发、生产,学术服务、教育服务等数字出版服务的提供业务,以及电子出版产品的研发生产等。由此,资源生产流程又包括以下主要的价值创造活动:

(1) 内容资源出版(传统出版)

先经由传统出版业务,再将传统出版内容资源进行数字化加工及发布,是当前数字出版业务的重要开展方式之一,这也是混合型数字出版商参与数字出版的主要方式。我国目前绝大部分出版社、报刊社均如此。从当前情况看,虽然这种价值创造活动在产业链流程中占据不可或缺的地位,但是其产生的附加价值较低,或者说其获得的产业链利润较少。如何挖掘其内容资源的价值,最大限度地提升其价值增值能力、提升其附加价值,成了摆在传统出版企业面前的一大难题。

(2) 内容资源数字化加工

内容的数字化是数字出版业务流程中十分重要的环节之一。传统出版在过去所产出的海量的内容资源有很大的数字化空间,有大量的数字化工作要做。一方面是内容的数字化转换,对纸质内容资源的数字化转换是一项系统而庞杂的工程,也是当前传统出版企业数字出版业务的重心;另一方面是数字内容的拆分、重组,即将已经数字化的内容进行碎片化,以实现数字内容的深度挖掘和多元利用,最大限度增加内容资源的附加价值。这在数字教育出版和数字学术出版领域体现得尤为明显。如目前中国知网正在重点建设的知识元库,能够实现对单个学术定义、新概念、表格、图片、公式、数字等知识单元的直接搜索和推荐,在满足科研人员的专业化需求、提升科研效率方面具有积极意义。

内容资源的数字化加工主要由技术商或平台商承担,传统出版企业无论是通过技术企业直接开展数字化业务,或是数字化业务外包,内容的数字化加工重任最终均落到了技术企业身上,而且当前传统出版企业的数字化加工能力也远逊色于专业从事数字化加工的技术企业。从内容数字化加工所能产生的附加价值看,内容的数字化无论是在技术投入、资金投入,还是人力、物力投入方面均是巨大的,这也是数字出版产业固定成本高而边际成本低的重要原因。[1] 没有内容的数字化,内容的网络化传播也就无从谈起,而大部分技术商或平台商在完成数字化加工后,直接介入数字内容的分发环节也是其常见选择。也正是因为如此,内容的数字化加工业务活动向产业链追加的价值相对更多,产生的附加价值也相对更高。

---

[1] 张新华. 数字出版产业的经济特质分析[J]. 科技与出版, 2011 (1): 43.

（3）App 产品制作

通常内容资源数字化加工之后就直接流向市场分销环节发布给消费者。随着移动阅读的兴起，衍生出了移动阅读客户端这种新的数字出版产品形式。虽然从广义上讲内容 App 产品的制作也属于数字化生产的一部分，但 App 产品的制作有其独特的产品特质与需求特性。当前，从事 App 产品生产的产业链主体包括传统出版企业、专业的 App 制作商以及分销商。但由于目前用户的付费阅读习惯尚未完全形成，2016 年 4 月 21 日第十三次全国国民阅读调查的结果显示，手机阅读群体中，27.6%的人能够接受付费阅读，而 72.4%的人只看免费的手机读物。2015 年手机阅读群体人均花费在手机阅读上的费用为 11.19 元，较 2014 年的 16.47 元有所下降。[1] 因此当前 App 产品制作业务环节的价值收益还不是很理想。

（4）数字内容加工技术

这一业务活动肩负着为资源生产及市场分销提供必要的技术支撑的重任，如果抛开数字出版单位自建数字出版平台不谈，该类业务活动由于没有直接介入产业链最终产品的价值创造过程，严格意义上讲属于产业链价值活动的辅助环节。从事这类业务活动的产业链主体，有的是如 Adobe、方正等专注于技术解决方案提供的技术企业，其他大部分则是如中国知网、中文在线等自主研发相关技术从事内容数字化加工业务的企业。因而其产生的价值收益也分两类情况，前者的收益主要为一次性收取他人购买技术解决方案的收入，后者的收益情况则与内容的数字化加工相同。

综上所述，资源生产流程主要通过服务于内容资源的生产向数字出版产业链追加价值。内容作为产业链的基础资源以及数字出版市场需求核心，围绕着内容的生产、内容资源价值增值实现的业务活动，本身更容易产出更多的附加价值。数字内容提供商与数字出版分销商之间通过事先确定的收益分配方案共同分享产业链产出的价值，而内容提供商控制、拥有的内容资源越多，基于其内容资源集成量所具备的规模优势，其议价能力也会越强，能够获取的价值收益也就越高。

2. 市场分销

数字出版产业链的市场分销环节，即开展数字出版产品与服务的分销业务及其相关配套业务活动的产业链业务环节。从事市场分销的产业链主体相当于传统出版中的发行商。无论是传统出版抑或数字出版，市场分销环节均具有举足轻重的地位，是连接资源生产与市场消费环节的纽带，关系着产业链价值增值的实现。数字出版产品与服务只有经由分销商发布至消费者手中，其价值才能得到体现，产业链剩余利润才得以产出，产业链价值再创造活动才能得以继续。

市场分销作为数字出版产业链核心流程，主要体现在市场分销主体对产品与服务价格的决定权。分销商不同的定价策略，在产业链利益分配确定的情况下，决定了上游的资源生产环节所能够获得的收益。同时，不同的定价策略也会影响产品的销售及收入，这在一定程度上也决定了产业链的价值产出。在传统出版中，出版物都是明码标价的，数字出版物却不是，原则上其定价是由分销商决定。从市场的角度说，产品价格通常是由分销商确定的。一些具有较强市场势力的分销商通过对分销渠道的控制也主导着定价权。在苹果公司推行"代理定价模式"之前，美国电子书的定价模式主要是亚马逊的"批发定价模式"。

---

[1] 杜羽，刘彬. 第十三次全国国民阅读调查结果公布［N］. 光明日报，2016-04-19（09）.

亚马逊凭借其对分销渠道的垄断，单方面确定电子书的价格为 9.9 美元甚至更低。虽然"代理定价模式"推行后，亚马逊做出了一定让步，但随后其通过诉讼又赢得了定价的主导权。随着亚马逊的胜诉，更加凸显出了强势分销商对于定价权的主导。从目前的市场状况看，整个产业链的分销环节主要为部分强势分销商把控，它们不仅主导了产品的定价，也主导着产业链利润的分配，并从中获取了超额的产业链价值收益。这也在事实上增强了市场分销环节在数字出版产业链中的核心地位以及其附加价值。市场分销环节又包括以下价值创造活动：

（1）数字出版分销平台的构建

数字出版分销平台不仅指在线的网络平台，还包括专门的阅读终端设备，对应于传统出版中的分销渠道。在传统出版活动中，分销渠道的建设是出版物发行业务活动的重要组成部分，是企业营销活动的关键。[1]

当前数字出版市场分销主要是通过在线网络平台和数字阅读终端设备两种方式实现的，因而数字出版分销平台的构建主要分为网络平台的构建和专用阅读终端设备的生产两类。网络平台构建的产业链主体主要是平台提供商、数字出版单位自营分销商、电子书店及电信服务商等，专用阅读终端设备生产的产业链主体则主要是电子书阅读器设备生产商，如亚马逊、汉王等。就网络平台的构建而言，更多时候数字出版的网络分销平台与其出版平台是一体的，或者说是这类平台的构建者同时开展内容的数字化加工和数字内容的投送业务，如中国知网、超星、中文在线等，因而其向产业链追加的价值往往更多，产生的附加价值也更大。但是，需要区分 IT 企业与传统出版企业两种情况，从实践呈现的结果看，前者获得的收益明显高于后者。而就电子书阅读器的生产而言，国外的终端设备商如亚马逊等基于"内容＋终端"的模式取得了丰厚的市场利润。但是，我国的电子书阅读器包括汉王在内，在 Kindle、iPad 等国外阅读终端的冲击下举步维艰。这也提醒传统出版企业，盲目进军电子书阅读器市场并非明智之举。

（2）数字内容的发布业务

数字内容的发布业务对应于传统出版中的零售环节。数字内容发布的方式可以是数字出版单位自建发布平台发布，也可以是电商网站、网上书店、应用商城等电子书店发布，还可以是电信服务商开展的内容投送，其对应于数字出版产品与服务分销商的几种类型。

数字内容的发布活动由内容的上传、推送、电子商务等具体活动构成。内容上传即将数字内容上传至发布平台，或者说是将数字内容从生产后台转移至前台，直接面向消费者供其订阅。内容上传并非只是鼠标点击上传按钮那么简单，还应包括对内容的管理活动，如对内容的分类管理、数字版权的管理等，尤其是在上传过程中如何设置访问、阅读、下载权限，实现对数字版权的保护与管理至关重要。内容推送即根据用户以往的订阅记录，计算、生成用户偏好，进行个性化推荐。这是满足用户越来越明显的个性化需求的重要方式。同时，定期的、持续的信息推荐也是保持用户关注度和忠诚度的重要手段。电子商务即一般意义上的电子商务活动，包括 B2C 和 B2B 两方面。B2C 主要涉及用户关系管理，更需要注意的是 B2B，包括镜像站点的设置、维护和管理等活动，关系 B2B 市场的稳定发展。而从我国近年来电子书市场的分销情况看，虽然 B2C 市场增长迅猛，但是 B2B 市场销售才是电子书市场规模稳定增长的基石。

---

[1] 方卿，姚永春. 图书营销学教程 [M]. 长沙：湖南大学出版社，2008：227.

数字内容发布环节所能够产生的价值收益则主要取决于两方面因素：一方面是与内容生产环节（内容提供商）确定的利益分配比例，这取决于双方的议价能力。双方企业谁在市场占有优势，谁的议价能力就相对较强，相应地将会获得更大的利益分配比例。另一方面则是内容的价格，在利益分配比例确定的情况下，价格水平会对销量产生影响，合理的价格水平会促进销量的增加。而基于数字出版产业固定成本高、边际成本低的特性，这就意味着，销量越高，其规模报酬递增效应就越明显，收益也就越高。亚马逊坚持电子书的低定价策略，其考虑到的很重要的一点是基于低定价带来的销量以及最终收益的增加。

以上是数字出版产业链资源生产与市场分销两大核心环节及其主要的价值创造活动。当然，数字出版产业链的价值创造过程及其活动并不仅限于这两方面，它们只是其中比较重要的业务活动。

在由资源生产与市场分销两大核心环节构成的数字出版产业链中，从事资源生产的产业链主体既包括内容提供商也包括技术商与平台商；从事市场分销的产业链主体也是如此。到底由哪一环节的产业链主体主导数字出版产业链，主要取决于其掌握及应用数字技术的能力。无论是内容提供商还是分销商，事实上都是凭借技术支撑才得以确立其在数字出版产业链中的主导地位。从实践看，既有从事资源生产的产业链主体，如爱思唯尔、斯普林格、方正等，也有从事数字出版产品市场分销的产业链主体，如谷歌的Playstore、亚马逊、中国移动等。

3.3 数字出版产业链资源

产业链的本质是产业链主体关联关系的体现。产业链的这种关联性，从资源依赖理论视角看，任何一个企业组织生产活动的资源都不是自给自足的，都有获取外部资源的需求，由此产生了对外在单位的依赖性。企业组织之间基于资源的依赖性产生的联系和相互合作，一同构成了产业链的组织形式。产业链最终产品的生产过程和价值增值的实现过程，是产业链主体之间连续向产业链投入人力、物力、财力、技术等资源的过程。要把握产业链主体的价值创造活动，就有必要深入分析产业链的资源。

3.3.1 数字出版产业链资源的内涵

网络视角下讨论企业关系所涉及的资源指的是由网络主体控制的，用于与其他网络主体开展创造、使用、交换等活动的对象，是网络内的主体发生关系的纽带。[1] 哈坎森教授在其1995年出版的《发展业务关系网络》（*Developing Relationships in Business Networks*）进一步将"资源"明确定义为：企业关系网络中已知的即将被使用的要素。因此数字出版产业链中的资源，是产业链主体所拥有的相互关联的、用于产业链价值创造的要素，需要满足以下基本特征：

1. 资源必须是能够产生价值的要素

产业链的资源是服务于产业链价值增值活动的基础要素，产业链最终产品的产出、产业链价值的实现，均需要产业链各方依据各自的资源禀赋条件及在产业链中的分工，向产业链投入相应的资源。但是，产业链各方投入的资源必须对产业链的价值增值产生贡献，

---

[1] HAKAN H. Industrial technology development: a network approach [M]. London: Croom Helm, 1987: 14-16.

换言之，投入的资源本身只有产生价值，才能凭借其价值贡献分享相应的产业链利润，否则这种资源就是无用的，也不应该被纳入产业链资源范畴。价值性是产业链资源的首要特质。从这个意义上讲，无论是对于传统出版企业还是 IT 企业，开展数字出版，首先应对自身的资源做一扫描，审视哪些资源能够产生价值、带来收益，哪些资源目前无法产生价值。对于那些能够产生价值收益的资源，要千方百计最大化地开发、利用，以实现其价值的最大化；对于暂时无法产生价值的资源，则应进行针对性的加工、处理，使之能够产生价值。因此对于数字化企业来说，应该首先考虑如何开展数字出版业务以及能够实现的收益，而不是首先考虑其收益问题。

2. 资源应当是即将被使用的要素

哈坎森教授将企业关系网络视角下的资源形象地形容为将会被尽快使用的要素。埃斯彭（Espen）在此基础上进一步解释到，资源必须是被熟知如何使用的要素，即如何在网络组织中产生联结的要素。资源只有被利用起来才能够产生价值。这就意味着，当前传统出版企业认为其具有内容资源优势，不甘心于当下的收益分配方式而抵触与技术企业合作的想法和思路是不明智的、错误的。这是因为一方面以传统出版企业当前的技术、经济实力，自建分销平台难度很大，投入产出效益也不见得很高，只好将其内容交由技术企业；另一方面，传统出版企业不与技术企业合作，其内容资源就难以到达消费者手中，也就无法产生价值，其内容资源优势也就不足以称为优势。这也是为什么当前部分出版社明知将其内容交由中国移动等电信服务商，收益微乎其微，但仍然打包给中国移动的重要原因，因为固守其内容更无收益可言，合作还能产生些许收益。

数字出版产业链资源的使用性，有一大难题严重困扰着产业链主体，即资源在前一刻还能使用，到了下一刻却无法使用。技术设备的淘汰升级以及内容格式的更新换代，是这一困扰的典型表现。上述两方面问题造成了市场资源的巨大浪费。如何解决这些问题以提升产业链的资源利用效率，是数字出版产业链各类主体在资源的使用过程中需要认真思考的。

再次，资源之间必须是相互关联的。产业链的资源不应该是独立的，只有相互关联才有利于形成协同效应，增强产业链的价值增值能力。产业链作为关联企业之间基于价值链基础形成的战略联盟组织，从战略联盟的角度看，正是出于对他人资源的需求和依赖，才结成了战略联盟关系，以实现资源的互补和共享。突出数字出版产业链资源的关联性，需要强化产业链主体间的协调合作，实现产业链资源的整合与共享。由中国出版集团打造、得到国家发改委等支持的中国数字出版网——大佳网，其构建的初衷之一就是实现行业信息资源的共享，为行业决策提供信息支撑。但是自大佳网建立之后，其他出版集团反应一般，其初衷并没有达到。这也反映出了当前我国数字出版产业链主体间缺乏信息沟通，产业链信息的不完全、不充分，严重限制了产业的健康发展。为此，就需要强化产业链主体间的关联关系，推动产业链资源的整合。

此外，资源是具有流动性的要素。资源要产生价值与关联，就必须使其在产业链的各环节间流动起来，以实现向产业链的价值创造活动持续追加价值。产业链的价值创造过程，其实就是各类资源在产业链生产环节的流动过程，在其流动过程中产生关联，产出价值收益。当前，我国数字出版产业链的运行仍不够通畅，还存在一定程度的产业链断裂现象，如传统内容提供商仍在一定程度上缺位，由此就限制了产业链资源合理、顺畅的流动，并进而制约了产业链的有效运行。因此亟待加强产业链各方的协调合作，打造结构健全、完整的数字出版产业链，从而实现资源在产业链不同环节之间的顺畅流动。

3.3.2 数字出版产业链资源的主要类型

产业链的资源即产业链的价值创造过程所使用的相互关联的、能够产生价值增值的生产要素。从产业链最终产品的产出看，需要多种生产要素的投入。哈坎森教授指出，企业关系网络视角下的资源由物质资源、资金和人才资产三类构成。[1] 格兰特（Grant）则将资源的类型细化为五类：资金、物质、人力、技术和组织形象。[2]

这些对资源类型的划分均是基于生产要素的视角。数字出版产业相较于传统出版产业，很重要的一点改变是重新定义了内容、渠道、技术等资源在产业发展中的作用机制。[3] 探讨内容、渠道、技术等资源在数字出版产业链中的作用机制问题显然更具有现实意义，更有助于出版企业对内容、渠道、技术等资源在传统出版产业链中与数字出版产业链中的区别有清晰的认知和把握。下面将分别就内容、渠道、技术这三类主要资源进行探讨。

1. 内容资源

出版业属于内容产业的范畴，内容资源是其核心资源。无论是传统出版还是数字出版，"内容为王"始终是其产业发展的不二法则。[4] 数字出版用户的本质需求仍然是对内容的需求，因而对内容资源的争夺与控制也成了数字出版产业链主体竞争的主要焦点。新闻出版广电总局信息中心副主任刘成勇及北京方正阿帕比技术有限公司常务助理总经理赫思佳等也持有类似观点。[5] 也正是由于内容资源在数字出版产业链中的突出地位，以内容提供商为核心推动数字出版产业链的整合成为一种较为普遍的观点。

一方面，对内容资源的控制是数字出版产业链资源争夺战的"主战场"，无论是内容提供商还是分销商，都想方设法占据更多的内容资源。

内容资源的控制活动要想为产业链主体带来竞争优势，很重要的一个前提是内容资源的大量占有与控制。只有大量占有内容资源，才能发挥规模优势和规模效应，满足用户的多元化需求。这也是自然出版集团与斯普林格合并的重要原因。2015年1月15日，自然出版集团宣布与全球第二大学术出版商斯普林格合并，从而拥有3,140多种学术期刊，超过了爱思唯尔的3,057种，学术期刊数量跃升至全球第一。[6] 对内容资源的大量占有，以进一步增强双方内容资源的规模效应，是促成双方合并的重要原因。

与数字出版产业链相比，传统出版产业链对于内容资源的规模优势要求并没有那么强烈。传统出版物在向分销环节转移的过程中，只是物权发生了转移，出版物内容所有权，或称内容出版权，仍掌握在内容提供商手中。出版物的规模效应更多地体现在分销环节，由批发商积少成多、集散成众再发送给零售商。一个大型的图书卖场，其拥有的单品图书

---

[1] HAKAN H. Industrial technology development: a network approach [M]. London: Croom Helm, 1987: 16.
[2] GRANT, R M. The resource-based theory of competitive advantage: implications for strategy formulation [J]. California management review, 1991, 33 (3): 114–135.
[3] 方卿，等. 数字出版产业管理 [M]. 北京：电子工业出版社，2013：前言.
[4] 方卿. 资源、技术与共享：数字出版的三种基本模式 [J]. 出版科学，2011 (1)：28.
[5] 洪黎明. 打造数字出版产业链——访商务印书馆信息中心主任刘成勇 [N]. 人民邮电报，2007-08-22 (006).
[6] RICHARD V N. Nature owner merges with publishing giant [EB/OL]. (2015-01-15) [2016-12-30]. http://www.nature.com/news/nature-owner-merges-with-publishing-giant-1.16731.

数量有十几万至几十万种不等，如曾经作为我国最大的民营书店而今已经倒闭的北京第三极书局，就号称拥有30多万种图书，而我国当时的年出版图书品种数量不过20多万种。可见从满足读者多层次、多元化需求的角度看，传统出版业对规模效应的要求更集中在分销环节对出版物物权品种数量方面，这也是国外小型的出版社或出版工作室盛行的重要原因之一，它们以特色内容取胜，而不一定需要规模优势。

但是对于数字出版产业链而言，内容资源转移至分销环节进行发布时，其网络出版与传播权也基本随之转移。整个商业逻辑均发生了改变，这意味着分销商可以对内容资源进行再开发和利用。对于只控制少量内容资源的产业链主体而言，虽然也能够从中获利，但是一方面与其他产业链主体（尤其是分销商）的议价能力较弱，使其能够从产业链中获取的收益较低，另一方面如若自建分销渠道，由于内容资源集成度较低，难以满足用户日趋多元化的需求，难以取得成功。即使是对优质内容、原创内容资源的占有和控制，也需要具有一定的规模效应，才具有竞争力。

而对内容资源的创造、使用等活动，纸质内容资源的数字化转换仅是完成了第一步，只完成数字化转换的内容资源并不具备价值增值能力。严格来讲，真正具有价值的内容资源不是完成了数字化转换的内容资源，而是能够实现重复开发利用、实现资源重新整合的内容。这就需要对内容资源进行碎片化处理，即进行所谓的内容拆分、重组的价值活动。具体来说，就是用户的需求已经不再是传统出版时代的一本本图书、期刊，或一份份报纸，更多的是图书某一章节的内容、期刊的一篇论文、一条新闻资讯等。用户对知识单元、信息单元的需求越多，阅读需求的碎片化、个性化、针对性特征就越明显。这也是盛大文学按内容的章节定价、中国知网按单篇论文定价的重要原因。在此情况下，就需要对数字化内容进行内容单元的拆分，以实现对内容的重组和个性化推送。也只有这样，才能实现内容资源的"一次制作，多种利用"，最大化挖掘内容资源的价值。

目前，我国电子图书产品规模从2013年的100万种增至2015年的170万种，增长率为70%，其中超星的电子图书超过120万种，当当电子图书种类超过40万种，海量的电子图书平台逐步形成。[1] 但是当前我国可资利用的电子书数量仍然较少，读者能够阅读的电子书数量显然不足，与其出版数量不相匹配。这其实反映了我国电子图书的使用价值很低，虽然都完成了数字化转换，但是从价值增值的角度看，很多电子图书都不具有实现价值增值的能力。这是因为当前我国大部分出版社只是完成了图书内容资源的数字化转换，而且其中相当程度的电子书仍是以传统版式的方式存在，亦即以PDF的形式进行转换，再利用难度大，数字化加工成本高。据悉，多看阅读整体的电子书版面之所以较之其他平台更精良、美观，单就其排版、加工人员的数量就有千余人。[2] 这制约了电子书再开发利用的效率与效益。因此传统出版企业必须摆脱只要对内容进行数字化转换就是数字出版的观念，这样的内容资源不具有价值或是价值含量很低。在开展内容资源数字化加工活动的过程中，还需要注意内容资源的存储格式问题。存储格式不仅关系到内容资源的开发利用和在不同终端间的无缝分发问题，还关系到未来格式升级转换后格式迁移的转换成本。从目前的主流趋势看，对碎片化后的内容适宜用WXML的方式进行存储，因其采用

---

[1] 魏玉山.2015—2016中国数字出版产业年度报告[EB/OL].（2016-07-21）[2016-12-30].http：//www.chuban. cc/rdjj/2016szcb/zltpp/201607/t20160719_174913.html.

[2] 任江鹏.规范排版流程提高电子书收益[N].中国出版传媒商报，2014-02-25（008）.

"内容与样式分离"的思路,既方便对内容资源进行重复开发与使用,又对不同的内容格式具有很好的适应性,能够实现内容的跨终端发布。

2. 渠道资源

渠道资源主要是分销渠道。无论是传统出版业还是数字出版产业,分销渠道的作用都不言而喻,因而无论是在传统出版领域还是在数字出版领域,都有关于"渠道为王"的观点和争论。在传统出版产业链中,处于上游的出版环节和处于下游的发行环节,其价值丰度都较高,都属于产业链价值的高端。[1] 在传统出版产业链中,有时发行环节走上了产业链的高端,比如大众出版领域的巴诺书店等大型连锁书店,其产生的附加价值更高。这一特点在数字出版产业链中表现得更为明显。控制着市场渠道资源的产业链主体,往往也控制了产业链的主导权。如当当网以线上销售图书为突破口,将大量用户的买书习惯从线下引到了线上,成为中国图书第一电商平台。随着电子书市场的火热,纸质书销量受到较大影响,2015年当当网将数字业务列为公司重要业务,并重点孵化和投资100家数字内容工作室,为旗下数字阅读产品线输送原创内容。目前当当读书平台内容规模有45.3万册,传统出版电子书约占90%,原创小说不足10%。[2]

通过对市场分销流程的分析可知,分销渠道资源最主要的是数字出版分销平台。对于传统出版产业链而言,建立分销渠道的资源优势侧重在分销网点、通路的数量与布置及物流能力等方面。而对于数字出版产业链而言,数字出版分销平台需要有优良的网络性能、庞大的用户数量、强大的B2C市场运作能力、海量的内容资源等,才能形成强有力的用户黏性和品牌吸引力,也才能取得成功。这对于渠道资源的控制者就需要其具有很强的技术、资金和网络运作能力。

自《数字出版"十二五"发展规划》提出构建海量数字内容投送平台政策规划以来,国内掀起了一股数字出版平台构建热潮,传统内容提供商(包括出版集团和出版社)自建数字内容分销平台表现抢眼,包括中国出版集团的大佳网、中南传媒的天闻数媒、上海世纪出版集团的易文网、重庆出版集团的天健出版网、中国科学出版集团的科技期刊门户网等。传统出版企业竞相构建数字出版投送平台,意在突破平台商的垄断与控制,摆脱平台商长期以来的"压榨",建立自己的分销渠道。然而关键问题是出版集团是否具备搭建数字出版分销平台的条件和实力,显然目前我国传统出版企业尚不具备搭建海量数字内容投送平台的条件和能力。

纵观当前我国传统出版企业搭建的数字出版分销平台,无论平台性能、用户数量还是B2C市场运作能力、内容资源集成量,均与技术平台商有较大差距,这就决定了其很难成为有市场分销影响力的分销平台。由于当前我国数字出版内容投送平台建设存在散而不强、投送能力不足、缺乏规划、重复建设等问题,2014年1月国家新闻出版广电总局出台了《关于加强数字出版内容投送平台建设和管理的指导意见》,增强我国数字出版内容投送平台对内容资源的投送和传播能力。而对于传统出版社(出版集团)来讲,与其盲目介入市场分销环节,投入大量的人力、物力和财力打造数字出版分销平台,最后却沦为"鸡肋",倒不如专注于内容资源的生产、提供,深挖内容资源的价值,以提升自身在产业

---

[1] 徐丽芳. 出版产业链价值分析 [J]. 出版科学, 2008 (4): 16-19.
[2] 2015年三季度中国移动阅读市场运行情况分析 [EB/OL]. (2015-12-09) [2016-12-30]. http://www.askci.com/news/chanye/2015/12/09/155833pky5.shtml.

链中的竞争力，提高与分销商的议价能力。另一可行做法则是组建分销平台的战略联盟，共建分销平台，以整合相互的资源优势，增强竞争力。

3. 技术资源

技术因素无论是对传统出版还是数字出版都起着十分重要的作用。就传统出版而言，从竹简到纸张，从雕版印刷术到活字印刷术，到金属印刷术，再到现代印刷工艺，出版业的每一次巨大进步与变革都离不开技术的推动。就数字出版而言，高速发展与迅速普及的数字技术是催生数字出版产业的技术背景。[1]

虽然技术资源是产业发展十分重要的资源要素，但是其在传统出版产业链与数字出版产业链中的作用机制、产生的附加价值有所不同。在传统出版产业链中，技术力量主要体现在印刷工艺和载体形式方面。广义来看，桌面排版技术、发行信息系统等也属于数字出版范畴。因而传统出版产业链中的技术资源主要运用于印刷环节，而印刷环节在整个"编、印、发"三位一体的产业链环节中，属于产业链的低端，分享的利润价值最低。然而在数字出版产业链中情况就不一样，技术因素的影响力体现在产业链的方方面面[2]，数字出版技术不仅重塑了产业业务流程及出版商等产业主体在产业中的角色，也改变了产业链的利益分配格局。作为产业链的最初创建者与推动者，数字出版技术商（广义上包括平台提供商）控制了数字出版产业链的主导权，分享了丰厚的产业链利润。

传统出版中一直存在"内容为王"和"渠道为王"的争论。而数字出版中，基于数字技术的作用，又增加了"技术为王"的观点，形成了以"内容主导 vs 渠道主导 vs 技术主导"的"三国争雄"的局面。无论谁是主导者，其实都反映出了内容、渠道、技术资源的重要性。对于内容、渠道、技术而言，无论最终由谁主导产业链，只有实现资源之间的相互关联、资源互补和优化配置，才能够为产业链的价值增值贡献力量，并实现自身的价值。因而对于数字出版产业链而言，重要的不是争论内容、渠道、技术谁是主导性资源，而应该思考如何实现三者的协调整合与优化配置，实现产业链价值。

3.4 数字出版产业链客体

在数字出版产业链中，读者和用户是所有数字化产品和服务的最终消费者。消费决定生产，需求决定供给，这是经济学中的一般常识。然而，笔者在进行数字出版产业链的研究中隐约地感受到，众多研究都不约而同地关注到了产业链的上游和中游，而对于产业链客体即最终的读者关注不多。笔者认为，作为数字出版产业链的一个重要组成部分，全新的阅读方式以及整个消费群体和消费习惯的变化，对于整个产业链的形态具有至关重要的影响。因此下面将从宏观和微观两个角度探讨数字出版带来的阅读方式的变化。全新的阅读方式对于创造个性、共享、开放、自由的社会传播环境具有积极意义。然后阐释数字出版中消费方式和消费习惯的变化，以及消费结构的失衡问题，从而更加全面地认识数字出版产业链及其内部互相影响、互相制约的复杂关系，以及数字出版这一具有革命性的新型出版形态，促进数字出版产业的良性发展。

---

[1] 方卿，等. 数字出版产业管理 [M]. 北京：电子工业出版社，2013：14.
[2] HANNO R. The impact of technology on publishing [J]. Publishing research quarterly, 2001, 16 (4)：11-22.

3.4.1 阅读方式的变化

在传统阅读中，阅读带有几分神圣的色彩。古人云，读书前要沐浴更衣，读书中要红袖添香等，都说明阅读是一件庄重的事情。阅读的目的更加侧重于获取知识，提升精神文化品位。在寂静的夜晚，泡上一杯清茶，打开一盏台灯，欣赏散发着油墨香的白纸黑字，慢慢品味古今中外的经典雅韵。然而随着数字出版市场迅速增长，手机、专业电子阅读器的设计朝着更小、更轻、更便捷、更人性化的方向发展，数字阅读也逐渐取代传统阅读，成为很多年轻人喜爱的阅读方式。

中国新闻出版研究院 2016 年 4 月公布的第 13 次全国国民阅读调查数据显示，2015 年我国成年国民图书阅读率为 58.4%，较 2014 年的 58.0% 上升了 0.4 个百分点；报纸阅读率为 45.7%，较 2014 年的 55.1% 下降了 9.4 个百分点；期刊阅读率为 34.6%，较 2014 年的 40.3% 下降了 5.7 个百分点；受数字媒介迅猛发展的影响，网络在线阅读、手机阅读、电子阅读器阅读、光盘阅读、平板电脑（Pad）阅读等数字化阅读方式的接触率为 64.0%，较 2014 年的 58.1% 上升了 5.9 个百分点。综合各媒介，2015 年我国成年国民包括书、报刊和数字出版物在内的各种媒介的综合阅读率为 79.6%，较 2014 年的 78.6% 上升了 1.0 个百分点。从阅读量来看，2015 年我国成年国民人均纸质图书的阅读量为 4.58 本，与 2014 年的 4.56 本相比，增加了 0.02 本；人均报纸阅读量和期刊阅读量分别为 54.76 期（份）和 4.91 期（份），与 2014 年相比分别下降了 10.27 期（份）、1.16 期（份）；人均阅读电子书 3.26 本，较 2014 年的 3.22 本略有增加。成年国民人均纸质图书和电子书合计阅读量为 7.84 本。2015 年我国成年国民日均手机阅读时长首次超过一小时。其中，人均每天微信阅读时长为 22.63 分钟，较 2014 年的 14.11 分钟增加了 8.52 分钟；人均每天电子阅读器阅读时长为 6.82 分钟，比 2014 年的 3.79 分钟增加了 3.03 分钟；2015 年人均每天接触 Pad 的时长为 12.71 分钟，较 2014 年的 10.69 分钟增加了 2.02 分钟。在手机阅读接触群体中，最喜欢的电子书类型为"都市言情"，其后是"文学经典""历史军事""武侠仙侠""玄幻奇幻"等。[1]

我国的"全国国民阅读调查"是由中国新闻出版研究院组织实施的重要研究项目，每年都要进行一次。从历年的调查结果来看，国民的数字化阅读率的增加确实是一个无可置疑的事实。中国新闻出版研究院院长魏玉山表示，包括综合阅读率、图书阅读率、数字阅读率、纸质图书和电子书阅读量在内的数据均全面上扬，显示出国民阅读受到广泛重视，并得到全面发展。数字阅读特别是手机阅读持续快速发展，移动阅读、社交阅读正在成为国民新的阅读趋势。国民对阅读的需求日趋旺盛，对个人的阅读需求和全民阅读公共服务的需求均不断提高，意味着开展全民阅读活动正面临良好的发展机会。

在阅读宏观总体提升的同时，阅读微观主体也发生了不少变化，数字出版对读者的微观阅读方式产生了诸多影响。与传统阅读或者说纸质书阅读严肃、厚重、具有深度、连贯性强的特点相比，数字阅读的特点是随意、轻浅、碎片化。

"碎片化"一词来自英文单词 fragmentation，意思为完整的东西变成许多的小碎块。"碎片化"一词最早出现在 20 世纪 80 年代的后现代主义研究中，在我国则最早用于传播研究，解读互联网对受众的传播习惯带来的影响。因而"碎片化"的概念也发生了裂变，

---

[1] 杜羽，刘彬. 第十三次全国国民阅读调查结果公布 [N]. 光明日报，2016-04-19 (09).

从最初的社会阶层"碎片化",发展到媒介和受众行为的"碎片化",时至今日"碎片化"一词已成了小众化、多元化的指代。这里所说的阅读习惯"碎片化"包含三层含义:①受众(即读者)的阅读时间进一步"碎片化"。从互联网时代发展到以微博、微信主导的微媒体时代,媒介的便携性更强,为即时性的、非正式的阅读提供了必要条件,短时间的阅读成为获取大量消息的主要形式。②受众的阅读内容呈现"碎片化"。由于阅读时间缩短,受众更愿意依照自身的兴趣阅读篇幅较小、信息量有限的文字资料。③传播网络的进一步"碎片化"。互联网已经给社会带来了一个相当长的"去中心化"的过程。网络中的所有人几乎都可以作为传播主体参与到传播活动中。而今日微博和微信的盛行更增强了传播网络"去中心化"的特征,传者与受者之间的界限相当模糊,传统媒体和专业媒体的权威度面临更大的挑战。

阅读"碎片化"的特点使读者的阅读选择权和阅读需求发生重大变化,使读者更加习惯于免费、快速的浅阅读,也更习惯于共享。

1. 分流传统阅读的受众

数字化阅读分流了传统阅读的受众,尤其分流了伴随数字技术的发展成长起来的几代受众。无论工作、学习还是娱乐,上网成了许多人每天的重要必修课之一,越来越多的人患上"网络依赖症"。

2. 引发浅阅读现象

网络的普及和数字技术的发展使得人们的阅读方式和阅读习惯都发生了深刻的变化。及时在线浏览式的阅读正在取代凝视专注的经典阅读,"浅阅读"正蔚然成风。在以网络阅读为代表的数字化阅读中,一次点击,一目十行浏览,然后迅速跳向下一篇。蜻蜓点水式快速阅读的方法是由网络的特性所决定的。对于网络媒体而言,点击率始终是其追求的终极目标,短、平、快是网络媒体不可抹杀也不容更改的特性,深度始终是第二位的。[1]互联网上的资讯每时每刻都在刷新,报纸、杂志正在进入厚报时代,获取有效信息的重要性又在不断增加,人们的阅读时间则相对减少,处理信息的能力又超出了他们可承受的负荷量,于是浅显快速阅读成为人们处理信息的本能应激反应。有研究表明,读者在浅阅读状态时平均每分钟可以读 250 个字,而在深阅读状态时只能读 100 个字左右。[2]因此浅阅读的方式一定程度上符合现代大众文化的消费方式,也是数字时代人们阅读的必然选择。现代生活的快速节奏,一些人浮躁、慵懒的生活态度逐渐消磨掉了阅读印刷媒介的耐心,寻求感官刺激以求心灵的释然,"读图"的直观视觉效果使眼睛和心灵得到放松和愉悦。传统书籍中阅读文字带来的联想感受,逐渐被追求感官享受与刺激的图像符号阅读代替。图片为主、文字为辅的阅读方式增加了阅读的趣味性,也更易于理解,然而阅读文字的抽象思维能力也正日益让步于直观的感性思维,人类仿佛又回到了文字产生以前的图式传播时代,越来越喜欢用眼睛来思考,大脑得到了一定程度的休息。

3. 传统阅读的权威性淡化

新技术极大地降低了图书出版发行的进入门槛,新的传播方式导致传统出版机构及出版者角色边缘化,因此传统阅读的真理性也受到了挑战。在传统图书出版机构的编、印、

---

[1] 吴燕,张彩霞. 浅阅读的时代表征及文化阐释 [J]. 南京大学学报(哲学·人文科学·社会科学版),2008 (5):133.

[2] 夏丽瑛. 网络阅读的影响及图书馆的使命 [J]. 中小学图书情报世界,2010 (4):12-16.

发等出版活动的运作下，产生了阅读的主要载体——图书。传统纸质图书从作者创作到编辑编撰，再到付诸印刷出版、发行商发行，最后进入流通市场，这一流程需要经过作者、编辑、出版社其他人员和机构的严格把关，因此总体上传统书籍内容比较精良，也颇具权威性、真理性。然而网络技术出现后，任何一个具备基本计算机知识和上网条件的人在理论上都可以成为出版者，任何人都可以在网上发表自己的作品，出版社不再是图书出版流程中不可或缺的环节。传统阅读采用以作者为中心的图书编印发形式，而数字化阅读是以读者为导向的，互联网上人人都可以成为"出版者"，由于网络信息把关弱化，信息的准确性是值得怀疑的，也可能会损伤信息的真实性、真理性，文本质量的高低只有靠读者自行判断。正如希利斯·米勒（J. Hillis Miller）所说，"你不能在国际互联网上创作或者发送情书和文学作品。当你试图这样做的时候，它们会变成另外的东西。我从网上下载的亨利·詹姆斯（Henry James）的小说《金碗》（*The Golden Bowl*）早已经变得面目全非。"[1] 尼葛洛庞帝在《数字化生存》中也做了类似的表述，他说："在互联网上我们将能看到许多人在'据说已经完成'的各种作品上进行各种数字化操作，将作品改头换面。"[2]

3.4.2　消费习惯的变化

从商业角度来看，阅读既是一种获取知识和提升文化水平的手段，也是一种消费行为，尤其是在当今数字出版高度发达的条件下，对于各类以此为生的数字出版商来说，这一点或许才更加接近数字出版的本质。如此，读者的实质便是消费者，而从这一角度来考察数字出版产业链的终端群体，视野将更加宽阔，也十分必要。从这里我们可以看到，不仅读者的阅读方式变了，其消费习惯也随之与以往大不相同，而消费结构失衡问题更是数字出版不容忽视的瓶颈之一。

首先，随着物流行业的兴起以及电子银行业务的开通，消费者更倾向于选择网上书城消费。网上书城的撒手锏是超低的折扣，通常在实体书店最低只能打到八点五折的书，在网上书城却能打到七折以下，甚至以三、四折的价格购买。另外，便捷的检索和智能推荐等更人性化的服务也是实体书店不具备的优势。

为了保证实体书店的利润，图书出版行业首部行业规范《图书公平交易规则》于2010年正式出台。根据规范，出版一年以内的新书（以版权页出版时间为准）进入零售市场时，须按图书标定实价销售，网上书店或以会员制销售时，最多享受不低于八点五折的优惠幅度。然而该规定的出台并没能挽救实体书店，而当时不少实体书店各自转型自救。作为民营书店的代表，光合作用书房在2011年便尝试多元化经营，设置包括艺术品、咖啡、茶点在内的阅读延伸性消费。这种跨界经营模式让不少实体书店看到了希望。以唐宁书店为例，在2012年其销售文具的月收入占比已经达到40%，而在转型之前，这部分收益不超过10%。涵盖书籍、服饰等品类的方所书店，开业仅两天营业额便已达到30万元。不过转型也不容易，据学而优书店总经理陈定方介绍，学而优北京路店在关门前也曾尝试过多元经营，试图将咖啡店和书店结合起来，然而由于受到资金、人才的限制，加之迟迟无

---

[1] 米勒. 全球化时代文学研究还会继续存在吗 [C]//易晓明. 土著与数码冲浪者：米勒中国演讲集. 长春：吉林人民出版社，2004：98.

[2] 尼葛洛庞帝. 数字化生存 [M]. 胡泳，范海燕译. 海口：海南出版社，1997：96.

法获得明火餐饮的经营许可，该门店的转型只能无疾而终。

当当网高级副总裁姚丹骞在2012年举办的"2012蓝狮子·中国财经创作高级研修班"上表示，网购已经成为特殊渠道销售的主流，在全民网络时代网购占一般图书零售市场的比重超过30%。2011年中国图书市场零售规模约370亿码洋，去掉教材教辅零售，一般书230亿码洋，2011年当当网销售45亿码洋。[1]

其次是以盛大文学为代表的网络"微付费"模式。以盛大文学为代表的文学网站多采取产业化多元运作的模式，通过版权签约获得作者的作品，再以"微支付"的方式提供给读者阅读。同时，对于一些受欢迎的作品也可以实现"内容销售"，提供给出版商、游戏商、影视公司等进行二次加工，对作品的商业价值进行挖掘、拓展和延伸，形成其他形式的作品。然而作为一种新的消费方式，数字产品的消费固然与传统图书大不相同，但其自身的运作情况并不乐观。国内现在虽然建立了多家网上内容付费下载阅读的电子书店，但是除了盛大网络文学之外，成功运营并盈利可观者为数并不多。这说明微支付模式并不是拯救纸媒的灵丹妙药，纸媒重构盈利模式必须建立在免费提供有价值的内容基础上，然后利用这些免费内容来吸引读者的注意力，并寄希望于巧妙地分流读者的部分注意力到广告上来实现盈利。

目前，国内数字出版中盈利较好的主要是针对机构和团体消费的专业数据库，如超星、方正、中国全文期刊数据等，其主要的用户是各类大学图书馆以及其他科研企事业单位，依靠B2B的商业运营模式为机构用户提供数据库资源服务，这可以说是中国数字出版的一个"中国特色"。这既说明中国的数字出版仍有较长的路要走，也昭示着在开发个人消费者方面尚有巨大的潜力有待发掘。

3.5 小结

本章阐述了数字出版产业链条的构成，借鉴企业关系网络分析框架，从产业链主体构成、产业链流程、产业链资源、产业链客体四个方面对与数字出版相关联的关系网络进行了研究。从其承担的业务活动及角色定位出发，梳理了数字出版产业链的主体构成，比较详细地论述了数字出版产品与服务提供商、数字技术开发商与平台提供商、数字出版产品与服务分销商这三类产业链主体的具体类型、各自在产业链中承担的角色功能、业务开展方式等。在此基础上，对数字出版产业链资源生产与市场分销两大核心环节，内容、渠道、技术三类主要资源展开了论述。最后探讨了数字出版产业链客体，即终端读者阅读方式和阅读习惯的变化。

---

[1] 姚丹骞. 网购占图书零售市场的比重超过30% [EB/OL]. (2012-04-21) [2016-12-30]. http://finance.qq.com/a/20120421/002241.htm.

4 中国数字出版产业链发展现状

4.1 发展和成就

数字出版给中国出版业带来了新的利润增长点,也给文化产业发展带来了新的生机。2012年5月,国家科技部联合新闻出版总署等六部委推出《国家文化科技创新工程纲要》,力促科技与出版业融合。2013年8月出台的《关于促进信息消费扩大内需的若干意见》指出,要大力发展数字出版等新兴文化产业,为我国数字出版产业发展指明了方向和目标。[1] 中国数字出版业迅猛地发展起来。

4.1.1 数字出版规模日益扩大

与传统出版物市场增长缓慢相比,数字出版产业发展迅猛,从2006年至今,我国数字出版产业的增长势头始终不减。根据《2015—2016中国数字出版产业年度报告》统计,2015年国内数字出版产业整体收入规模为4,403.85亿元,比2014年增长30%,数字出版产业收入在新闻出版产业收入中的占比由2014年的17.1%提升至20.5%。其中,互联网期刊收入15.85亿元,电子书49亿元,数字报纸9.6亿元,博客11.8亿元,在线音乐55亿元,网络动漫44.2亿元,移动出版1,055.9亿元,网络游戏888.8亿元,在线教育180亿元,互联网广告2,093.7亿元。数字报纸和博客的收入2015年比2014年有所下降。移动出版和网络游戏的收入分别为1,055.9亿元和888.8亿元,两者共占比44.16%,接近全年总收入规模的一半,依然是拉动数字出版产业收入的主力军,休闲、娱乐类产品在数字出版产品形态中占据了相当比重,具体如图4.1所示。[2]

从用户数量看,截至2015年年底,我国数字出版产业的累计用户规模达到17.2357亿人(家/个)(包括重复注册和历年尘封的用户等)。在线音乐、网络游戏的用户规模则分别在2008—2015年有一个跨越式的大幅增长过程;从产品种类看,产品规模显著增加。电子图书产品规模从2013年的100万种增至2015年的170万种,增长率为70%,其中超

---

[1] 马锐.我国数字出版产业持续发展的现状、问题与对策[J].新闻知识,2014(1):49-51.
[2] 魏玉山.2015—2016中国数字出版产业年度报告[EB/OL].(2016-07-21)[2016-12-30]. http://www.chuban.cc/rdjj/2016szcb/zltttp/201607/t20160719_174913.html.

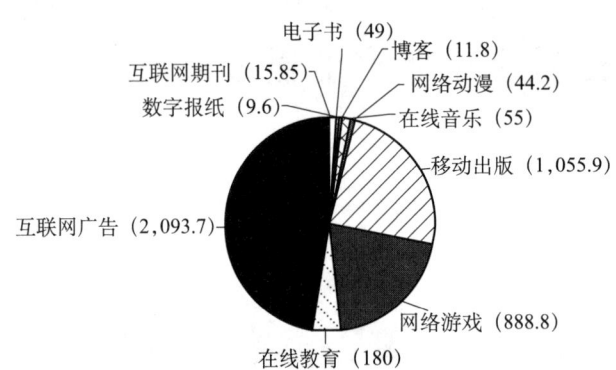

图 4.1　2015—2016 中国数字出版产业规模（亿元）

星的电子图书超过 120 万种，当当电子图书种类也超过 40 万种，海量电子图书平台逐步形成；互联网原创作品产品规模从 2014 年的 201 万种增至 2015 年的 256 万种。由此可见，我国数字出版规模得到大幅度提升。

4.1.2　出版商融合发展加快

数字出版产业的迅猛发展和人们阅读习惯的改变，给传统出版产业带来了巨大的冲击。传统出版商越来越清醒地认识到数字出版是出版产业在信息化时代发展的必然趋势，逐渐由消极观望转向主动进军数字出版领域，百花齐放的格局开始形成。一方面，报社、杂志社、出版社三大传统媒体的网站数有了较大增长。目前三大媒体绝大多数均有了自己的网站，一部分有自己的 App。另一方面，高等教育出版社、商务印书馆、上海世纪出版集团、解放日报报业集团、广州日报报业集团等一大批名社及出版集团纷纷涉足数字出版。例如，山西出版集团成立了专门的电子书出版中心，长江出版传媒集团成立了数字出版部等。2009 年 4 月中国出版集团数字传媒有限公司宣告成立，2009 年 7 月中国出版集团公司、长江出版传媒集团、吉林出版集团、安徽出版集团、中国科技出版集团、广东出版集团、河北出版集团、陕西出版集团和北京出版社共同商讨建立数字网络出版平台，成为传统出版商跨地区、跨行业、跨部门进入数字出版领域的标志。

数字出版技术商加快了向内容提供商发展的步伐。清华同方依托其拥有的资源推出了硕博学位论文数据库；北大方正从帮助出版社做电子书业务开始，建立了爱读爱看网，向读者提供电子书 30 万种、报纸 200 多份；谷歌和百度依托其强大的搜索引擎为用户提供图书搜索业务。如果说清华同方和北大方正等技术提供商在向内容提供商发展的过程中，仍把自己定位为内容加工者和技术提供者的话，那么原创网站等新兴技术提供商一开始就从内容原创方面入手进入数字出版领域，同时利用技术手段为用户提供内容。可见，传统出版单位和数字出版技术商的合作已走出了委托—代理的关系，向价值一体化方向发展。标志性事件是 2009 年万方与中华医学期刊合作，试水 STM 在线出版，开辟了传统出版单位与数字技术提供商合作的新阶段，使数字出版产业朝着跨媒体、跨行业、跨地域兼并和重组的方向发展。

在自媒体领域，随着移动互联网的迅猛发展，自媒体已成为互联网产业中不可或缺的内容生产者，在数量上已形成较大规模，仅仅是微信公众号就早已突破了 1,000 万个。根据腾讯发布的数据，全国微信用户已达到 6 亿，这意味着每 60 个用户中就有一个人在运营公众号。当前自媒体正步入从量变到质变的迭代升级。有数据显示，截至2015年年底，中国在线直播平台数量已接近200家，用户数量已经达到2亿。

4.1.3 数字出版技术日新月异

以技术为基础的产业依赖技术手段的革新。各种人工智能、电子技术的不断发展是推动数字出版快速发展的主要力量。在数字搜索方面，整合搜索成为搜索引擎技术的主要开发理念，依托搜索技术和聚合技术把分散在各类搜索中的结果信息进行整合，融入用户普通的网页搜索结果中，为用户提供更完善、更优质的搜索服务，如百度的整合搜索。其最先应用的类别是明星，因为在这个类别拥有最丰富的资源。当搜索一个明星的名字时，用户会发现，处于淡灰色背景的特殊样式信息占了足足接近两屏，包含了百科、图片、微博、新闻、音乐、贴吧和视频七大类，基本涵盖了最核心的用户需求。[1] 在移动终端方面，智能手机、掌上电脑、电子阅读器等以及围绕此类终端开发的基于Web的各种服务正在改变人们的生活方式。在电子纸方面，汉王推出的电纸书，其产品的核心就是电子纸。与传统纸张相比，它携带轻松，可以随意存取、浏览大量内容，反复使用；与Pad相比，它更轻便，可以随意折叠；与电脑相比，它操作更简单。一旦电子纸与互联网融合，人们只需要一张电子纸就可以通过网络无线下载数据，查阅信息。在数字终端方面，2012年，柔性显示技术、3D打印技术和增强现实（AR）技术出现在数字出版领域，给数字出版产业持续发展带来新风。这三种技术革命性地改变了数字终端的呈现形式，改变了以往一成不变的玻璃平整显示屏，取而代之的是外观可以变化多样，屏幕也可以依附于不平整表面，甚至显示屏幕还可以拉伸等形式；囊括了从产品设计到制造环节、从人体器官到数字烹饪等多个领域的打印技术；涉及人工智能、遥感、网游、信息交流互动等许多领域。专家预测，这三项技术将极大推动数字出版产业阔步前行。

4.1.4 数字出版产业建设格局形成

我国的数字出版产业形成了政府合理引导、产业界积极参与、高等院校提供人才、科研单位深入研究的建设格局。

在数字出版产业发展壮大的过程中，我国政府采取了一系列促进新型业态发展行之有效的措施，充分发挥了引导者和推动者的作用。先后督促新闻出版单位完成转企改制任务，完善数字出版生产要素市场，促进数字出版企业与金融机构的合作，制定了保障数字出版有序发展的政策法规；下大力气投入扶持公益性数字出版，农村新闻出版公共服务数字化体系正在建设完善。同时，设立了文化产业发展专项资金、国家出版基金等推动数字出版产业发展的优惠政策，继续推行税收优惠政策。2015年4月，国家新闻出版广电总局与财政部联合发布《关于推动传统出版和新兴出版融合发展的指导意见》；2015年7月，国家新闻出版广电总局公布了第二批100家转型示范单位名单，目前全国转型示范单位共计170家；2016年7月，国家新闻出版广电总局发布《关于进一步加快广播电视媒体与新兴媒体融合发展的意见》。这些措施带动整个行业转型升级、融合发展并取得实质性进展。

数字技术企业也积极进行数字出版技术（如数字版权保护技术）的研发。2015年出

---

[1] 郭昂.整合搜索，百度的野心[EB/OL].（2013-03-12）[2016-12-30].https://www.huxiu.com/article/11312/1.html.

版业融合发展转型升级思路进一步清晰，主动性进一步增强，开展内容、产品、服务与模式创新，融合态势初显。专业出版领域在专业知识服务模式探索方面卓有成效，已形成特色资源数据库、专业数字化工具书等多个产品形态。管理部门通过部署专业数字内容资源知识服务模式试点工作，以推进专业出版的转型升级、融合发展；教育出版单位和大众出版单位在转型升级、融合发展方面的成果也日益显著，发展模式和产品形态日趋丰富多元。

科研单位也积极进行数字出版的科研工作，如每年一度的数字出版产业年度报告、网络动漫游戏产业报告等；高等院校相继开设了数字出版专业及相关课程。据不完全统计，目前有30多所高校在管理学、传播学等学科下培养数字出版硕士，有5所高校在图书情报学、传播学等学科下培养数字出版博士。数字出版人才培养教育体系的初步形成，为数字出版对人才的需求奠定了良好的基础。2015年北京市将数字编辑职称评审纳入全市职称评审序列，由中国新闻出版研究院牵头组织专家编写教材和考试大纲，于2016年5月组织开展了首次数字编辑初、中级职称考试，有近3,000人报考，并于7月开展了数字编辑高级职称评审工作。此项工作开创了全国数字编辑职称评审工作的先河，并为全国数字出版人才队伍建设率先示范。

4.2 存在的问题

在各方的共同努力下，我国数字出版产业发展迅速，成绩令人振奋。可是与全球化的专业化数字化企业相比，我国数字出版企业无论是从销售额还是从市场份额来看均比较低。其中主要原因在于我国自身的数字出版产业链存在一些问题，主要包括以下原因。

4.2.1 政策体制有待健全

在知网、万方、方正、超星等数字出版商的推动下，我国数字出版市场进入了快速发展时期。当前的数字出版商不但提供数字出版内容，而且提供数字出版技术支撑。目前，随着网络作品数量的飞速增长，长期以来的书号审批制度严重滞后于数字出版产业的发展速度。同时相关法规制度不够健全，制约了数字出版产业的发展。数字出版物作为网络的电子文化产品，与其他文化产品一样，具有社会导向功能，其内容直接影响着受众的政治、道德、文化和价值取向。在利益的驱使下，由于监管技术手段和制度的落后，一些错误思潮和精神垃圾借助网络游戏、微信、微博、手机客户端等新媒体传播虚假、错误信息。虽然在网络安全、信息传播规范、著作权保护、电子商务、域名管理、虚拟财产、网络犯罪等方面有涉及数字出版的法律法规，并发挥了一定的作用，但相对于发展迅猛的数字出版产业来说，相应法律法规的滞后严重制约了数字出版产业的发展。

4.2.2 数字出版产业链亟待整合

中国数字出版产业已经发展了10多年的时间，在发展的同时也暴露了诸多问题。其中，数字出版的产业链并不顺畅，产业环节有待协调，是较为突出和严重的问题。数字出版市场存在的产业链整合模式有信息技术运营商主导、出版商主导和终端商主导三种。新时期我国出版模式多样化、参与主体复杂化和内容增值技术化趋势明显，数字出版的生产业态及产业链越来越复杂，特别是数字出版的内容商价值链、渠道价值链和买方价值链并未形成整合优势。

具体来说，从处于产业链上游的传统出版单位来看，目前很多出版社对数字出版的期望值很高，但是由于数字出版的管理模式和版权保护等问题尚未得到有效解决，出版社缺乏先进的数字化技术制作手段，加之资金困难，导致其虽拥有大量的资源，却无法利用，很大程度上制约了出版社推进数字出版的力度。可以说，国内目前以传统出版单位为主的大部分数字出版尚未形成有效的盈利和可持续发展策略，整体来看还处于投入大于产出阶段。进一步考察发现，从产业链的上游来看，在内容资源价值的二次开发上，内容提供商和技术提供商之间更多的时候呈现出的是分离的状态，没有形成完整的数字出版产业链。另外，从出版单位内部来看，一些出版机构对数字出版的理解还局限于对原有内容进行数字化转化，缺乏对内容的深度开发；在市场开拓方面，作为数字出版的内容提供商，一些传统出版单位存在盲目扩张现象，缺乏市场观念和集约化经营的理念，仍然惯于依赖粗放型的发展方式。如有些原本较有实力的大型出版单位凭借多年积累的资金和内容优势，自己筹建开发数字运营平台，甚至还开发阅读终端设备，结果往往是整体效益不理想。上述的种种不足最终导致内容创造者、内容提供商的话语权和主导权一直处于弱势地位，在数字出版领域获利能力很低，从而严重影响了他们参与数字出版的热情和创作激情。

从数字出版产业链的中游来看，主要问题在于多家数字出版商同质化竞争严重，缺乏一致的合作平台，导致资源不能有效配置，信息无法共享。从简单的数字出版格式标准来说，几家数字出版商格式无法统一，人为地形成了很多障碍。此外，各种数字出版电子商务平台之间的恶性竞争时有发生，结果往往两败俱伤。各家数字平台都争相成为霸主，但内容成为其继续壮大的最大瓶颈。就连大型终端厂商也向产业链上游拓展，争抢内容资源，并建立自有发行平台，从终端销售向内容整合的平台型企业渗透。无序竞争导致出版发行平台与终端品牌数量众多，质量却始终无法提高，所谓"赔本赚吆喝"。我国数字出版的创新开发及市场运营还普遍局限于电子终端厂商、出版社或报社自己的渠道，以自我为中心单打独斗，同时也缺乏统一的技术标准。虽然也形成了一定优势规模，但总体上看，仍然是信息孤岛，尚未整合有机的产业链和适当的赢利模式，难以产生规模经济效应。

在产业链终端，则过多依赖图书馆、科研机构等机构消费者。由于版权意识不强，版权制约力度不高，终端用户通过网络渠道将个人制作的各种有正规版权的书刊在网上随意复制传播，不仅严重损害了数字出版商和版权所有人的正当利益，也形成了产业链终端与产业链其他链条之间的矛盾。

综上所述，数字出版产业链存在的冲突和矛盾使得数字出版产业迫切需要整合。

4.2.3　内容与平台之争

数字出版产业链的冲突与矛盾，最为重要的一面，集中表现在最大的内容提供商——传统出版单位与数字出版商（平台运营商）之间，而二者的矛盾可以被概括为"内容与平台之争"。传统出版单位由于技术条件落后以及其他各种原因，在数字出版中显得落后一步，但是其大量的资源库存只有经合理开发使用才能创造价值，这就在客观上产生了与平台运营方合作的需求。然而事情并不像想象的那么简单，二者之间的合作可谓艰难而曲折，充满了冲突和矛盾。一方面，传统出版单位在与平台运营商的合作过程中处于弱势地位，无法得到合理分成，不甘心贱卖内容资源，对数字出版商充满种种疑虑；另一方面，平台运营商则因为缺乏优质内容资源，不得不采用各种方式向数字出版产业链上游拓展，以期获得优质内容资源。在此过程中，双方受到各种各样的制约，不堪重负，最终造成了数字出版产业链各自为政，缺乏深度合作，制约了产业链的良性发展。具体而言：

1. 内容提供商：谨慎小心

面对数字出版的冲击，内容提供商对其的认识是一个复杂而矛盾的心理过程。数字出版确实对传统出版提出了挑战，内容提供商也表现出对数字出版的热情。但是由于技术条件的落后、资金实力的不足、数字化人才储备的欠缺及投入产出风险预期等因素的制约而面临种种窘境。首先，内容提供商要做数字出版，需要先花钱做一些前期投入，需要进行电子书格式的转换。不同数字出版平台运营商的格式不一样，导致每本书需要投入数目不小的预算，这对于内容出版商而言是一笔不小的费用。其次，从心理因素分析，内容出版商大多认为纸质图书不会消亡，纸质图书对于不同用户的个性化需求是无法被取代的。最后，内容出版商长期受到政策保护，凭借稀缺的书号资源获得的垄断地位可以保证其维持正常运营。

内容提供商经过多年来的发展积累了比较丰富的内容资源。但这些丰富的内容资源现有的数字化水平和开发程度还远远不能适应数字出版产业发展的需要。如何借助数字出版，抓住机会，把内容资源变成资本生产力，带来实际效应，是内容出版商考虑的最重要的问题。对于内容提供商来说，如果只关注内容生产而无传输网络，则有可能贱卖内容，这种威胁对于诸多中小出版企业而言尤为严重；如要自建网络，则有可能既丧失内容优势，又无力与大规模的网络运营商抗衡。客观存在的网络和技术障碍使得内容提供商有与平台运营商合作的需要。目前，内容提供商和平台运营商的合作方式基本是"授权制"的模式，即在双方合作出版过程中，内容提供商提供图书内容，平台运营商则提供版权保护技术和销售平台支持，通过销售电子图书内容，最终按照一定的比例进行利润分配。如方正、超星、龙源期刊等，已经与国内数百家出版社、期刊社建立合作关系。但需要注意的是，这仅仅是个案。内容提供商和平台运营商更多的时候是处于关系紧张和分配不均的状态，而且内容提供商明显处于劣势。由于国内传统出版业在技术和资金实力方面落后于技术商和运营商，以致平台运营商成为目前数字出版产业中获益最多、活力最强的群体，而出版社和作者缺乏谈判话语权和定价权，往往沦为任凭渠道和平台商宰割的对象，获利甚微。举例来说，一家出版社准备把一本售价40元的纸质书通过数字出版平台销售，按照纸质书定价的30%是12元，但是平台运营商为了推广，这本书只卖一两元钱，甚至免费。这时出版社卖12元，基本没人买。在这种情况下，出版社可选择的定价范围几乎没有。电子书销售价格极低，加上几家分成，出版社最终可以获得的收益很小。又如中国移动，号称和出版社六四分成，但是最后运作下来，出版社根本拿不到四成。原因在于数字出版的中间环节很多，一些中间商从中层层分成，最后分到出版社头上，能有一成就不错了。有时还不够出版社出差谈判的差旅费。一大批为此而生的中间商从中层层盘剥，从出版社廉价拿走图书版权，中间商和出版社动辄是八二分成，有时是九一分成，最终很少有出版社真正能够依靠图书下载赚钱。总之，现在国内传统出版社通过电子书下载而获得盈利的几乎没有，现有的几大数字出版平台让大多数出版社拿不出足够的积极性来。数字出版商向传统出版社描绘了一个美好的愿景，但对于后者来说，到底能不能实现仍是未知数，要让出版社真正盈利才算数。传统出版单位的弱势地位是业内人士的基本共识，不同之处在于，有些出版社勇于大胆尝试，积极探索，多数则一直持观望态度，那些手握优质资源的出版社，在对待是否要拿出核心出版资源与平台运营商合作的问题上，多数表现得十分谨慎。上海世纪出版集团总裁陈昕则表示，"出版社谨慎的根本原因在于，电子书市场目前并没有明晰的盈利模式。这种情况下，将内容授权出去不仅不能给出版社带来收益，反而有冲击传统纸书销售的风险。万一遇到不规范的操作者将电子版图书在网络上免费或廉价地散播开去，对出版社的打击难以估量。"[1]

因为制度上缺乏保障，产业链间缺乏有效的合作和利益分享模式，内容提供商和平台运营商之间的合作难以顺利进行。另外，对数字出版物销售情况的监管也是一大难题，因为数字出版物的销售数量掌握在平台运营商手中，内容出版商对此难以监控，只能凭平台运营商的一面之词。虽然技术上可以解决这一问题，但最终还要依赖二者之间的融合深度。简单的合作还远远不能形成产业链之间的深度合作以及资本运作。

2. 平台运营商：努力获取内容资源

内容是数字出版产业的核心资源，对于传统出版和数字出版均如此。在终端阅读器销售火爆、风光一时之后，内容要素已经成为各方的共识，对内容资源的争夺摆上了数字出版产业链各方的议事日程。上游传统出版单位在数字出版产业链中的弱势地位以及对于平台运营商的不信任，直接导致平台运营商"巧妇难为无米之炊"。于是，这些数字出版商开始努力获取内容资源，向产业链上游拓展。

通过在较大的数字出版内容平台如汉王书城等进行测试，比如在汉王书城中搜索《明朝那些事儿》《盗墓笔记》等畅销书，会发现书城中电子书价格的确便宜。《明朝那些事儿》全套7本，纸质书价格为208元，电子书价格为28元。单本纸质书价格为29.8元，电子书价格为6.88元。《盗墓笔记》也是类似情况。这是实体书店竞争不过网络书店的重要原因之一。不过数字出版内容平台的图书多以言情、都市类小说为主，尽管有的和内容出版商进行合作，将传统纸质书数字化后在数字出版内容平台上销售，但面对不同偏好的用户，内容如何满足受众需求，是一个非常值得思考的问题。

至于内容资源匮乏的现象，电信服务商也一样。中国移动目前是三大电信服务商中运营最好的，但是也同样面临着这样的问题。许多用户反映，手机阅读基地其实已经成了名副其实的小说基地，甚至是娱乐性的小说基地，而这与读者多样化的需求相差甚远。这是数字出版的一个怪象。中国的数字出版产业似乎天然地与娱乐和休闲密不可分，离开了娱乐和休闲的功能，数字出版将失去半壁江山，这与出版是传播知识和提升文化的传统功能大相径庭。反观国外的数字出版产业，专业书和学术书，如法律、医学、商务等图书，占据了美国电子书市场的3/4左右，这与中国目前的状况形成鲜明对比。这些传播知识和提升文化、具有科学性和专业性的电子书籍才是中国数字出版产业更具潜力的增长点。

内容匮乏，娱乐性与专业性内容比例不均衡，是当前平台运营商面临的窘境，也是数字出版产业的一大难题。缺乏内容资源的平台运营商是无法获得发展的，努力获取内容资源，走向内容提供商成了不二的选择。在这方面，方正是一个典型的例子。方正曾长期宣称其只做平台不做内容，现在却不得不进行转变。从向出版社提供数字出版的技术平台转向自己也获取内容资源，成为数字内容资源的提供商。再如书生公司，也渐渐地将多重身

---

[1] 曾航. 电子书尴尬 拿什么拯救数字出版 [EB/OL]. (2011-05-07) [2016-12-30]. http://finance.sina.com.cn/roll/20110507/03159806066.shtml.

份集于一身，既是数据制作商又是技术开发商，既是内容整合商又是产品销售商。

平台运营商向内容提供商的拓展可分为两种形式：一是大型专业性数据库直接截取内容资源；二是网络原创平台直接进行内容"出版"并取得盈利。前者如中国知网、万方数据等，其最初仅是学术期刊数据库的"开发者"和"提供者"，通过其平台将现有纸质期刊进行数字化出售作为盈利来源，最终却进入无刊号或书号的内容出版。比如占据重要内容比例的硕士博士论文数据库，这些论文在数据库中经过四年左右的时间后，中国知网仅需向作者支付少量费用，论文的版权按规定即归知网所有，而知网也将享有全部的处置和收益权利。

另外，更值得注意的是，平台运营商向内容提供商拓展的步伐得到了官方的认可。早在2010年11月，中国新闻出版总署（即现在的中国新闻出版广电总局）就向首批21家从事电子书业务的企业单位颁发了许可证。其中，中国出版集团数字传媒有限公司、人民出版社、汉王科技股份有限公司、上海盛大网络发展有限公司等21家单位分别获得电子书出版资质、电子书复制资质、电子书总发行资质和电子书进口资质。新闻出版总署还表示，电子书须经依法设立的电子出版单位出版，并使用电子出版物专用中国标准书号。自2011年起，总署将逐步开展电子出版物书号网络实名申领工作，通过网上选题报送和书号配送的形式，为企业提供更为优质规范的服务。[1] 通过分析首批获得电子书从业资质单位的名单，我们可以看出，除了四家传统的内容提供商外，其余单位基本上是数字出版技术开发商、平台技术提供商、网络终端制造商等。这说明内容资源这一原本由传统出版单位垄断的特权，在数字出版时代已经有所弱化，内容生产开始由传统出版单位向各大网络平台转移。平台运营商获取内容资源的努力已经成为不可阻挡的趋势。

在获取内容资源的方式上，有两种不同形式：一是以清华同方和北大方正为代表。它们虽然获取内容资源，但主要还是专注自身领域，把自己定位为内容加工和技术提供商的角色。二是以原创网络平台为代表。它们一开始就以获取数字内容资源为要务。如超星公司2006年就开发了超星原创平台，直接进行内容生产；中文在线则收购17K原创文学网，扩大内容来源；书生公司则推出了2.0版，以社区的形式力推原创作品。另外，"起点中文网""红袖添香""潇湘书院"等也直接以"网络出版商"（数字出版商）的面目亮相，形成了集创作、培养、销售为一体的在线出版机制与产业价值链。这些新兴的网络原创平台，按照传统出版的编辑—出版—发行的流程来看，实际上已经行使了这一职能。可以说，这些原创网络平台的兴起，无疑是对传统出版企业的挑战。

4.2.4　侵权与版权保护之间的博弈

从整个产业链来看，除了版权观念变化导致的矛盾外，产业链其他主体间围绕侵权与版权保护之间的博弈也从未停歇。具体而言：

1. 版权观念变化导致的矛盾

每个概念的产生都有其理论和哲学方面的来源，版权也不例外。许多版权方面的专家同意这样的看法：版权在那些相信信息自由流动的人和保护他们自己作品的作者之间形成

---

[1] 文松辉. 增强竞争力 汉王等21家单位获颁电子书从业资质 [EB/OL]. (2010-11-05) [2016-12-30]. http://culture.people.com.cn/GB/87423/13139318.html.

了困境。[1] 版权法赋予版权所有者一系列排他性的权利，因此他们能限制作品的散布和再生产，并通过作品获得经济报偿。然而，这种版权保护对信息的自由流动构成了威胁。于是对大众广泛承认这样一种看法，即任何形式的版权规章都需要在版权所有人权利和公众利益之间达成平衡。

在西方文化中，对于版权保护的道德基础从有作者这个职业以来就存在了，盗版总是被公众舆论所谴责。[2] 西方版权概念起源于财产权，欧洲的财产权概念能追溯到12世纪。在中世纪，一个普通人拥有一块具有绝对私有权的土地是非比寻常的。在封建制度下，平民通常拥有一块对领主尽责任的土地。随着封建制度崩溃，领主和平民之间基于土地的联系瓦解了。最后，随着对新大陆可利用土地的分配，对土地的私人所有权在西方开始形成规范。[3] 经过工业革命以后，被划分为有形和无形的私人财产这一术语逐渐变得越来越流行，越来越重要，建立在无形私人财产上的版权概念继而形成。

英国哲学家洛克于1690年在《政府论》（Two Treatises on Government）一书中认为，每个人都有他自己的财产权利，除了自己外，没有任何人能有这种权利，他通过身体进行的劳动，通过手工制造的物品，是他的财产。[4] 按照洛克的观点，一个人拥有自己的身体，就有权得到用他身体所做的任何物品，包括劳动的成果。洛克把人的财产权利看作人的自然权利，因为人有权获得通过他身体和劳动所生产的产品。洛克的"自然权利"观点后来被许多理论学家作为保护版权的正当理由，因为是作者的智力劳动，所以作者有权获得版权保护。其他理论学家后来把这个理论加以扩大，作为建立知识产权体系和制度的合理理由：为了最大限度地利用科学和文化成果，社会需要赋予作者和发明者有限的权利作为他们的激励。换言之，社会临时性地保护私有领域是为了社会能永久性地在公共领域最大限度地利用这些成果。[5]

除了洛克的"自然权利"理论外，黑格尔的"人格理论"（Personality Theory）在英美版权理论中也起着非常重要的作用。人格理论认为，财产权是人格权利的体现，但一个人只有内在的观点和想法是不够的，因此为了确保他的财产权利，他需要把自己内在的概念和想法体现在一个有形的形式上；为了获得他的财产权利，他需要使那些内在的观点和想法为他人所认可。[6] 这样，这些内在的概念和想法就形成一个人外在的智力产品，然后这些智力产品就因为是他的财产而获得保护。

美国明尼苏达大学法学院的托马斯·克特（Thomas F. Cotter）教授在《务实、经济和精神权利》（Pragmatism, Economics, and the Droit Moral）一书中总结说，西方知识产权理论有两大学派，即自然法学理论和工具主义理论（Instrumentalist Theory），自然法学理论的主要依据是洛克的观点。工具主义理论认为，国家将版权作为一种激励来吸引人们创作和传播他们的作品。这个理论的假设是，如果缺乏版权，将鼓励"免费搭车"

---

[1] ROCHELL C D, ROBERA R K. Intelletual property [M]. New York: The Foundation Press, 1996: 232-233.
[2] ROYCE F W. Copyright: evolution, theory and practice [M]. London: Longman Press, 1971: 3.
[3] FREDERICA G. KEMPIN Jr. The 1999 Grolier Multimedia Encyclopedia [M]. CD-ROM Edition. Grolier Interactive, 1999: S. V. "Property".
[4] JOHN L. Two treatises on government [M]. Cambridge: The Cambridge University Press, 1967: 305-306.
[5] HASIA-YIN J H. A long journey toward intellectual property protection: a case study of Taiwan's copyright law reform [D]. 2002: 20.
[6] GEORG W F H. Philosophy of right [M]. London: Oxford University Press, 1967: 45.

现象的出现，如果"免费搭车"现象出现，将会阻断作品的生产和传播。

分析传统的版权法可以发现，它们大多是在现代印刷术的发明和大规模使用的条件下，为保护首次得到出版权利的法人单位对作品收益具有独享权，防止其他第三者二次复制传播，在法律形式上做出的约束。也就是说，它一定程度上是在当时印刷术广泛应用的背景下产生的，更加侧重于对批量复制行为的制约。所以说，合法复制是版权保护的基础。

然而当人类的文明与技术进入数字时代，出版形态发生了极大的变革。出版的介质不再是单一的纸张，而是变成了大大小小的屏幕；复制也不再需要厂房、机器和大量的人力、物力，而是只需要在屏幕上点几下，几秒钟之内就完成了；至于传播发布，更是一瞬间的事。而且这一切只要个人有兴致，谁都可以完成，这使得对于"非法复制传播"的控制变得力不从心。而且随着"CC（Creative Commons）版权"概念的逐渐渗透，它正在成为互联网时代新型知识传播的一个知识产权基础。这一带有"入侵物种"性质的观念其颠覆性是难以想象的。

所谓"CC版权"，即知识共享版权协议，它推崇自由、开放、合作、共享的互联网核心价值，认同知识的社会性，即知识是由社会团体共同创作而成的，知识不仅仅属于个体，更属于整个互联网络和人类社会。对比传统的排他式的版权模式，"版权更加重视区分商业用途与非商业用途，注重内容生产者自己对版权的自主权。它从根本上颠覆了传统出版赖以生存的版权基础，也促进传统出版人，或者持传统出版观念的人去重新思考版权是什么，进而重新思考在网络环境下、在免费时代，如何创造全新的商业模式。最后，经过痛苦的搏杀，数字出版的未来将不会再由单一版权体系主宰"。

数字出版条件下的旧版权观与新版权观，以及复杂的数字出版过程，主要造成了两方面的影响：一是版权归属存在分歧；二是产业链间的"版权之争"频频发生。在整个数字出版产业链的多元主体之间，其实两两之间都围绕着"版权"这一中心构成一对矛盾的主体，尤其是在公共版权观念的冲击下，作为消费者的个人，一方面已经习惯于免费下载，另一方面，私自复制并通过网络传播变得轻而易举，从而损害了数字出版商的正当利益，这就构成了二者之间的冲突。

数字出版从根本上改变了人们获取信息的方式，随之而来的是对传统版权规范的冲击和对版权制的推崇。对此，有学者指出，"数字技术使复制与发行作品的边际成本趋近于零。于是，复制人的角色就由曾经为数不多的专业出版商和盗版者转移到了接收信息的广大普通公众身上。这一转变一方面直接导致救济成本的激增，另一方面，版权人对普通大众侵犯复制权的行为开展私力救济还可能遇到涉嫌威胁公民隐私权等基本权利的难题。"

如今的确有很多出版物的电子版资源在各种网站上流传，尤其是一些知名的畅销书、经典著作，很容易从网上找到电子版，而且只需要在注册用户名并登录后，即可实现免费下载阅读。然而如果要追查这些免费资源的来源，就会发现，其大多是由个人用户为赚取积分而私自上传的，一些网站在未经正规授权的情况下进行了共享和传播。网络的开放性使上传和下载以及点对面的传播更加灵活自由，最重要的是，散落在网络中的这样的点多如牛毛，确实使得追查更加困难，而且即便追查到了，由于其数量可能只有一两本书或几本书，具体的处罚很难量化进行。然而百川汇成大海，首先受到威胁的，可想而知，自然是那些费尽周折、花费了真金白银购得数字版权的内容运营平台方。

据了解，正规数字出版企业如超星图书、北大方正等，要取得出版社对某些书籍，尤其是畅销书的授权，需要经过艰苦的谈判过程，而对于出版社的"授权转卖"，也是需要按照一定分成比例进行的。数字出版商作为为了盈利而独立经营的企业实体，其人力、财力、物力成本需要得到适当的回报，正规运营过程才能顺利维持。可以想象，同样内容的电子版本，如果可以在网上免费下载，谁愿意去付费？就算有人愿意付费，付费过程的麻烦程度也让人退避三舍了。

中文在线董事长童之磊在第二届中国数字出版博览会上指出："在国内1,400多个电子网站中，真正拥有版权的大概只有4.3%，其他1,300多个网站都是盗版。这是数字出版产业面临的最大的挑战，如果不能进行有效的版权保护，数字出版产业就不能很好发展。在数字出版领域，在大规模盗版的情况下，盗版手段越来越新颖，必须创造一个全新的体系，就是反盗维权加上合法授权。"对于盗版网站危害的严重性，磨铁公司总裁沈浩波也曾表示，"数字出版在中国的发行渠道主要有三个：一是互联网平台，二是手机平台，三是手机之外的其他平台，比如像阅读器这样的手持终端平台。但是，数字出版没有启动，互联网平台和手持终端平台就基本上快死了，原因也很简单——盗版。现在，除了手机平台之外，中国数字出版完全走到了绝境。目前各大出版机构都在推进数字出版，都开始成立数字出版部门、数字出版企业，甚至打造数字出版门户，但是，在盗版泛滥成灾的互联网平台上，数字出版很难发展。"

2. 数字版权人与数字出版商之间的博弈

在数字出版产业链中，以版权为中心可以将其分为数字版权人、数字出版商以及用户这样三个权利主体。"数字版权人就是数字版权的初始拥有者，数字版权人处于产业链的上游，是数字出版的内容提供者。主要包括作者、出版社、网络游戏制作商、唱片公司、影视制作商等。"[1] 以图书产品为例，其数字版权一般归作者或出版单位；数字出版商即通过一定的技术使数字内容在数字出版平台上供用户使用的运营商，主要包括数字出版技术开发商、平台技术提供商和数字出版产品与服务分销商等；用户主要包括个人读者和机构用户两类。而版权博弈正是在这些主体间展开的，对数字出版产业链造成了极为不利的影响。

数字版权人主要由作者和出版单位构成，所以数字版权人与数字出版商之间的版权矛盾又可以分为两种：作者与数字出版商之间的版权矛盾；传统出版单位与数字出版商之间的版权矛盾。就前者而言，由于数字出版商对于内容的需求量是巨大的，分别与零散的单个作者签订版权协议是难以进行的，因此未经作者授权即将其作品纳入数字出版商的平台进行销售盈利，是常见的侵权。这种情况下，作者单凭一己之力去举证和主张自己的权利是十分困难的，处于弱势地位；就后者而言，则主要表现在，在批量获取数字版权中，有时出版社在具体协议中本来就不拥有某作品数字版权的情况下，自行将其一并售卖给数字出版商，因此在三者之间不可避免地产生了版权纠纷。还有一种就是，数字出版商直接对大量作品进行数字化的盗版行为。该行为更为恶劣，后果也更严重。具体可以根据案例进一步加以说明。

就第一种情况来看，即作者与数字出版商之间的版权矛盾，早在2007年，就相继发生了两起重大版权诉讼官司，其一是"7位知名作家状告书生"，其二是"482名硕士博士

---

[1] 王宇红，刘盼盼，倪玉莎. 我国数字出版产业版权保护体系的构建与完善［J］. 科技管理研究，2012（8）：184-186.

起诉万方公司侵犯论文著作权"。

2006年,作家李鸣生偶然发现自己10余部作品遭书生公司侵权,他发现书生公司通过扫描方式将全国不少作家的作品复制后制作成数据库销售给全国各高校和各地图书馆,以营利为目的提供网络在线阅读及下载,严重侵犯了众多作家的著作权。于是,李鸣生与中国版权保护中心法律部取得联系后,联络张抗抗、张平、卢跃刚、王宏甲、邱华栋和徐坤6位中国文坛的知名作家,经北京公证处公证,联手将北京书生公司告上法庭。

据了解,书生公司涉嫌侵犯7位作家总字数1,600多万字作品的著作权,其中涉及邱华栋一人的著作就多达21部。7位作家向书生公司的索赔金额总数为160多万元。

7位作家的代表李鸣生向记者表示,之所以要状告书生公司,不仅仅是为了维护全国众多作家、专家、学者的利益,更重要的是为了捍卫法律的尊严。同时,7位作家也呼吁全国的作家、专家、学者挺身而出,维护国家的法律和自身的利益。北京市海淀区人民法院受理此案。

北京书生公司收到传票后,向7位作家表示了调解的愿望,但均遭到了7位作家的回绝。[1] 这种现象不是个别现象。2001年12月,刑法学著名学者、北京大学法学院教授陈兴良在中国数字图书馆网站上发现自己3部作品被侵权。陈教授以经营该网站的中国数字图书馆有限责任公司的行为未征得本人同意,侵犯了自己信息网络传播权为由诉至法院,请求判令其立即停止侵权并赔偿经济损失40余万元。海淀区人民法院经审理认为,陈兴良教授在创作完成3部作品后,即依法享有著作权,包括许可出版社出版发行此作品;在没有相反证据的情况下,这种许可的后果仅应视为将作品固定在有形的载体(纸张)上并为公众所接触。数图公司未经许可将此作品列入中国数字图书馆,对陈兴良在网络空间行使权利产生了影响。因此数图公司的行为阻碍了陈兴良以其所认可的方式使社会公众接触其作品,侵犯了其信息网络传播权,故应立即停止侵权并依法承担侵权责任。2002年6月27日,海淀区法院判决数图公司停止在其网站上使用陈兴良的作品,并赔偿其经济损失8万元。[2]

不仅知名作家、知名著作受到版权侵害,数字出版商对于内容资源的盗版也发生在学生身上。

2008年9月,发生了482名硕士博士起诉万方数据库的案件。原告称,万方公司在未经许可的情况下,擅自将这些学位论文以扫描录入的方式制作成电子版本,并收录在其制作的万方数据资源系统中的中国学位论文数据库内,通过向全国各高等院校图书馆及其他图书馆出售系统的方式,在网站上提供浏览、下载服务,牟取高额利润。万方公司则辩称,根据学位办011号文件,指定中国科学技术信息研究所(以下简称"中信所")收藏学位论文,是中信所委托万方公司开发建设的中国学位论文全文数据库,对外提供信息服务,并且数据库是公益性的。然而原告认为,收藏论文并不代表可以使用论文,使用则应遵守《著作权法》,而且万方公司2003—2007年仅向国家图书馆销售学位论文就收取了70万元使用费。

在数字版权人与数字出版商之间的博弈中,上述两个案例仅是冰山一角。除此之外,

---

[1] 张蕾. 7作家状告书生公司索赔160万元 [N]. 北京晚报,2007-12-11(03).
[2] 谷龙. 数字版权纠纷的产业意义——7专家状告书生公司的背后 [EB/OL]. (2014-12-25) [2016-12-30]. http://blog.sina.com.cn/s/blog_3fe560cb0102v8kx.html.

国内还有多家类似的数字出版商都不同程度地存在类似问题。当前正是数字出版商迅速壮大的阶段，由于内容的桎梏，在客观上造成了侵犯版权案件的多发。此外，版权法规意识淡薄，个人的权利无法受到有效保障，使得这一现象比较普遍。数字出版商假借各种名义，其实是在通过大量廉价甚至免费资源牟取私利。作为孤立的作者，即便发现问题，若要进行举证诉讼，不但耗费大量的时间和精力，而且面对庞大的法人单位，其胜诉的可能性也不大。因而作者在与数字出版商的对抗中，其弱势地位是可想而知的。

与这些公然的侵权形式相比，随着近年来网络搜索技术的发展，版权侵害案件相对地呈现出更加复杂、更加隐性的形式，对其进一步分析可以发现，尽管侵害方没有从中获取直接利益，而且也不是典型的数字出版商，但是侵害方实实在在地获得了隐性或潜在的利益，客观上也达到了数字出版商的功能，使用户无须经过正规的渠道使用正版内容就可以获取同样的内容。而从受害方来看，其损失的确是实实在在的。这里以"盛大文学诉百度侵权"案和"中华书局诉汉王科技"案为例说明。

从2009年起，无奈的盛大文学就开始针对百度的侵权采取维权行动，2009年12月盛大文学宣布起诉百度后，上海卢湾区人民法院于2010年初正式立案。在诉讼中，盛大文学列举了七个起诉百度的理由，分别为：①百度侵害了盛大文学签约作者的版税收入。②百度导致盛大文学重点作品的被盗链、盗用现象严重。③百度操纵排行榜，无故屏蔽盛大文学小说进入热点搜索排行。④百度贴吧成网络文学盗版重灾区。⑤百度对要求删除盗版内容反应迟钝。⑥百度对盗版网站的纵容破坏了整个创意产业的发展秩序。⑦百度导致盛大文学损失严重。盛大文学认为，百度的搜索结果包含盗版信息侵害了盛大文学的权益，向百度索赔上百万元。

盛大文学CEO侯小强接受《中国经营报》记者采访时表示，盛大文学旗下网站的知名小说中，有95%以上在百度文库中都可以被找到，并且全部免费对网友开放，"经过粗略的估算，百度盗版给盛大带来的损失一年超过10亿元"。针对此事，盛大文学方面曾先后给百度发出9封律师函交涉，但侵权的作品一直没有被删除。[1] 盛大文学还联合多方力量对百度提起了联合诉讼，得到了张抗抗、莫言、韩寒、虹影、石康、陆天明、王宛平、石钟山等百名作家签名支持。2010年11月10日，中国文字著作权协会发布声明，公开支持盛大文学联合出版界起诉百度，协会呼吁各出版机构、民营出版策划机构、作家等著作权人加入联合起诉百度的队伍，用实际行动，通过法律手段维护自身的合法权益。[2] 据中国文字著作权协会透露，包括贾平凹、韩寒、郭敬明等在内的50名作家又联袂发文指责百度文库以"免费分享"为借口侵犯作家权益。作家们同时声明蔑视这种所谓的"免费分享"，"它只是个借口，伤害的是我们每个人，每个作者和每个读者"，并呼吁，"我们认同自由、宽容的互联网精神，但我们更应该明白：宽容和自由绝不是肆意践踏他人的权利"。

与百度类似，几乎同时被卷入风波的还有淘花网。畅销书作家陆琪、《盗墓笔记》作者南派三叔等多名原创作家联合在微博中发布《我们的联合声明》一文，目标直指淘花网。其起因是，阿里巴巴集团与华数电视传媒集团于2010年6月29日宣布共同投资亿元

---

[1] 李立. 盛大难忍"盗版之痛" 百度恐遭联合诉讼 [N/OL]. 中国经营报，(2010-11-14) [2016-12-30]. http://www.cb.com.cn/index.php?m=content&c=index&a=show&catid=26&id=165853&all.

[2] 刘声. 中国文著协：支持盛大文学起诉百度 [N/OL]. 中国青年报，(2010-11-11) [2016-12-30]. http://zqb.cyol.com/content/2010-11/11/content_3441821.htm.

组建合资公司华数淘宝，淘花网就是华数淘宝旗下的两大业务之一，定位于数字产品分享交易平台。淘花网于2010年11月上线了"上传有礼"活动，允许用户上传文档并可获得奖励，大量用户为了获得奖励而上传了大量盗版侵权内容，而卖家可以随意销售这些盗版电子稿。比起百度，淘花网则做出了积极的回应，在淘花网的首页上登出了致歉声明。它表示，已经叫停了"上传有礼"的活动，并已删除了数以万计的文档，清理了118,372个字，还列举了被清理的部分文档清单，并承诺愿意共同维护和创造中国数字内容的版权环境。

除了搜索平台侵权外，终端设备提供商也成为侵权的一个重点领域。2011年6月，有国内"数字版权第一案"之称的中华书局诉汉王科技股份有限公司案，最终却以汉王科技胜诉而尘埃落定。事件源于2009年10月底，中华书局起诉汉王科技未经许可，在其制作发行的4款汉王电子书（国学版）产品中收录中华书局享有著作权的点校史籍，构成侵权，向北京市海淀区人民法院起诉并索赔400余万元。法院终审判决认为，中华书局从一开始就知道国学网的《二十四史》在市场上销售，但并未追究。在汉王科技将国学网的版本预装入电子书后，中华书局才对汉王科技提起诉讼。汉王科技主观上没有过错，也尽到了其应尽的审查义务，因此汉王科技对中华书局不造成侵权。2011年7月初，由韩寒、李承鹏、路金波和沈浩波等作家和出版商联合发起的作家维权联盟宣告成立。随后即向百度和苹果公司分别发出了律师函。据报道，对于苹果公司，作家维权联盟指控其侵犯了联盟方面代理的6位作家23部作品的信息网络传播权。

从这些大量存在的案例中就可以看出，数字版权人与数字出版商之间的矛盾。数字出版商对于数字版权人正规版权的侵害，已经使版权人对于数字出版商的合作意向望而却步，这一点尤其表现在传统出版单位坐拥大量内容资源却对数字出版商抱有很大的戒心，为了避免传统出版利益的损失，不愿出售内容的数字版权，导致数字出版可开发资源不足。而搜索和硬件平台其实是变相地行使了数字出版商的职能，为了增加自己的点击量和为其他盈利模式创造整体的自身网络环境，不仅侵害了正规数字版权人的正当利益，而且侵害了部分数字出版商的合法利益，所以让人深恶痛绝甚至遭到联合抗击。然而这样恶劣的环境，改善非朝夕之功，现在看来还有很长的路要走。关于版权之争问题的严重影响，业界人士具有基本的共识。百度通常援用的是"避风港原则"，而其最初发展壮大很大程度上靠的也就是免费资源，最初的音乐搜索下载和在线收听就是如此。而所谓"避风港原则"，也就是在接收到版权人通知的情况下才采取删除措施，而且并不因此承担责任，在没有收到通知的情况下，则默认为没有侵犯版权。正是因为这个原则，搜索网站有了安全港。可想而知，在这一原则的保护下，数字版权人的维权道路是多么艰辛。

3. 数字版权人之间的内战

随着数字出版兴起后，版权人内部之间的矛盾，也就是出版单位和作者围绕数字版权出现了新的分歧，从而产生了一些新的纠葛。

比如对一本书来说，其数字版权到底是归作者所有还是归出版社所有，是因时而异、因人而异的，根据具体的协议条款的不同而有所区别，但一般情况下，尤其是近年来，出版社在签订版权协议时，基本是将数字版权一并归于出版社所有的。这一点从法理学来看与美国相类似，是遵循海洋著作权法的，其特点是谁投资谁受益，也就是出版社控制了全部的版权。

然而，就中国而言，在2000年以前数字出版还处于萌芽阶段，出版社与作者既没有这样的需要也没有这样的意识来签订数字版权。因此理论上，此前的数字版权应该归作者所有。而在2000年之后，数字出版崭露头角，由于传统出版仍然主导着整个出版行业，具有先见之明的出版社认识到这一问题，所以开始在具体的协议中规定一并将作品的数字版权归出版社所有。这样一来，至少从原则上来看，二者之间本可以相安无事。但在出版社和作者签订的合同里，对数字版权的约定往往不明确。要么约定不清晰，要么不公平或不合法。合同中经常使用数字版权、电子版权、数字化制品权、网络版权、多媒体版权等非法律语言，而且大都没有明确具体的权利种类、作品的使用方式、传播载体、传播媒介、使用条件与结算条件、预付版权使用费、分成比例、销售数据的提供与核查、结算方式、授权期限以及日后收益的保障等，这样就极易导致双方对数字版权的约定理解出现偏差，从而引发数字版权纠纷。

对于数字版权人的内部矛盾，另一个重要问题是，从中国目前数字出版的情况来看，作者对于数字版权的认识仍然滞后，而且也很难从中取得应有收益。作家（作者），尤其是已经习惯于传统出版环境和方式的作家，并未因为数字出版产业的迅猛发展获得多大收益，甚至在一定程度上还损害了其理所当然的利益。

2008年出版界热议的贾平凹与人民文学出版社关于《古炉》的数字出版权之争就是一个典型案例。2008年12月16日，人民文学出版社发现《古炉》被广州网易读书频道使用，认为该行为严重侵犯了人民文学出版社的合法权益，给其造成了巨大损失，故诉至法院要求被告立即停止侵权，公开赔礼道歉，并赔偿原告经济损失人民币200万元。作者贾平凹坦言，虽然他不会上网，可别人告诉他他的作品网上全有，但没有网站找他谈过授权的事情，这次他将新作《古炉》的数字版权授权给网易的举动招来了人民文学出版社的反对，出版社表示当初签订的出版合同中已经涵盖了电子版权。此事让他陷入"一女二嫁"的尴尬处境。相比贾平凹的大胆尝试，有业内人士透露，其实目前的情况是更多的作者在"不明状况"的情况下，宁可把数字版权握在手里。很多作家对数字版权概念不清，维权往往举步维艰。比如，在签订出版合同时，有些出版社注明拥有数字版权。等书出版后，出版社又将数字版权有偿转让给数字出版企业，而作家仅能拿到纸版书的稿费，数字版权授权后的收益对作者而言，可能只是一个美丽的传说。而且即使作家发现数字版权被侵犯也很无奈。中国文字著作权协会常务副总干事张洪波对此评论说，作家个人维权不但需要面临寻找证据、公证、起诉等法律问题，还需要时间、精力以及专业知识，维权成本较高。对于强势的数字出版企业来说，作家个人始终处于弱势地位，人微言轻、各自为战、忍气吞声是普遍现象。

4. 数字出版商之间的分割

数字出版商是产业链中的重要力量，而在其内部也存在各自为政的局面。数字出版商之间的矛盾主要表现在两个方面：一是大部分数字出版商无法单独取得数字版权人的独家授权，因而呈现同质化竞争的局面；二是每个数字出版商之间格式不统一，"不搞兼容搞分割"，各个都有称霸的野心。这使得技术标准无法统一，不但给用户的使用带来不便，也为数字出版产业链的整合和统一平台的建立带来障碍。

在数字版权人与数字出版商之间的合作当中，大部分数字产品还没有形成独家授权传播机制。在传统出版领域，作者在某一出版社出版作品意味着仅此一家出版社才具有正规的独家版权，其他单位再进行复制传播即属盗版行为。然而在数字出版领域，数字出版商则不受此限制。实际情况是，数字版权人一般并未授予某一数字出版商对于某作品或某一批作品的独家信息网络传播权，即当某一数字出版商获得了一个作品的独家信息网络传播权后，该权利即产生排他性，其他数字出版商就都不能再次获得该权利，作品的版权人也不能在规定的限期内再将这一权利授予其他数字出版商。这种局面导致大部分数字出版商内容的同质化现象十分明显，数字出版商之间为争夺内容使市场的无序竞争到了白热化程度。

此外，数字出版商为了保护自己的内容产品和数字版权，同时也为了用自己的技术标准垄断市场，纷纷开发自己的软件平台和内容格式。以数字图书为例，与国际上通行使用的 Adobe 公司的 PDF 格式不同，国内目前有多种标准，除了 PDF 格式以外，还有多种中国企业自主研发的格式，例如北大方正采用的是 CEB 格式，书生采用的是 SEP 格式，超星采用的是 PDG 格式，而中国知网采用的是 CAJ 和 PDF 格式等。Adobe 在传统印刷出版领域一直有着深刻的影响，Adobe 的可移植文档格式（PDF）早已成为电子版文档分发的公开实用标准。Adobe 软件在出版业的使用传统以及 PDF 格式的流行共同造就了 Adobe 在电子书领域的先天优势。Adobe Content Server 则是 Adobe 的后天优势。Content Server 2.0 是 Adobe 公司为电子书版权保护和图书发行而开发的软件，是一种保障电子书销售安全的易用集成系统。出版商可以利用 Content Server 的打包服务（Packaging Services）功能对可移植文档格式的电子书进行权限设置（打印次数、阅读时限等），从而建立数字版权管理（Digital Rights Management，简称 DRM）。Adobe Acrobat 5.0 是建立可移植文档格式电子书的最重要的转换工具。使用 Adobe Acrobat 几乎可将任何文档转换成 Adobe 可移植文档格式。Adobe PDF 文件可以在众多硬件上和软件中可靠地再现，而且外观与原文件一模一样，页面设置、格式和图像完好无损。

国内的书生公司是与方正并驾齐驱的 DRM 技术厂商。书生公司一直跟踪国际 DRM 技术的发展，并自主研发了一套完整的 DRM 技术核心。SureDRM 以安全和加密技术为基础，包括版权描述语言、身份标识系统、设备标识绑定技术等。为书生各种产品包括文档共享管理系统、数字图书馆系统、公文服务器等提供了文档保护的技术基础。作为一套整体解决方案，SureDRM 提供不同安全级别、不同粒度、不同形式的版权管理机制，既有离线的数据绑定，也有在线的数据 DRM。SureDRM 开放的版权描述接口支持 XrML 等技术标准，提供对各种应用数据和应用系统自身的版权保护，支持对各种数字媒体、文字、图形、图像、流媒体等的保护。书生是中国 IT 业极个别掌握国际核心技术的公司之一，该系统最大的特点是攻克了防止有权接触信息的人扩散该信息的世界级难题，提供了全方位、细粒度的管理权限。它可以根据用户的需求选择八种目录及文档权限，可实现细粒度、多层次的权限设置，并可提供更多的权限支持。书生 SEP 保护系统由客户端、服务器端及数据库组成。客户端包括 SEP Writer、SEP Reader 及商业机密保护系统客户端。服务器端由 SEP 文档服务器及数据库组成。其中，数据库包括存放管理信息的管理信息库、存放 SEP 文件的 SEP 文档库、存放可编辑源文件的源文件库。

方正的 Apabi 数字版权保护技术一直走在国内前列，且已经形成一个完整的系统。在 Apabi 系统中，主要有四种支柱型产品：Apabi Maker，将多种格式的电子文档转化成 Ebook 的格式，该格式是一种文字＋图像的格式，可以完全保留原文件中字符和图像的所有信息，不受操作系统、网络环境的限制；Apabi Rights Server，实现数据版权的管理和保护，电子图书加密和交易的安全鉴定，从网上书店登录实现订货，用出版社端服务器；Apabi Retail Server，实现数据版权的管理保护，电子图书加密和交易的安全鉴定，从网上书店登录实现订货，用书店端服务器；Apabi Reader，用来阅读电子图书的工具，通过浏览器可以在网上买书、读书、下载，建立自己的电子图书馆，实现分类管理。方正阿帕比整套方案的核心是版权保护，在其中采用了 168 位的加密。

除此之外，中国目前还有多种标准。可见，各家公司都为自己的版权保护开发了专业、复杂的软件系统，相互之间不可兼容。作为用户或读者，为了使用那些电子资源，就不得不在自己的电脑上安装不同的阅读软件或者使用不同的阅读器，这造成了很大不便。个人在图书馆查找数据库时，上述不便体现得很明显。

4.3 数字出版产业的细化研究

4.3.1 数字出版间接侵权问题

数字出版侵权是数字时代的一个突出问题。当前的数字出版侵权更多的是以间接侵权的方式发生，这里以信息网络传播权作为对象进行具体研究。

信息网络传播权是以有线或者无线方式向公众提供作品，使公众可以在其个人选定的时间和地点获得作品的权利。它作为被赋予著作权人、表演者和录音录像制品制作者的一项新的权利[1]，是网络著作权一个重要的组成部分。而信息网络传播侵权现象就随之而来，并且技术发展使得信息网络传播侵权更多地以间接的方式发生，更加难以取证。

1. 信息网络传播权间接侵权的类型

信息网络传播侵权包括直接侵权和间接侵权两种。虽然直接侵权现象在现实中发生得比较多，如用户在网络上传或者下载正在上映的电影、正在热卖的书籍等，但直接侵权成为法律纠纷案件的比较少。主要是因为直接侵权的大多数是个体，在网络匿名的情形下，难以找到真正的侵权人。而且从现实经济考虑，即使找到了侵权人，经济状况也使其不能对侵权行为予以有效的赔偿。因此目前成为法律纠纷案件更多的是间接侵权。间接侵权主要的承担者是网络服务商。根据 2006 年《信息网络传播权保护条例》的规定，网络服务商提供的服务主要有自动接入服务、链接服务、存储服务和搜索服务等。其中，最常见的间接侵权纠纷主要来自搜索引擎服务行为、链接服务行为和存储服务行为。

（1）搜索引擎服务的侵权行为

互联网上的信息浩如烟海，公众在信息海洋中要想找到所需要的信息就需要用搜索引擎。搜索引擎使公众在最短时间内从海量的网络资源中寻找到自身所需要的信息，客观上促进了知识和信息的传播和共享。搜索引擎本身提供了查询和定位的服务功能，使得一些侵权信息也出现在搜索引擎的搜索范围内。

具体判断搜索引擎服务是否侵权，需要两个认定标准：一是客观上造成了侵权事实存在，二是主观上有过错。只有同时具备了这两个标准，才能认为搜索引擎服务存在侵权。客观上有侵权事实比较容易认定。主观上是否有过错有两个判断标准：第一个是通知—删除原则，即权利人书面通知搜索引擎服务商或者权利人将侵权人诉至法庭，在这种情况下，如果搜索引擎服务商继续提供侵权服务，而对权利人的要求置之不理，就会构成搜索引擎服务商的侵权；第二个是虽然权利人没有书面通知，但侵权事实明显存在，搜索引擎

---

[1] 杨如义.信息网络传播权侵权问题研究 [D].重庆：重庆大学，2011.

服务商应当知道，但依然通过主动提供侵权信息，供用户下载。这也造成了侵权。

（2）链接服务的侵权行为

网络提供商有两种：网络服务提供商（ISP）和网络内容提供商（ICP）。这里讲的链接行为主要是网络内容提供商所提供的服务，因为网络服务提供商提供的是基础设施服务，不涉及具体的内容服务。链接行为一般发生在网络内容提供商提供下载作品、在线播放的过程中。根据链接行为表现和程度，可以分为普通链接和深度链接。

普通链接一般链接的是被链接网站的主页或其他页面，当用户点击链接以后，页面会跳转到被链接网站的页面，而不会停留在设链网站上。提供链接服务的网站只是提供了链接的通道，并没有控制被链接网站的任何内容。一般情况下，普通链接不承担侵权责任。深度链接是指通过链接将被链接网站的部分或全部内容放置在提供链接的网站上。当用户点击链接网址时，进入的依然是设链网站的网址。

深度链接主要有两种形式：图像链接和框架链接。图像链接是把被链网页的图像（也可以是文章、音频视频等）放置到自己的页面，虽然表明该内容来自被链网站，但所在页面依然是设链网站的页面；框架链接是通过加框技术把页面分成几个单独的区间，每个区间有不同的内容。设链网站通过对不同来源和内容的被链网页信息进行编辑、加工，如去除被链网页的广告，只保留其信息内容等。这种框架链接也使网络用户无法正确辨认哪些内容是来自第三方网站的，哪些是设链网站自身所拥有的。

一般的侵权行为发生在深度链接中。只要被链网站有侵权产品存在，设链网站通过深度链接将这些侵权产品引进自己的网络空间，就会造成侵权后果的扩大，从而承担相应的共同侵权责任。

（3）信息存储空间服务的侵权行为

现在有很多网站提供信息存储空间的服务，比如网络空间、BBS、博客、电子邮件等。用户可以通过这些网站提供的服务将与自己相关的信息上传到网站。这其中必然会有部分侵权作品被上传到这些存储空间。如何判断这些信息存储空间是否侵权，根据《信息网络传播权保护条例》第二十二条，有五个要件：明确标示该信息存储空间是服务对象所提供，并公开网络服务提供者的名称、联系人、网络地址；未改变服务对象所提供的作品、表演、录音录像制品；不知道也没有合理的理由应当知道服务对象提供的作品、表演、录音录像制品侵权；未从服务对象提供的作品、表演、录音录像制品中直接获得经济利益；在接到权利人的通知书后，根据本条例规定删除权利人认为侵权的作品、表演、录音录像制品。[1] 当这五个要件具备的时候，信息存储空间提供者可以免除责任。

在现实的判例中，如何界定信息存储空间是否从中直接获得了经济利益，则有一些分歧。这里的直接获得经济利益不能单从字面上理解，而应细致地辨别一些表面上没有直接获得利益而实际取得利益的行为。如信息存储服务网站提供侵权产品的免费阅读，表面上是没有从中直接获利，但如果该信息存储服务网站提供了阅读此侵权内容的其他付费阅读服务，如收费下载阅读器等，那么该信息存储服务网站就从网络用户的阅读行为中直接获得了收益，这样则可以判定为侵权。

---

[1] 信息网络传播权保护条例（2006）[EB/OL].（2007-01-09）[2016-12-30]. http：//www.ncac.gov.cn/chinacopyright/contents/479/17540.html.

2. 信息网络传播权间接侵权产生的原因探析

信息网络传播权间接侵权产生的原因主要有以下三个：

（1）对信息网络传播权间接侵权认定模糊

对于信息网络传播权间接侵权，同样性质的案件在不同的判决中可能会出现完全不同的结果。如2007年，北京三面向版权代理有限公司诉重庆市涪陵区图书馆侵犯著作财产权纠纷一案。一审法院认为，重庆市涪陵区图书馆链接江西省新余市电信网络中有关原告版权图书《销魂一指令》属于普通链接，目的是为了公益服务，不涉及间接侵权。而二审法院认为，重庆市涪陵区图书馆在网站首页有相关的"文学栏目"，可以使网络用户认为重庆市涪陵区图书馆是运营者和内容服务提供者，所以认定重庆市涪陵区图书馆的行为属于"深度链接"[1]，从而负侵权责任。这里就涉及两个重要的问题，什么是"深度链接"？如何对待公益事业？对这两个问题的不同看法导致了间接侵权认定的模糊。又如对"非交互式"网络传播行为的认定也存在这样的模糊认识。

（2）对信息网络传播权间接侵权主观认识不足

目前一些信息网络传播权间接侵权的案件中，网络服务商对网络上存在的一些侵权内容没有尽到合理注意的义务，当发生了侵权事件以后，网络服务商以人手不足、成本提高等客观原因，辩称其不可能对网络上的侵权信息进行及时处理。这里就涉及网络内容提供商的合理注意，即应知义务。如果证明其应知而主观上没有重视，从而没有尽到合理注意义务，就负有间接侵权责任。

（3）对信息网络传播权间接侵权存在主观故意

网络服务商有时也具有主观故意的性质。为了获得收益，网络服务商通过提供搜索引擎服务、深度链接服务、信息存储空间服务等，表面只是提供信息传播的渠道，暗地里却与真正的侵权人签订有相互合作的协议。这样，如果侵权，就具有共同侵权的性质，甚至具有直接侵权的性质。这在一些音频视频的判例中表现明显。

3. 对信息网络传播权间接侵权的政策法规建议

《著作权法》是注重利益平衡的法律，它的立法及司法应该与国情相一致，以促进信息共享和知识创新为要旨。目前我国网络产业的发展还相对落后，对网络产业的扶持是立法需要考虑的原则。如果一味对网络服务商进行打击，会导致越来越多的诉讼，从而造成技术发展的阻碍。因此在构建我国信息网络传播是否间接侵权的政策法规时，需要考虑以下四个方面[2]：

（1）在司法判例中严格执行"通知—删除原则"的免责条件

《信息网络传播权条例》第二十三条规定，网络服务提供者应该执行"通知—删除"原则。同时也指出，权利人应该出具具有以下内容的通知书：包括权利人的姓名（名称）、联系方式和地址；侵权作品、表演、录音录像制品的名称和网络地址；构成侵权的初步证明材料。并强调权利人应当对通知书的真实性负责。根据条例规定，在网络著作权司法判例中，必须严格执行权利人是否出具了完成内容的通知书，并且通知书是否具有规范格式，否则就认定网络服务提供者并未收到相关的书面通知。在这种情形下，网络内容服务商不承担侵权责任。

---

[1] 田宏果.信息网络传播权法律问题探讨[D].武汉：武汉理工大学，2010.
[2] 王维佳.搜索链接服务引发的信息网络传播权侵权问题研究[D].上海：复旦大学，2010.

（2）在立法和司法中细化主观过错的认定

我国目前有关处理网络信息传播权的法律法规如《信息网络传播权保护条例》《互联网著作权行政保护办法》等都没有细化网络服务商主观过错的具体内容。这就造成了在司法判例中，对同一性质、同一类型的侵权纠纷应用了不同的判决标准，这本身就不符合司法认定的严谨性原则。因此对于网络服务商的主观过错，应该加以细化。比如链接服务，对于正在热播的视频作品、热门金曲，网络服务商应该避免主动链接；对于非热播的经典视频作品和知名度较高的流行歌曲，提供主动链接的网络服务商负有一定程度的注意义务；对于除此之外的其他影视作品、音乐作品、文字作品等，网络服务商不承担向权利人了解授权情况的业务。通过细化不同情形下主观过错的认定，保护权利人权益的同时，保护网络服务商的合法权益。

（3）对"红旗原则"要做相对宽泛解读

所谓"红旗原则"是"避风港原则"的例外适用，是指如果侵犯信息网络传播权的事实是显而易见的，就像红旗一样飘扬，网络服务商就不能装作看不见，或以不知道侵权为理由来推脱责任。如何界定侵犯信息网络传播权的事实是显而易见的，需要一个客观的标准。不能因为链接可疑或可能涉嫌侵权，就认为网络服务商存在"明知或应知"。同时，如果权利人所发出的侵权通知没有遵守通知的实质性要件，就不应该认定网络服务商"明知或应知"。

（4）有条件地引入惩罚性赔偿的条款

网络服务商一旦被确认为侵权，就应该在坚持全面赔偿原则的基础上有条件地引入惩罚性赔偿，以充分保护权利人的利益不受损害，有效地惩戒侵权的网络服务商。具体判定需要三个标准：一是网络服务商主观恶意侵权，即能有效证明其属于"明知或应知"的程度却依然侵权；二是侵权所造成的后果严重，即所造成的侵权后果已经远超我国《著作权法》所规定的法定赔偿额上限；三是侵权的情节恶劣，如网络服务商在接到权利人通知后仅删除侵权通知列出的那些网址，却对其他明显的同名信息不加处理。惩罚性赔偿一定要严格遵循以上三个标准，以免造成权利滥用的局面。具体根据我国国情，可以考虑设置惩罚性赔偿上限，完善赔偿量化标准，建立侵权损害评估机制等，这样才能有效地在司法判例中落到实处。

4.3.2 出版App

据《华尔街日报》报道，App销售已达到250亿美元。这还不包括组成App经济一部分的其他行业产生的巨大利益。App是指随着iPhone等智能手机的流行，应用于智能手机的第三方应用程序。比较著名的应用商店有苹果的App Store、安卓的Play Store、诺基亚的Ovi Store，还有黑莓用户的BlackBerry App World，以及微软的应用商店。中国互联网络信息中心（CNNIC）发布的第34次《中国互联网络发展状况统计报告》显示，截至2014年6月，中国网民规模达6.32亿，其中，手机网民规模5.27亿，互联网普及率达到46.9%。[1] 可以看出，中国的App市场拥有无限的商机。在媒介融合时代，出版与App融合发展已经成为一种趋势。

---

[1] 中国互联网络信息中心. 第34次中国互联网络发展状况统计报告 [EB/OL]. (2014-07-21) [2014-11-08]. http://www.cnnic.net.cn/hlwfzyj/hlwxzbg/hlwtjbg/201407/t20140721_47437.htm.

1. 出版社发展 App 的模式分析

从出版社发展 App 的模式来看，目前主要有三种应用模式，分别是基于内容本身的模式、基于应用程序的模式、基于用户体验的模式。

（1）基于内容本身的模式

这种模式主要是以印刷版内容为基础，加以整合、加工、二次开发而成的 App 应用程序，通过投放在 App 应用商店中供读者下载。这种基于内容本身的 App 有三种模式。第一种模式是把图书内容作为一个整体进行 App 开发，然后打包进行销售。内容可以是单本书，如《甄嬛传》等，也可以是集成书，如"国外经典名著集成"等。这类图书通常是一些畅销书和经典著作。第二种模式称为"二次运用模式"，即出版社的 App 产品 A 被出售给某些使用者之后，经重新组合或修改为产品 B 之后销售给另一批使用者，这在期刊领域运用比较多。如漫画杂志 App 定期会把其中的连载集中起来再推出单行本，经过内容组合可以实现二次售卖。这种模式在 App 领域除了内容之外，还可以进行附属功能更新。如出版游戏类的 App 产品持续推出新场景后，把新场景中受欢迎的场景组合之后进行二次运用，吸引尚未下载的用户使用。第三种模式是下载 App 客户端后再进行图书下载。这种模式具有代表性的有中信尚书房、磨铁书栈等，主要依靠图书收费阅读和广告投放来获得收益。中信尚书房是中信出版社开发的一款 App，主要提供名家名作，内容界面简单实用，能吸引特定读者群。不过它的图书目前采用"试读＋付费"模式，没有免费阅读的图书。于 2012 年 11 月上线苹果 App Store 的磨铁书栈，提供了磨铁书栈的精品畅销书，采用"免费＋付费"模式，其中 60% 为免费，40% 为收费，价格为人民币 6 元左右。

（2）基于应用程序的模式

这种模式并不是单纯依赖印刷版内容，而是在将印刷版内容转移到 App 的过程中，通过技术手段融合多种新形式和新功能，实现单纯的 App 图书所不能实现的图片、音乐、音频、视频、社交等融合和互动功能。目前增强型电子书即是这种模式的代表。这种基于应用程序的互动模式的图书在国外如哈珀·柯林斯、企鹅兰登书屋等出版商和《纽约》杂志、音乐杂志 Blender 等杂志商中被广泛运用。《个人电脑世界》是全美最大的 IT 杂志，它的 App 基于应用程序的互动模式，提供了非常丰富的多媒体内容，包括图片、幻灯片、视频等。新产品提供可以 360 度旋转的图片，测试以视频形式发布，技术特征以互动性动画来显示。[1] 国内的一些出版社也进行了这方面的尝试，如时代出版集团开发的少儿读物 App，预装在联想智能电视及其应用商店中，形成交互式的网络平台；又如通过出版社内容授权方式开发的平台类 App，如当当读书 App、拇指读书 App 等，把阅读和社交进行了有效融合。最新开发的当当读书 App 4.0 除了实现读书秒开、翻页顺滑、护眼模式以及 24 种书籍排版样式外，还能根据用户的买书记录，通过大数据运算向用户推送其可能感兴趣的书单，并根据用户的喜好和行为轨迹推荐其关心的书评内容。在此基础上还推出书架社交、LBS"偷书"、书友互动等功能，使阅读和社交融合达到了一个新高度。[2] 但总体来说，国内出版社这种基于应用程序的互动模式比较简单，大多数采取的是"图片＋声音"的方式。目前国内这种互动模式的 App 在开发少儿有声读物方面取得了一定成效。

---

[1] 季芳芳，于文．增强型期刊 App 在美国的发展趋势［J］．传媒，2013（6）：61-62.
[2] 魏蔚．当当读书 App 引入社交功能［EB/OL］．（2014-10-22）［2014-11-08］．http://www.bbtnews.com.cn/2014/1022/78591.shtml.

如以出版漫画和互动少儿类有声读物出名的海燕出版社和 Rye 在开发少儿有声读物方面的合作。2013 年，其上架的 20 本互动少儿类有声读物在苹果应用商店总下载量超过 10 万次，总收入超过 4,500 美元。[1] 它提供了实体图书难以做到的互动模式。

（3）基于用户体验的模式

这种模式以用户体验为主，以文化或创意为基础，将文化与创意进行深度融合，通过 IT 集成技术的应用满足用户的需求。在向用户提供娱乐性和实用性信息的同时，进行文化传播和教育。这类模式主要在游戏出版类和教育类 App 运用得比较多。出版社开发游戏类 App 目前有代表性的是中华书局为全球华人设计的一款益智闯关类游戏——李小白。它以中国地图为背景，通过闯关的形式来领略祖国的名山大川、经典的诗词佳句、成语典故等。同时这款游戏还有蹴鞠、投壶和华容道三个小游戏，颇具娱乐性。这款 App 在用户体验的基础上通过游戏来推广中国传统文化，受到广泛好评。在中国区的免费字词类游戏中，iPhone 版和 iPad 版均占据过第一名。需要指出的是，这款李小白 App 在苹果应用程序商店（App Store）中不能直接通过"李小白"搜索到，而是通过"中华书局有限公司"搜索此款 App。目前随着慕课（Massive Open Online Courses，MOOC）即"大型开放式网络课程"的兴起，以用户自主学习、体验为主的教育类 App 纷纷涌现，主要有在线课程、课件产品、教育指导类工具等。如在线课程 App，有教育部组织人力、高等教育出版社牵头的"爱课程"、网易云课堂、果壳课堂、新浪网络课程等。这些在线课程 App 均收录了多种类别的课程，并且具有测试和实践功能。还有一些出版社开发了工具型的学习类 App，通过这些 App 可以获得与教科书不一样的学习乐趣和效果。

2. 出版社发展 App 存在的问题

出版与 App 融合发展的过程中，出版社在应用 App 方面的问题也比较明显，具体有：

（1）创意缺乏，差异化格局尚未形成

目前大部分出版社选择基于内容本身的模式，因为采用这种模式开发 App 相对容易。出版社机械地将印刷版的内容迁移到 App 中，其间只经过程序方面的转换，主要内容编排和读者定位没有太多可圈可点的变化。从形式上看，与印刷版图书相比，App 有很多优越性，但其主要用户群以青年人为主，这和传统印刷版图书的用户群有比较明显的不同。媒介融合时代读者阅读碎片化和个性化的特点，要求出版社 App 的设计和语言表现都符合新的阅读趋势和要求。而出版社开发的 App 显然缺乏创意，过于强调内容为王，认为把印刷版的内容嵌入 App 框架内就算跟上潮流，这是对 App 的误解。在产品设计、推广策略方面，出版社对于什么类型的图书产品适合生成 App 缺乏清晰的规划，导致出版类 App 大多千篇一律，本着"多多益善"的心态，未能形成差异化发展格局。[2] 在市场竞争中，缺乏创意、没有明确定位的特色产品，是缺乏竞争力的。如何将出版创意与 App 融合，创造出不同的特色，是出版社目前需要考虑的问题。

（2）体验不足，缺乏用户黏性

与其他应用类的 App 相比，出版类的 App 属于长尾，用户相对较少，他们主要通过相关论坛、网络软件、名称搜索等方式发现出版社的 App 从而进行下载。因此出版类

---

[1] 张湘彦，张书乐. 出版社 App：看上去很美 [N/OL]. 中国文化报，(2013 – 12 – 06) [2014 – 11 – 08]. http://epaper.ccdy.cn/html/2013-12/06/content_113016.htm.

[2] 毛文思. 阅读类 App 的现状与趋势 [J]. 出版参考，2014 (15)：9 – 11.

App 知名度相对较小，比如，磨铁书栈、中信尚书房等就不如鲜果联播、豆瓣等 App 知名。因此如果出版社 App 不为用户了解，本身宣传力度也小，就会缺少必需的目标用户，不能形成规模效益。另一方面，出版社的 App 属于非必需类，不像一些应用类的 App。比如，地图 App、社交 App 等属于必需类。这样即使用户出于各种原因下载了出版类 App，使用频率也不高，不久就会把这些 App 删掉。而一些连载类 App、课程类 App 对用户的黏性就很敏感。再者，出版社更新频率慢，无论从内容的差异性、丰富性和时间性来说，还是就用户的操作功能体验和视觉体验而言，这些 App 都不能使用户满足，从使用与满足理论来看，会遭到用户抛弃。如何增强体验形成用户黏性，是出版社从编辑到发行人员都需要认真思考的问题。

（3）开发运营成本高，盗版严重

对于出版社包括出版集团而言，开发、使用和维护 App 一般都是和 IT 公司合作完成的。出版社提供开发思路和要求，并进行日常管理和使用；IT 公司进行技术开发和后期维护。由于 App 需要互动和更新，运营和维护费用比较高。另外，由于 App 平台有苹果系统的苹果应用程序商店、安卓系统的谷歌应用程序商店（Play Store）等，不同的平台需要分别开发运用于这些平台的 App。对于出版社而言，这是一笔巨大的费用支出。而且这些 App 即使顺利上线，也会面临数字出版市场上猖獗的盗版现象。很多作者和出版社都遭遇过移动 App 市场的盗版。"碰到大一点、有点名气、有点交情的渠道商或平台商还可以打个招呼让盗版电子书下架，遇到那些没名气也没信誉的平台，只能认了。"某位不愿透露姓名的出版界人士无奈地表示。[1] 侵权成本低，维权成本高，造成了目前出版社发展 App 的困境。

3. 出版社发展 App 的对策

媒介融合时代，出版和 App 的融合发展已经成为一种趋势。出版社发展 App 既是数字化转型的内在要求，也是应对市场的必然选择。只有从内容研发、经营管理和宣传发行等方面着手，出版社才能通过 App 在媒介融合时代找到自身发展的蓝海。

（1）内容研发：以用户体验为导向，增强传受互动

出版社要发展 App，就要对 App 有清晰的战略规划，因为不是所有的内容资源均适合数字终端呈现，适合数字终端呈现的资源主要是大众出版和教育出版中具有互动形式的内容。因此要摒弃印刷版的单本图书的思维模式，以平台的思维模式进行开发。通过 App 这个信息扩散和分享平台，出版社与用户建立互动联系。出版类 App 需要以用户体验为导向，注重服务和用户参与互动。比如在 App 中设立与用户互动的环节，可以采用游戏或者娱乐方式进行互动，增强用户对互动环节的参与性；可以通过互动奖励、建议奖励、App 更新奖励等方式，强化用户对产品的好感度和品牌忠诚度；通过构建以内容分析为核心的鼓励机制，比如可以学习微信和微博的传播方式，用"一键分享"让用户便捷地将标有出版社 App 品牌的内容分享到其所在的各类信息平台上[2]，其他用户可以进行转发和评论，从而获取对出版社 App 内容的反馈，改进和完善出版社 App，形成传受两者之间的良性互动，进一步满足用户体验。

（2）经营管理：依托大数据分析，形成用户黏性

---

[1] 李淼. 移动 App 成电子书盗版重灾区 [N]. 中国新闻出版报，2012-04-12 (6).
[2] 孙韵. 试论传统媒体发展 App 的现状、问题和对策 [J]. 出版广角，2014 (7)：56-57.

随着三大运营商 4G 牌照的发放，手机上网进入了"光纤时代"，终端软件 App 实现大数据功能成为可能，满足用户的个性化需求愈加成为出版社经营管理中重视的领域。不同用户对内容的喜好不同，甚至只喜欢某一部分内容，如何精细地筛选出用户感兴趣的内容，进行内容的精准推荐，对于出版社而言，则需要借助大数据对用户属性和阅读行为进行分析。不是粗略地把用户不喜欢的内容剔除，而是在用户不喜欢的内容中找到用户感兴趣的点。个性化在不同产品中的体现不同，但有一点是互通的，那就是从粗略的分类中找到细致处，细化分类。然后再分类，再处理。直到对数据的细分不再成为分类，而是关键词组合，让出版类 App 读懂自己服务的用户，减小用户被狂轰滥炸的可能性，同时让每一次信息显示都成为有效性最高的推荐。[1] 这样用户才能感到物有所值，甚至物超所值，才能产生依赖感，形成品牌黏性。另外，出版社在经营管理中，可以通过集团纵向或联盟横向的形式建立平台型 App，实现出版资源聚合。因为对于出版社而言，很少有强大品牌效应的独立 App，并且没有像 BAT（百度、阿里巴巴、腾讯）那种用户平台，因此把出版社分散的资源进行整合，对于出版社整体而言能形成资源优势，对于用户而言，能通过一个平台阅读更多的内容，符合用户习惯。

（3）宣传发行：研究用户消费心理，进行多元化营销

对于 App 用户来说，不知道去哪里找到合适的出版类 App，对于出版社来说，不知道自己 App 的目标用户在哪里，是目前出版类 App 宣传发行中存在的问题。因此出版社要研究用户消费心理，找寻到自己的目标用户。出版社可以在出版社主页展示这一产品，并添加"在 App Store 上下载"的按钮；通过微信、微博或新闻版面，发表关于展示应用的文章；以通过移动终端给潜在的客户发简讯的方式告知，从而找到自己的目标用户。在此基础上，通过多元化营销方式以获得良好的效益。出版社可以采取以下六种营销方式：一是通过应用商店进行营销。即通过开发者平台上传出版类 App，这些平台包括硬件开发商（苹果应用程序商店等）、软件开发商［安卓市场（Android Market）等］、网络运营商［移动应用商场（Mobile Market）等］、独立商店及一些 B2C 平台。二是线下预装。通过与移动终端厂商如手机、智能电视等合作，把出版类 App 预装成为其原始配套应用。三是内容营销。选择那些权威性、专门评价应用的移动互联网媒体，提高出版类 App 的媒体曝光率。通过配备专门公共人员在新浪科技、腾讯科技、微博、微信等平台上发布软文，提高用户口碑，增加宣传力度。四是交叉推广。出版社找到一些吸引用户的 App，将出版类 App 的推广广告置入其中。对于出版集团和出版联盟而言，可以进行内部交叉推广。对于单一出版类 App 产品，可以与其他外部 App 进行交叉推广，增加出版类 App 的曝光度。五是对出版类 App 进行限时免费促销。出版社提供无广告、无注册要求或其他附加条件的 App 应用，把这些 App 推广给用户，通过网络广告收回成本。六是通过二维码进行推广。出版社可以通过在公共场所、媒体或网络上投放二维码，用户通过扫描二维码获得相关应用。出版社可以通过将相同类型的 App 整合成一个 App 进行推广，提高整体的盈利能力。在营销中需要注意的是，不同于其他应用类 App，出版类 App 的核心是传播内容，具有文化内涵。营销是手段，不能让其他应用冲淡了内容核心。

---

［1］大数据时代 让 App 读懂你的口味 ［EB/OL］.（2013-04-15）［2014-11-08］. http://www.techweb.com.cn/digi/experience/2013-04-15/1289666.shtml.

4.3.3 数字杂志平台

《2015全球数字杂志发展趋势报告》指出，目前杂志业的数字资产仍在持续增加。根据全球领先的媒体传播公司阳狮集团旗下的实力传播和普华永道的最新数据，世界各地的杂志销售收入始终停滞不前，甚至大多呈下滑趋势。与此同时，在中国，截至2015年11月17日，杂志的发行量仍然是总收入中最重要的一项。然而事实上，印刷版发行量并无增长，数据的上涨是由于当年数字杂志的发行量开始得到回报。数据显示，对于中国杂志而言，纸质版印刷广告是杂志的第二大收入来源，数字广告正呈上涨趋势。中国互联网生态系统的规模和影响力在世界范围内都将越来越大，加之中国的用户基数远超其他国家，中国将成为最大的数字杂志市场。

数字杂志的更新迭代与高效运营，离不开对其进行研发制作并提供运营服务的平台，它也自然成为传统刊社数字化转型过程中的重要支撑。目前，数字杂志平台尚处于成长期，还未形成稳定的盈利模式，虽有零星尝试，但整体方向并不明朗。对数字杂志平台盈利模式的研究能为传统刊社带来收益，促进数字杂志出版产业的内容交易，尽可能地实现产业链中包括用户在内的每一个角色的利益最大化。

1. 数字杂志平台的主要盈利方式

（1）用户付费

用户付费阅读杂志，内容提供商与平台按比例进行分成，支付方式以手机直接扣费、手机网银在线支付等方式为主。由于技术服务商、平台运营商及各大电子终端系统等越来越多地参与到数字出版产业的渠道和分销环节中来，加上便利的交易方式，因此自然成为当下用户获取数字出版产品的主要渠道。具体而言，数字杂志平台的用户付费方式包括以下四种：①单篇付费。用户以单篇文章为单位进行付费阅读。②整刊付费。同传统杂志的付费形式相似，按照数字杂志的出版周期，用户以整本杂志为单位进行付费阅读。目前，数字杂志的价格多为纸刊零售价的1/4~1/6。③包时段付费。一些平台会根据不同的用户需求提供数字杂志的包时段付费形式，如包月/季/年等服务。购买不同服务的会员可在相应时段内不限次数、不限种类下载和阅读杂志。如龙源期刊网和读览天下都曾推出类似的付费服务，龙源期刊网的VIP会员一年内可阅读3,000余种杂志的当期和过刊；读览天下的VIP会员自缴费之日起，一年内可不限量下载平台内的所有杂志。④包类别付费。与包时段付费类似，一些数字杂志平台会根据杂志的类别属性提供单一领域内的杂志打包服务，如时尚、都市类杂志包等。此种模式下的用户阅读成本较低，对阅读量大的用户具有一定的吸引力。

（2）移动应用广告

移动应用广告，即广告商将产品信息投放到移动应用程序中，并以多媒体形式将其展现出来。平台根据广告的投放量、投放位以及广告的实际点击率等向广告商收费，并与内容提供商进行分成。这里以VIVA为例。一直在手机杂志阅读市场中居垄断地位的老牌移动互联网公司VIVA新媒体，旗下拳头产品"畅读"全新升级上线，此轮升级过后，畅读从一个囊括了300多个主流杂志品牌的数字阅读平台，全面拓展为根据用户兴趣和行为，推荐各类杂志、资讯和自媒体内容的全新媒体平台。[1] VIVA与内容提供商约定的分成

---

[1] 耿直. 最大数字杂志平台VIVA全新变脸"畅读" [EB/OL]. (2014-11-24) [2016-12-30]. http://finance.ce.cn/rolling/201411/24/t20141124_3972073.shtml.

比例为"三七开"：若广告商由内容提供商引入，那么 VIVA 占三；如果广告商由 VIVA 引入，再将其分配给相匹配的杂志品牌，VIVA 则占七。目前平台的广告投放形式主要有两种：一种是弹页广告、旗帜广告、推送广告等移动类广告，此类广告不需要阅读内容即可展示；另一种是嵌入式广告，类似于传统杂志在内容中嵌入广告，并在内容中展示。

（3）平台化服务

平台化服务主要指数字杂志平台提供的基础运营服务和增值服务。基础运营服务主要是指技术服务商提供技术支撑、内容服务商提供媒体策划、版面设计等；增值服务是指根据用户具体需求开发出个性化服务，如为个人制作诸如婚纱摄影、亲子教育等专门化的数字杂志或为企业提供经济管理类的实用信息。

2. 数字杂志平台的盈利困境

（1）用户付费习惯并未形成

在国内，即使目前数字杂志的付费门槛已经降低，用户的付费习惯仍没有形成。中国新闻出版研究院公布的国民阅读报告中的相关数据显示：选择"只看免费的"的手机阅读用户高达 70%，而对于"价格低于纸质读物 80% 以上"的手机读物，仅有 10% 的人愿意花钱购买。在此情形下，相对于整个数字杂志平台而言，付费阅读的营收微乎其微。

（2）数字杂志平台广告投放少

当前移动广告处于起步阶段，良莠不齐。对于数字杂志平台而言，目前用户规模不大，且平台的品牌知名度、美誉度等有待提升，这使得广告商还未特别关注这一细分领域。

3. 数字杂志平台的盈利策略

（1）长尾理论

2004 年 10 月，美国《连线》杂志主编克里斯·安德森（Chris Anderson）最早提出了"长尾"这一概念，并在 2006 年提出长尾理论。所谓"长尾理论"，是指只要产品的存储和流通的渠道足够大，需求不旺或销量不佳的产品所共同占据的市场份额可以和那些少数热销产品所占据的市场份额相匹敌甚至更大，即众多小市场汇聚成可产生与主流相匹敌的市场能量。也就是说，企业的销售量不在于传统需求曲线上那个代表"畅销商品"的头部，而是那条代表"冷门商品"经常被人遗忘的长尾。[1] 长尾理论说明，面向细分受众，相对"边缘"的、具有创意的个性化产品和服务与主流产品一样具有吸引力和可观的盈利能力。移动互联网和信息革命的兴起，使得工业领域中的长尾现象同样适用于出版业。数字杂志平台的盈利方式可以运用长尾理论，专注于为用户提供个性化、差异化、多样化的内容与服务，尽可能满足每一类型用户群体，甚至每一位用户个体的需求。

（2）以资源整合实现内容增值

在信息泛滥、注意力稀缺的当下，数字杂志平台的特点和优势在于"选择"，而新媒体制造的信息泛滥又进一步强化了平台的这种"选择"能力。数字杂志平台通过对资源的整合使这些分散在数字杂志中的零散内容经过平台的再加工，成为一种更高效的资源形式，节省用户时间成本。用户能够进行更完善的产品体验，获得更优质的内容。与此同时，平台运营商也能得到正向的反馈，改进其资源整合力度和效率，形成良性循环。数字

---

[1] 安德森. 长尾理论 [M]. 乔江涛，译. 北京：中信出版社，2006.

杂志平台的再加工能力越强，其内容增值的效用就越高，内容提供商与用户间的互补需求和互利关系也就越明显。此外，移动互联网也为数字杂志内容资源的长久性增值提供了条件。相较于纸版杂志，数字杂志不易受"过刊"限制，且随着时间的积累，数字杂志的内容优势能够得到充分的发挥，产生被二次利用的价值。因此数字杂志平台应提升内容加工档次，优化资源使其产生增值。具体而言，数字杂志平台需要对其内容资源进行解剖与重组，即对不同表现形式的内容进行颗粒化的打散和整理，并对海量信息进行关联和标引，根据具体内容进行相关关键词及专题的划分，从而实现内容资源的结构化、有序化和标签化。根据内容的不同表现形式，平台可进行热文、图片、音视频等不同维度的区分，打破杂志品牌和出版周期的局限，让高价值的内容实现多次传播。例如，就时尚类杂志而言，可根据时尚品牌分类将杂志内容中相关的图片编辑入库，以品牌和时间为单位将所有图片进行分类整合，包括单品图、明星代言海报、服饰搭配等。如果用户对单一品牌的系列图片有需求，便可在分类目录下直接获取整合内容，从而免去了对杂志搜索、下载的成本。针对重组后的内容，平台可根据实际情况有选择地制定收费标准，使之成为平台盈利的一种长期手段。

（3）用户生产内容（UGC）模式

与Web1.0不同，Web2.0时代更注重个体在传播活动中主动性的发挥，使用户参与达到了全新的高度。在此背景下，用户不再是消极、被动的信息接收者，而是积极成为媒体内容的生产者和再造者。在移动数字阅读领域，在传统精英文化向草根文化转移的契机下，用户的参与和创造将成为产品内容的重要组成成分，个性化的小众风格与独占性资源将成为平台的重要引流点。因此数字杂志平台可尝试互联网产品中应用较广的UGC（User Generated Content）模式，鼓励用户将自己的原创内容通过平台产品展示给他人，形成差异化的内容发展格局，从而形成内容增值。值得注意的是，为避免用户生产的内容质量参差不齐，实现内容价值的最大化，平台需要建立内容把关机制，注重用户社群的培养。在线下杂志出版中，美国的出版企业8020是采用UGC模式的典型，其旗下的旅游、图片杂志中的故事和图片均来自用户：用户将内容发布到社区，通过社区用户投票，由杂志编辑团队根据排名择优选作杂志的内容。[1] 在国内，移动新媒体VIVA也将UGC模式应用于其平台产品的内容2.0化尝试，VIVA畅读中的《V小说》便是通过用户投稿的方式选登的，它也成为集青春物语、生活感悟、悬疑推理等类别于一体的UGC杂志范本，用户反响强烈。值得一提的是，与UGC策略相辅相成的是用户激励机制的建立。在鼓励用户积极创作内容的同时，为实现内容增值并同时达到增强用户黏性的双重目的，平台需要对其进行不断的激励，并形成成熟的激励机制，发挥长效作用。具体可参考网络视频行业一些企业的成熟经验，如六间房设立的"百万原创基金"[2]。原创作品发布后，经过认证，用户可根据该视频的播放次数获得相应的基金奖励，以此鼓励用户积极创作原创作品。[3]

（4）移动广告优化

相较于传统杂志静态、被动的广告接收模式，移动广告具有互动化和分众化等特征。

---

[1] 汪忠. 数字出版的商业模式与传统出版企业的数字出版发展[J]. 出版发行研究，2008(8)：58-63.

[2] 互联网实验室. 中国视频分享网站市场研究报告[EB/OL]. (2015-05-18)[2016-12-30]. http://wenku.baidu.com/link?url=QW6ZDwQjFyJXFZG4otAkq1w_1_ySGq3BR1pX78UINs7kLivgL3y6PXFC16eR66vHKtYXgeD7Qcxma_wwLRZxgvmEovUA_d50-NWS_faacc_.

[3] 王斯爽，陈勤. 数字杂志第三方平台盈利模式探究[J]. 科技与出版，2015(9)：55-58.

不同于纸媒广告的投放周期、篇幅受到发行与版面的限制，移动广告可以弹性定义投放周期，将固定的广告篇幅进行延伸，并实现多层表达。当下，用户对移动广告接受程度不高。对于提高移动广告的接受程度，可以从三个方面考虑：①实用性。根据手机用户平时浏览、搜索的信息进行广告的精准投放。用户经常浏览体育信息说明这个用户很可能是个年轻人，经常参加体育运动，因此在他手机上投放体育用品的广告。②时间不要太长，以免引起用户的反感。③趣味性。每一个正常人对有意思的事物都会产生兴趣，所以在投放广告的时候一定要注意趣味性。对于数字杂志平台而言，一方面要通过大数据运营助力广告主进行目标清晰、有针对性的广告投放与推送；另一方面，则需要实现理念与消费模式的共同创新，实现移动广告"阅读＋消费"的融合。"阅读＋消费"，即在阅读内容中融入产品宣传介绍，激发读者的消费欲望，进而通过与电商平台的跳转链接进行支付，方便用户一气呵成地完成内容阅读、广告参与、商品消费的一系列行为，从而弥合媒体与产品、产品与广告间的断裂。

4.3.4 有声读物

关于有声读物，辞海中的定义为：录制在磁带中的出版物，即可发音的"电子书"。根据其载体不同，可分为实体有声读物和数字有声读物两种。这里主要分析美国有声读物的现状、发展原因，我国有声读物的现状、存在的问题以及美国有声读物对我国的启示等。

1. 美国有声读物的发展态势

20世纪60年代有声读物率先在美国兴起，它是出版业中增长速度最快的板块。当下在电子书呈现持续下滑态势之际，有声读物却呈现连续增长的态势。有声读物市场一路高歌猛进，其产业格局已然重新洗牌。

（1）有声读物规模：持续增长态势

近年来无论是品种还是销售收入，美国有声读物均增长显著。就品种来说，2011—2015年有声读物品种增长了391.6%，具体见表4.1。

表 4.1　2011—2015年美国有声读物出版品种数增长表

年份	2011	2012	2013	2014	2015	5年品种增长率（%）
品种数	7,237	16,309	24,305	25,944	35,574	391.6

说明：数据来源于美国有声读物出版商协会（Audio Publishers Association，简称APA），https://www.audio-pub.org/industry/about，经整理而成。

数字有声读物销售收入自2012年以来以两位数的速度增长，销售金额从2012年的2.99亿美元增长到2015年的5.52亿美元，2014—2015年销售收入增长率为37.6%[1]；美国有声读物出版商协会的年度调查显示，包括实体有声读物和数字有声读物的市场份额增长了20.7%，总收入超过17.7亿美元。美国市场调研公司IBISWorld的市场研究报告也指出，到2019年有声读物产业的收益会保持均衡的增长速度。

各大出版商看好这一发展前景，纷纷进入有声读物市场。企鹅兰登书屋有声读物部每

---

[1] U. S. publishing industry's annual survey reveals nearly $28 billion in revenue in 2015 [EB/OL]. (2016-07-11) [2016-12-30]. http://www.businesswire.com/news/home/20160711005858/en/U. S.-Publishing-Industry's-Annual-Surney-Reveals-28.

年的出版品种增长10%，2016年达到800种，并且企鹅兰登书屋开始出版中文有声读物。2015年企鹅兰登书屋与我国著名演员刘烨和火华社"阳光的声音"合作，推出首个"企鹅有声读物"中文项目——《小王子》企鹅有声珍藏版，作为企鹅成立八十周年暨企鹅在中国十周年的献礼工程[1]；哈珀·柯林斯出版集团有声读物公司在2015年出版数量有近10%的增长；专业的有声读物出版公司Recorded Books每年以400种的出版数量递增；麦克米伦出版社的有声读物出版数量在2015年激增了28%；学乐社有声读物部近75%的有声读物以数字版形式推出；有声读物领域全球领先的亚马逊公司的Audible网站拥有的有声读物和由大型广播公司、娱乐公司、杂志、报纸、商业信息平台提供的音频项目多达18万种。仅2014年，Audible就增加了约4万种有声读物。[2]

与之形成对应的是，美国的电子书产业从2013年开始进入了拐点。根据2016年5月31日尼尔森公司（Nielsen）发布的《美国2015年图书市场述评》（*2015 U. S. Books Industry Year-End Review*），美国电子书在图书市场的比重在2013年达到28%的峰值后，就开始呈下降态势，由2014年的27%下降为2015年的24%。[3]

（2）有声读物市场格局：细分市场耕耘

随着有声读物市场规模的不断扩大，除了增加品种外，寻找并确定细分领域的目标市场，通过新的方式满足有声听众需求显得尤为重要。

就细分领域的目标市场而言，各大出版商通过各种方式确定自身的目标市场。如麦克米伦出版社将科幻、玄幻小说作为数字有声读物的重点细分市场，哈珀·柯林斯出版集团将科幻和超自然题材作为其重点细分市场，Insatiable出版社则专门将情色小说和爱情小说作为其细分市场。

就满足听众需求而言，各大出版商采取了不同的方式。西蒙与舒斯特出版公司通过各种途径寻找适合的内容资源，把一些畅销书作家的作品做成了有声版，如获得1988年普利策非虚构图书奖的理查德·罗兹（Richard Rhodes）的经典历史小说《原子弹秘史》（*The Making of the Atomic Bomb*），以及伊莎贝拉·阿言德、斯蒂芬·金等一些畅销书作家的作品等；哈珀·柯林斯出版集团有声部2016年5月宣布与纽约大学哥德伯格戏剧创作系共同举办广播剧比赛，获胜者吉奥茨纳·哈里哈兰（Jyotsna Hariharan）的作品《反驳》（*Rebuttal*）将推出有声版作品[4]；亚马逊的Audible网站通过ACX（Audiobook Creation Exchange）平台，与自助作者、朗读者和工作室专业人员建立有声读物业务的合作，并且推出频道点播、无限畅听服务来满足有声听众的需求。[5]

（3）有声读物应用软件：群雄逐鹿

在有声读物市场，应用软件、内容、用户体验应该是一个完整的链条，各大公司都致

---

[1] 谭宇宏. 刘烨夫妇打造《小王子》有声书［N］. 深圳晚报，2015-10-28（B07）.

[2] 刘亚. 国际有声书市场产业现状探秘［EB/OL］.（2016-05-16）［2016-07-18］. http://www.chuban.cc/gjcb/201605/t20160516_173804.html.

[3] 2015 U. S. books industry year-end review［EB/OL］.（2016-05-31）［2016-12-30］. http://www.nielsen.com/us/en/insights/reports/2016/2015-us-book-industry-year-end-review.html.

[4] 蔡锐华. 美有声书市场持续增长［EB/OL］.（2016-07-05）［2016-12-30］. http://www.cbbr.com.cn/article/105034.html.

[5] SHANNON M. Audible unveils short form audio streaming service［EB/OL］.（2016-07-05）［2016-12-30］. http://www.publishersweekly.com/pw/by-topic/digital-content-and-e-books/article/70845-audible-unveils-short-form-audio-streaming-service.html.

力于开发和完善有声读物阅读应用软件，以此推动有声读物市场的迅速发展。作为美国最大连锁书店的巴诺书店（Barnes & Noble）在2014年推出其有声读物应用软件，即巴诺有声读物App。该软件同时支持安卓系统和苹果系统，提供了大约50,000本有声读物；美国五大出版商之一的企鹅兰登书屋也于2014年12月推出了自己的有声读物应用软件，试图分得一杯羹。随着娱乐的多样化和有声读物产业利润高增长的吸引力，可以预见未来竞争将会更加白热化。

（4）有声读物商业模式：多样化发展

目前有声读物的商业模式主要有以下五种：

第一种是订阅模式。其中有以Skybrite、亚马逊、Sribd、Oyster等为代表的无限订阅模式和以Audiobooks、Playster为代表的有限订阅模式。

无限订阅模式是指用户缴纳一定费用，在一定时期内可以无限制地收听有声读物内容资源。美国的Skybrite公司与各大出版商合作，在2014年推出了被称为有声读物的奈飞网（Netflix for Audio）的有声读物流媒体订阅服务。丰富的有声读物资源如畅销书、名人演讲、心灵鸡汤等均可以获得，其包月价格为9.99美元。亚马逊于2014年7月18日推出用户每个月花费9.99美元便可以无限次阅读有声读物的Kindle Unlimited服务。[1] Scribd的有声读物包月费为8.99美元，Oyster为9.95美元。有限订阅模式是指用户可以收听一部分免费有声读物或者有声读物的某些章节，想要进一步扩大收听时则需要付费的一种模式。Playster用户可以免费访问有限数量的电子书以及有声读物，但若想获取全部内容，则需成为付费高级用户。

第二种是合作模式。有声读物需要一定的专业设备和制作团队，因此一些出版商和渠道分销商通过与相关内容提供商、产品制作商合作提供有声读物服务，共同开拓市场。如企鹅兰登书屋专门将有声读物开辟为独立部门，并与英国广播公司（BBC）进行独家合作；哈珀·柯林斯出版社、西蒙与舒斯特出版社和Oyster合作提供有声读物服务；3M和巴诺书店与Findaway公司合作推出有声读物。

第三种是平台模式。该模式指运营商提供有声读物应用平台，内容提供商、产品制作商、渠道分销商等通过平台满足用户需求，进而获得效益。如有声读物领域最大的Findaway公司，不直接向用户销售有声读物，而是通过平台向零售商开放应用程序接口（API），零售商通过这一途径直接向读者、当地图书馆出售有声读物内容。

第四种是捆绑销售模式。如何将纸质书、电子书和有声读物结合起来捆绑销售是零售商和出版商多年来一直在探讨的问题。2015年底加拿大的BITLI公司宣布与有声读物最大供应商Findaway达成合作协议。BITLIT有一个名为Shelfie的应用，你对着书架上的纸质书拍照，Shelfie就能告诉你哪本书有合法的有声版可以下载。该应用中有35%的有声图书是免费的，其余电子书也有很大折扣。[2] 这样用户购买纸质书或电子书后，通过免费或很少花费就能获得该书的有声版，实现跨格式阅读的体验。

第五种是需求驱动采购模式。有声读物销售的重要用户是公共图书馆。图书馆购入的

---

[1] 林靖东. 每月10美元 可看60万册电子书 [EB/OL]. (2016-07-18) [2016-10-01]. http://tech.qq.com/a/20140718/075995.htm.

[2] 科兹洛夫斯基. 2016年全球有声书发展趋势报告（上）[EB/OL]. (2016-01-08) [2016-10-01]. http://www.sinobook.com.cn/guide/newsdetail.cfm?iCntno=14864.

有声读物如何能确保得到读者的有效阅读？Midwest Tape 公司旗下的 Hoopla 针对图书馆用户采用了需求驱动采购（Demand-Driven Acquisitions）模式。即当在图书馆通过 Hoopla 有声读物目录阅读某种特定有声读物的用户达到一定数量时，会自动触发图书馆去购买该种有声读物。

(5) 有声读物自助出版：平台建构

自媒体时代，有声读物得益于制作技术的进步从而开始了自助出版的历程。亚马逊的有声读物创造交流平台（Audiobook Creation Exchange，简称 ACX）是最有代表性的。在 ACX 之前，作者很少有机会把自己的文字版图书转化为有声读物。随着 ACX 2011 年的推出，作者的想法变成了现实，它成为作者和出版商之间交易的平台。作者将自己的有声版图书放置在 ACX 平台上，根据图书内容进行定价，即可广泛销售；作者也可以将自己未改编的作品放置在 ACX 平台，通过平台招聘和雇用朗读者或制作人，将其作品制作成有声读物。这给希望进入有声出版业的人如朗读者和音频工程师提供了大量就业机会，而通过 ACX 进行自助出版的作者会通过 Audible、iTunes、亚马逊和个人网站等分销其有声读物。

2. 美国有声读物发展的原因

(1) 行业协会的规范化运作

成立于 1987 年的 APA 是美国第一家也是唯一非营利的有声读物行业组织。它代表美国有声读物行业的共同利益，成员由有声读物出版商、供应商、分销商和零售商等组成。它的主要活动包括全国范围内用户调查、有声读物行业统计数据、有声读物贸易展览、协会简报、年度 APA 会议等。另外，APA 创立了 Audie 奖，被 Audio File 杂志称为有声读物行业的奥斯卡奖。正是 APA 的不懈努力使得美国有声读物行业运行在规范化的轨道上。

(2) 成熟的阅读推广方式

美国有声读物的阅读推广除了遍布全国的"大阅读"活动和"一城一书"活动外，还有具体针对有声读物的阅读推广活动，如有声读物阅读推广月和行业杂志推广。从 1998 年起，美国每年 6 月举办"有声读物月"（June is Audiobook Month）活动，向零售商、图书馆、读者宣传推广有声读物。创立于 1992 年的 Audio File 杂志是专门宣传、评价和推广有声读物的双月刊杂志，有印刷版和网络版两种形式。印刷版每期为 36 页的彩版，有 60 篇左右的有声读物评论文章。

(3) 完善的产业链条

产业链是产业经济学中的一个概念，是各个产业部门之间基于一定的技术经济关联，并依据特定的逻辑关系和时空布局关系客观形成的链条式关联关系形态。美国的有声读物产业形成了比较完善的产业链条：首先通过有声读物的平台播放获得广告等收益，其次通过授权获得衍生产品收益，最后通过全球化的版权贸易获得版权收益。这使美国有声读物产业的发展处于一种良性循环状态，为其勃兴奠定了基础。

3. 我国出版社发展有声读物的现状

截至 2016 年 8 月，中国有声读物市场规模已达 16.6 亿元，同比增长 29.0%，2016 年被称为中国有声读物出版元年。[1] 国内社会各界资本看好这一商机，纷纷通过各种方

---

[1] 国内有声出版业达共识 集体签约开启有声出版元年 [EB/OL]. (2016-08-22) [2016-12-30]. http://sh.eastday.com/m/20160822/ulai9667166.html.

式进入这一领域来分享有声读物带来的效益，共同做大这一细分领域。

（1）制作精良，受众定位明确

与其他有声读物网站、音频 App 等相比，出版社借助自身版权内容资源、专业的编辑团队、特色的主播队伍，使得制作的有声读物质量比较高。一些音像类出版社更是具备这方面的优势，如中国广播音像出版社利用央广之声的资源出版了"坐听天下"系列和"阅读和欣赏"系列。目前制作有声读物的出版社中除了中国广播音像出版社、中国科学文化音像出版社、北京师范大学音像出版社、广东大音音像出版社等音像类出版社外，其他类型出版社如中国出版集团、中信出版集团、上海译文出版社等正加速在有声读物领域的布局。

出版社对于有声读物的受众定位比较明确。如广东大音音像出版社出版的有声读物以中外文学为主，它的目标受众定位为中小学生和知识分子等，针对这些受众邀请相关专业播音员进行富有文化气息的演绎。[1]

（2）品种增多，载体形态丰富

随着有声读物成为政府大力扶持的文化项目，其品种和载体形态有了很大发展。传统的有声读物包括外语学习类、评书类、儿童读物类三种。随着有声读物产业的开发，有声读物的内容品种已经扩展到科幻、惊悚、脱口秀、传记等领域。载体也从磁带、光盘、广播电台等传统载体发展为车载、网络和移动设备等新兴载体。如随着城市有车一族的快速增长，车载有声读物市场已经形成一个庞大的潜在消费群体[2]，又如随着智能移动终端的普及，移动有声读物快速崛起。这些均引起了各出版社的普遍关注，各出版社也进行了相应的出版尝试。

（3）多渠道营销，营销方式多样化

很多出版社采取实体书店、网络书店、出版社官网、有声读物 App 以及与专业网站联合经营等多个渠道，通过多样化的营销方式努力扩大有声读物的销售。如出版社让用户投票选出最想听的书，然后由特色主播将其转化为音频产品，经过制作团队制作，利用声音辨识度打造专属特色，吸引用户购买；又如出版社采用网站与 App 结合模式，以网站作为后台支撑，以新颖的 App 吸引用户，扩大影响。

（4）产业链初步形成，商业模式显现

有声读物产业链由版权作品、音频转化、平台渠道和用户四个环节构成。在这一产业链中，各方形成了自身独有的商业模式。对出版社而言，主要有以下三类：①合作模式。有声读物需要一定的专业设备和制作团队，因此一些出版社通过与渠道分销商、产品制作商等合作提供有声读物服务，共同开拓市场。如青岛城市传媒入股喜马拉雅互联网音频平台，以青岛出版社优质版权资源、作者资源为核心，在美食生活和少儿领域与喜马拉雅开展独家合作。②订阅模式。出版社通过开发有声读物 App，提供有声读物资源给用户，用户通过付费形式使用。其中有无限订阅模式和有限订阅模式两种。无限订阅模式是指用户缴纳一定费用，在一定时期内可以无限制地收听有声读物内容资源；有限订阅模式是指用户可以收听一部分免费有声读物或者有声读物的某些章节，想要进一步扩大收听时需要付

---

[1] 陈洁，周佳．使有声书成为数字出版的中流砥柱——我国有声书产业发展现状与策略研究 [J]．出版广角，2015（4）：22-26.

[2] 施佳佳．数字出版时代我国有声书发展的新契机 [J]．现代视听，2015（3）：18-21.

费。③平台模式。该模式指出版社提供有声读物应用平台，内容提供商、产品制作商、渠道分销商等通过平台提供增值服务，进而获得效益。如中国出版集团数字传媒有限公司推出的听书App"去听"，它是集有声读物收听、下载、分享和资讯等服务为一体的应用平台。

4. 我国出版社发展有声读物存在的问题

（1）规模小，内容有局限

目前国内一部分出版社成立了单独的有声读物出版部，为有声读物营销创建了App或网站。如中国出版集团成立了有声图书事业部，于2015年9月25日推出有声读物App"去听"。一部分出版社借助行业优势进行出版。如中国广播音像出版社借助央广之声丰富的节目资源，推出多部有声读物。不过大多数出版社还处于观望状态。出版的有声读物除针对儿童读者的语言类或亲子共读有声读物外，针对成年读者的主要是悬疑、推理、玄幻等青春文学或是《甄嬛传》《步步惊心》等影视原著，内容有较大局限。

（2）行业规范尚未形成，版权混乱

国内有声读物市场处于发展初期，还没有形成统一的行业规范和行业标准，这导致有声读物市场鱼龙混杂，对出版社的版权保护工作造成了巨大冲击。目前很多有声读物未经出版社授权就被私自录制，并被上传到听书网站。制作者通过网络点击量和听书网站的广告来分享收益，读者也未对有声读物内容进行付费。这一产业链条中，掌握有声读物内容资源的出版社不仅被侵权，而且被排除在收益分成之外，这严重影响了出版社的投入，对我国出版市场产生了不利影响。

（3）细分市场不够，商业模式不清晰

出版社目前出版的有声读物大多集中在童书领域，如北京出版集团的"有声亲子睡前故事"系列、凤凰出版集团的"pi kids"有声童书中文版等。与欧美等国的细分市场相比，我国有声读物领域显得较为单一。另外，目前国内有声读物行业有三大商业模式：数字图书馆模式、App模式和"内容＋平台＋终端"模式。我国出版集团主要采取后两种模式，而后两者还处于"输血"状态，可持续性有待观察。

（4）整合亟待加强，营销体系不完整

有声读物产业链由作品、音频转化、渠道、用户四个环节构成，其中包括作者、表演者、制作者等。目前出版社整合能力还不足：对内，各出版社各自为战，还没有形成合力；对外，出版社还不足以完成全版权链的整体布局，话语权不强。而且出版社的有声读物大多与图书绑定，被当作音像制品按照复本书模式销售。即使通过有声读物网站收听或付费下载，也不是一个完整的营销体系，更谈不上平台营销。

5. 美国有声读物对我国的启示

（1）重视行业协会的发展

我国的有声读物市场规模从2012年的7.54亿元增长到2015年的16.5亿元，三年增长近2.2倍。尽管市场空间巨大，但国内有声读物存在制作标准缺乏、制作格式不统一、重复出版、内容良莠不齐等问题，尚未形成统一的产业规范。[1]美国的APA通过行业协会规范了有声读物产业的运作。反观我国，目前中国音像与数字出版协会下面的有声读物

---

［1］诸葛漪. 有声读物强势来袭，市场潜力有多大［N］. 解放日报，2016-08-23（05）.

专业委员会对产业发展并没有起到实质性作用。因此我国要重视有声读物行业协会的发展，做到产业规范化。可以由有声读物行业协会参照电子书制作标准，制定有声读物统一格式，提高设备兼容性，为用户提供更好的阅读体验。

（2）构建有声读物的阅读推广体系

自2006年我国全民阅读活动开展以来，社会各界积极开展各种阅读推广活动。我国可以借鉴美国有声读物的阅读推广方式，通过设立有声读物出版物奖、举办试听会、在各大媒体上宣传有声读物、在图书馆设立有声读物专藏等方式，构建我国有声读物的阅读推广体系。

（3）深度细分市场，做到产品特色化

就我国有声读物界而言，可借鉴美国出版商的市场战略，深度细分市场。如可以按照年龄和性别进行细分，分为青少年女性有声读物市场、青少年男性有声读物市场、青年女性有声读物市场、青年男性有声读物市场等。不同年龄段用户和同一年龄段不同性别用户有不同的产品需求。儿童的需求是帮助学习，老年人的需求是辅助阅读，青年女性的需求是休闲娱乐，青年男性的需求是扩展知识和实用技能。国内出版社应该根据这些需求深度细分市场。

不同于传统图书，有声读物产品是包括内容、发声者、有声读物平台在内的统一整体，对我国有声读物界而言，产品特色化体现在以下三个方面：在内容方面，可以通过市场调研选择用户想听的书籍，由出版社组织或通过众筹方式制作有声读物；在发声者方面，选择有声读物主播时可以考虑其网红效应和名人效应；在平台方面，可以通过多平台或联盟方式扩大有声读物影响，做细分领域的领导者，进而分享其所带来的广告、衍生品及版权效益。

（4）通过多种方式加强版权管理

对于有声读物的版权管理，美国大型出版商的一般做法是将纸质书的有声版权保留在出版社，深度开发版权的衍生价值。

就我国有声读物界而言，要根据我国有声读物现状来加强版权管理。如通过技术手段进行管理，目前一些有声读物平台如酷听听书、中文在线、悦库等建立了版权管理系统（CMS）和录制管理系统（ACE）；通过版权联盟形式来加强管理，如由出版集团、平台运营商、文学网站等共同成立的中国听书作品反盗版联盟；再如通过深度开发版权衍生价值进行管理，在多媒体时代，有声读物需要与其他媒介如影视、音乐等争夺用户有限的注意力，通过深度开发版权衍生价值，把产品通过知识产权（IP）授权方式延伸到其他领域。

（5）完善产业链条，创新商业模式

美国有声读物产业链由音频内容生产者、版权提供商、电信运营商、网络电台平台、听众等构成。不同的产业链条采取适合自身的商业模式。音频内容生产者有三种商业模式：自媒体播客的软广告和衍生产品商业模式；专业生产人员为公司或独立承接录制工作的商业模式；专业生产公司分销相关版权到产业链的商业模式。另外还有版权提供商即出版商授权表演权、改编权、网络信息传播权等商业模式，电信运营商客户端用户付费收听的商业模式，网络电台平台付费点播、植入式广告、软件预装等商业模式。

对我国出版界而言，优质版权内容＋特色主播＋渠道推广是产业链中的核心因素，是商业模式创新的重点，可通过相互合作、资源共享方式进行。如喜马拉雅公司与中信出版集团、中南出版集团、上海译文出版社、企鹅兰登书屋等达成在有声读物改编、IP孵化、版权保护领域的战略合作[1]，共同做大中国的有声读物产业。

4.3.5 新媒体阅读引导

1. 新媒体时代读者阅读引导的模式

（1）OPAC 2.0阅读引导模式

全面体现Web2.0新技术、理念和服务引导模式的OPAC 2.0借鉴了亚马逊等网站先进、成熟的经验，对读者阅读活动的开展起到了良好的引导作用。

第一，读者通过在线发表书评进行互动。以往的OPAC只能以五星进行评级，而不能发表对于图书的评论。OPAC2.0在评级基础上，增加了读者发表书评的功能，这样在与读者互动过程中可有效引导读者的阅读选择。

第二，与豆瓣的双向互检。OPAC2.0与豆瓣网合作，通过豆瓣网获得诸如内容简介、推介阅读等方面的信息。厦门大学和上海交通大学均利用了这项功能。如在豆瓣网阅读图书时，读者若发现如果该书为厦门大学图书馆收藏，就可通过豆瓣网找到收藏该书的具体位置，这样就方便了读者。同时，libsys4.0还与谷歌深入合作，通过详细的书目信息促进了图书的销售和收藏。

第三，借鉴亚马逊网站的推荐功能。亚马逊网站的核心技术中有一项是推荐技术。如顾客购买了该网站的图书，通过多种推荐机制可促进顾客的再购买。[2] 出版社、杂志社等借鉴这项推荐技术，通过读者的购买记录和阅读记录进行推荐，从而对读者进行引导。

（2）移动阅读引导模式

这种模式是顺应新媒体时代媒介革新和读者阅读方式改变而形成和发展起来的，主要有两种方式：一是通过移动媒体登陆wap网站，或下载客户端进行阅读；二是以电子书为媒介，如汉王、方正等的移动电子书，通过移动设备如iPad、Kindle等随时上网阅读。这里举一些移动阅读方式的例子：

第一，掌上国图。国家图书馆于2009年将新的以手机为媒介的移动技术引入图书馆服务，开办了"掌上国图"，目前资源包括1,000多种公开的版权图书、近10万篇学位论文元数据、500多小时的音频讲座、32,000多张特色资源图片。[3]

第二，辞海阅读器。上海世纪出版集团于2010年3月30日推出了世界上首款由出版机构推出的电子阅读器。阅读器刚一亮相，9天时间首批2,000台即被订购一空。依托"不能'只见电子不见书'"的思路，上海世纪出版集团通过辞海阅读器整合了旗下的17家出版单位、44种杂志、5种报纸，并联合上海、北京、台北、香港等地的众多出版机构，构成了根基深厚的出版物基础。辞海阅读器除内置300种图书外，内容提供平台"辞海天下"还暂时提供500余种电子书。通过辞海阅读器下载的书籍定价是纸质书的1/3。出版机构通过提供不同类型、不同付费标准的内容，在为读者提供自由阅读选择的同时，

---

[1] 出版业借有声书"梅开二度" 数百音频App打响内容争夺战 [EB/OL].（2016-08-23）[2016-12-30］. http://www.yicai.com/news/5068533.html.

[2] 谢蓉，张丽.阅读2.0：新一代的图书馆阅读推广 [J].大学图书馆学报，2009（6）：16-20，45.

[3] 茚意宏.论高校图书馆手机阅读服务 [J].情报科学，2008（12）：1861-1864.

也潜移默化地引导着读者的阅读。[1]

第三，书生移动图书馆系统。2011年3月30日北京大学"书生移动图书馆系统"正式上线，可提供全方位的移动图书馆服务，其最大亮点是能够基于手持设备对各类数据库资源进行统一检索和全文访问。书生公司总裁姜海峰提出：随着时间的推移和自我学习的积累，图书馆移动服务将逐步成为一个主要的专业知识交流、学习平台，成为与搜索引擎不同的知识获取地。如将来有人要推荐一篇文章，那么教授的推荐和学生的推荐意义不一样，不同学校教授的推荐就更不一样。这种评价、推荐，对于学这个专业的学生指导性很大。移动图书馆是一个互动性很强的载体，手机、手持阅读器的即时性也很强，这会使移动图书馆成为一个专业交流的平台。[2]

(3) 联合协作阅读引导模式

这种模式通过计算机和通信技术相结合的方式，把分散的信息资源加以集中，通过相互间信息资源的交换与服务的共享，加强区域内各信息机构的合作协调，如深圳文献港的建设。深圳文献港是由深圳市三家图书馆通过图书馆统一的服务平台所创建，可对280万种图书进行全文检索、6亿网页进行查询，还可通过试读的方式了解具体内容。通过页面和聚类分析，一方面节约了读者时间，另一方面引导了读者的阅读。

2. 新媒体时代读者阅读引导模式存在的问题

(1) 阅读引导工作主体缺乏整合

阅读引导工作主体包括政府相关部门、新闻出版单位、图书情报部门以及非政府组织等社会和民间团体。目前，包括文化和旅游部、新闻出版总署等政府机构，新闻出版单位、各地的公共图书馆和高校图书馆及非政府组织等民间组织，都在大力进行社会层面的阅读引导工作。但这些机构和部门基本上是自成体系，没有形成强有力的阅读引导主体，从而使目前的阅读引导工作没有形成真正的合力，而成为局限于各自领域内的活动。阅读引导工作各机构部门利益的不协调、组织的不统一、程序的不一致，造成了目前开展的阅读引导模式成效不佳，没有真正形成全民读书的泛阅读社会。

(2) 对阅读引导效果的认识流于形式

目前主要是从参与人数的规模、媒体报道的关注度、政府部门的评价和支持来评判阅读引导效果，而没有在真正意义上从读者的角度进行移动效果的评价，这样就使得读者阅读引导流于表面。以出版单位为例，为配合世界读书日等主题，会以请名家开展讲座的方式进行优惠购书活动，然后让媒体进行报道，突出名家讲座的重要意义和参与人数的规模，而真正与读者进行面对面交流的活动并不是很多。这种阅读引导模式只能吸引读者为获得一些奖励和荣誉而参与，并不能在深层次上培养读者形成真正的阅读习惯，也不能使阅读引导形成真正成熟的模式。

(3) 移动阅读引导还需突破

现有的移动服务内容大都是信息查询、通知、提醒等，提供移动阅读服务的单位主要是大型的出版集团，如上海世纪出版集团，大型的公共图书馆，如国家图书馆、上海市图

---

[1] 曹玲娟. 辞海悦读器给《辞海》插上翅膀[EB/OL].（2010-04-14）[2016-12-30]. http://www.bookdao.com/article/3273/.

[2] 北京大学正式上线书生移动图书馆[EB/OL].（2011-04-06）[2016-12-30]. http://news.youth.cn/sh/201104/t20110406_1540682.htm.

书馆等,以及一些著名的大学图书馆,如北京大学图书馆等。目前在移动阅读引导方面存在的问题主要有:①对移动图书馆的研究实践多是表层的,与 Web 2.0 的结合还不够紧密,交互性不强;②对移动阅读应用的实现有一定的难度,基于移动阅读的应用研发数不胜数,比如交互式阅读、多媒体检索等,但各机构和单位资源有限的瓶颈制约了这些尝试;③关于开展移动阅读引导的机构和单位各种服务相互独立,没有联系,虽新颖却只是局部便捷,使效果大打折扣。开展移动服务应是一种新的构建规范,利用新媒体构建服务平台,连接各种读者,实现最大限度的交流互通,才能使移动阅读引导更有意义。[1]

移动阅读引导的另一个功能是通过移动阅读治疗心理疾病和人格缺陷。目前国内的阅读疗法主要是基于传统的文献阅读方式而开展的阅读治疗,其中较有影响的是北京大学图书馆的王波老师和泰山医学院图书馆的宫梅玲老师。对于移动阅读疗法的研究却极少。移动阅读是当今社会新出现的新型阅读方式,在青少年中极为流行,而现今的青少年正是思想问题和心理问题最为突出的一个社会群体。[2]

(4) 缺乏对"深阅读"的引导

目前社会各界在阅读的引导活动中对经典作品的引导还不够,原因有四个方面:一是受社会环境、教育体制等因素的影响,全社会总体的阅读水平不高,且全社会参与阅读活动的积极性不高,对阅读的评价也不高,对阅读不够重视。二是浅阅读、功利化阅读、粉丝化阅读越来越多,一些明星的作品、快餐式图书,以及各种考证、考级类图书占据了消费者的大部分消费。三是我国出版界、图书馆界、政府相关部门在对于如何引导全民进行深阅读方面的研究较欠缺,且所做的研究比较零散,缺乏系统性和完整性。四是制度方面的制约。以青少年为例,高考、中考、小升初的道道门槛是所有中小学生都必须面对的。现在小学生选择阅读图书的标准,低年级学生基本上是兴趣,或老师家长推荐,或同学相传。随着年龄增长,小升初的激烈竞争使课外班学习占据了孩子大部分业余时间,阅读与兴趣渐行渐远。为升学、考级、完成作业,即使看一些人文方面的图书,也只是寻章摘句便于写作文。这样的阅读好似"缺啥补啥"的补药,与读书乐趣极少沾边,更谈不上培养阅读习惯,增加阅读量,进行深层次阅读。[3]

3. 对于新媒体时代读者阅读引导的思考

(1) 对读者选择性阅读心理开展研究

心理学显示,阅读是一种心理、动机和情感交织在一起的过程。不同的阅读环境和阅读心态会对阅读选择产生影响。读者一般会遵循客观理性和主观感性两种方式。客观理性指读者自我控制意识强,选择一般不受外界影响;主观感性指读者容易受到外界的影响,自我控制意识弱。这种研究遵循两个方面:一方面从读者的认知分析动机出发,在读者涉入度高或个体重要性高时,采用理性决策,反之采用感性决策;另一方面是从读者认知分析能力出发,对自己能力表示自信的时候,所占有信息资源充裕的情况下,采用理性决策,反之采用感性决策。通过对读者选择性阅读的心理进行研究,有效引导读者进行选择

---

[1] 郑成铭,詹庆东. 基于新媒体的移动图书馆服务研究 [J]. 图书馆工作与研究,2011 (5):47-50.
[2] 梁爱东,薛海波,赵丽华. 手机阅读疗法探析 [J]. 图书馆学刊,2010 (10):3-5.
[3] 杨彤. 谈图书馆少儿阅读推广工作 [EB/OL]. (2011-03-29) [2016-12-30]. http://www.bjdclib.com/dclib/specialrec/gytd/thesis/201103/t20110329_43281.html.

性阅读。

（2）构建联合阅读引导体系

第一，科学规范发展目标。阅读引导工作的体系构建是一项系统工程，需要科学规划这一体系要达到的目标，即这一体系要让阅读成为文明发达城市的文化风气，成为城市引以为豪的名片；要让阅读推广深入民心，让市民乐于参与其中，形成乐于分享阅读快乐的休闲习惯；让城市和市民因阅读而和谐，提高城市的文化品位。

第二，构建联合阅读引导体系。即由图书情报部门、出版商和书店、政府机构、传媒机构、社会团体等联合建立一个阅读工作指导委员会指导阅读引导工作，各方在委员会领导下协同推进工作，在实施本单位阅读引导工作的同时，在阅读工作学术委员会的指导下开展各种活动（见图4.2）。

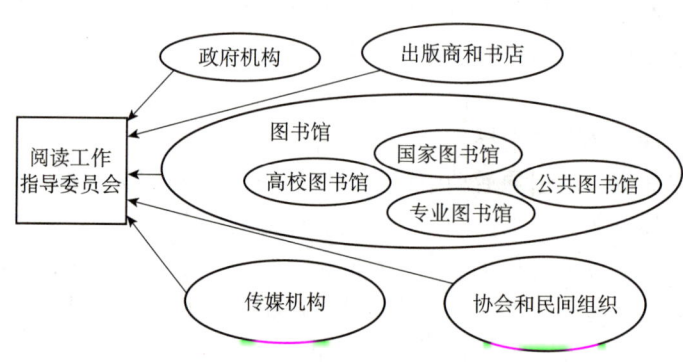

图 4.2　联合阅读引导体系

（3）开展与新媒体时代的阅读需求相适应的阅读引导方式

新媒体的阅读方式与以往相比有很大不同，可以是进行排列的知识点的阅读，可以是各种媒介在一起的阅读，可以是交互式的互动阅读，可以是无所不在的泛阅读。

第一，与Web2.0相结合，强调互动阅读。各种网络社区、微博、网络百科全书、网络阅读等以Web2.0为基础，通过在阅读体验中进行评论、询问、定制自己的话题以及最新的信息，进行读者间的互动交流。

第二，通过个人中心网络进行融合阅读。读者可在个人中心网络利用文字、图片、音频、视频等多种方式建立自己的客户端，进行融合式阅读体验。通过建立微博参与评价、讨论等方式与他人分享知识和信息。

第三，通过平台服务聚合开展知识点阅读，实现融合阅读。平台服务聚合，即读者使用二维码检索到一本图书或多媒体信息，他也会看到这些图书或多媒体信息在其他读者那里的评论，从而决定是否要借阅这些内容资源，假如恰巧有该内容资源的兴趣小组，他还可浏览到该小组对这个内容知识点的讨论，如有需要还可利用移动设备查找到正在某个房间讨论的小组成员，与之进行即时交流。

第四，利用移动技术实现无缝隙阅读。目前市场上有很多企业开发的移动技术产品可供利用，如销售苹果手机应用程序的苹果应用程序商店，谷歌视觉检索软件谷歌镜头（Google Lens），图片检索网站Snaptell、Kooaba等，二维码制作、阅读器下载网站，提供手机报服务的中国移动，将文档转换为手机上可阅读的北京红樱软件等。利用这些移动技术产品，读者可以随时随地进行阅读。

4.4 小结

本章首先对我国数字出版产业链的发展和成就进行了总结，指出数字出版规模日益扩大，出版商融合发展加快，数字出版技术日新月异，数字出版产业建设格局形成。接着对数字出版产业链存在的问题进行了分析，提出数字出版产业政策体制有待健全，数字出版产业链亟待整合，以及内容与平台之间的争夺、侵权与版权保护之间的博弈等。最后对数字出版产业进行了细化研究，分别从数字出版间接侵权问题、出版App、数字杂志、有声读物、新媒体阅读引导五方面进行了具体论述，涵盖了数字出版产业链的上、中、下游。

5 数字出版产业链整合途径及实践

中国数字出版产业链各环节自身的问题，尤其是其中的冲突与矛盾严重制约了产业链的顺畅沟通和运行效率，因此从理论上说，数字出版产业链的整合势在必行。而且在现实发展中，国内外大型的数字出版企业单位也都已经在积极探索有效的整合形式，并且有了一定的经验和教训。目前，数字出版产业链整合应该遵循什么途径？有哪些值得借鉴的整合方式？这是我们需要探讨的问题。

首先，在经济学和管理学领域，产业链的整合既是一个学术问题，也是一个实践问题。前面第二章已经阐述了数字出版产业链整合的相关理论，本章主要论述数字出版产业链整合的重要途径，并通过国内外比较知名的案例来佐证这些途径。

5.1 数字出版产业链整合的重要途径

数字出版产业链的整合，由于其具有文化属性和经济属性的双重特点，因而涉及的产业链主体更加多元化，并且主体之间的相互影响、相互渗透呈现出前所未有的态势。数字出版产业链的整合包括内容整合、渠道整合、资本整合和产业联盟整合等形式。

5.1.1 内容整合

无论是数字出版还是传统出版，出版业都是知识密集型的产业，因此内容始终是核心要素。然而正如有学者提出的，出版业"正经历由传统的内容为王向产品为王的转变"[1]。这说明内容与产品是不可分割的。仅仅有内容，不进行深度整合，不能形成市场所能接受的产品，其出版价值就难以实现。这说明数字产业链中内容提供商的资源整合能力决定了其对市场的控制力。在内容整合上，需要以用户为中心，整合与之相关的各种有意义的内容资源，并通过市场调研活动整合成为用户所需要、具有高附加值的数字产品与服务。

但是，内容整合并不是单个内容供应商的整合需求。在大数据时代，选题重复、内容的同质化等问题不仅没有减少，反而有愈演愈烈之势。这与大数据时代的特征是很不相

---

[1] 喻国明.传媒发展：从"内容为王"到"产品为王"[J].新闻与写作，2007 (11)：21.

符的。究其原因，在于作为数字内容提供商。版权归属主体不同、上级主管单位不同、地区保护等因素，造成了出版单位之间内容整合的各种障碍。因此在内容整合层面，掌握内容资源的数字出版产业链上游之间要避免选题重复，深化合作机制，建立信息共享制度，创造出更满足用户需求的数字出版产品。在这一过程中，要发挥内容提供商在市场调查、选题策划、编辑加工、市场分销等方面的优势，提高其在数字出版产业链中的话语权。

在大数据的背景下，除了传统的解决同质化等内容外，内容整合是一个动态的发展过程。随着软件技术、硬件形式等载体的发展，整合的形式和内容也不一样。比如，除了书、报刊之外，还有在线音乐、网络游戏、网络文学以及博客等多种具体形式。而内容的来源也变得比以往更加多元化，从广义上来说，现在是人人创造内容、时时出版内容的时代，个性化的需求将成为一个重要趋势。因此数字出版通过将内容整合、内容创新、内容开发等结合起来，形成规模效应，能有效地降低成本，增加效益。

数字内容提供商还可以在现有数字出版物的基础上，根据出版物形成的市场影响力，挖掘出版物内在的隐含价值，进行相关衍生产品的开发，激发和满足市场的不同需求。这里的衍生产品是指利用出版物的影响力和产品中的特定形象而设计开发出来的玩具、食品、服饰等各种关联产品。发达国家的出版物市场运作经验表明：在一些出版物产品的内容上，尤其是卡通读物和少儿读物具有极大的衍生产品深度开发价值。斯考拉斯蒂克出版社根据同名卡通读物设计的卡通形象克里弗德（Clifford）年销售达 8,000 万美元；英国著名儿童作家伊尼德·布莱顿（Enid Blyton）最脍炙人口的作品《诺弟》（Noddy）的形象授权每年为其版权代理公司柯瑞翁（Chorin）带来 4,500 万英镑的收益。中国少年儿童新闻出版总社向比利时埃尔热基金会购买丁丁产品时，对方曾提出包括丁丁电视卡通片、形象、玩具等涉及多个产业的版权、开发权、生产权在内的一整套授权方案。[1] 不仅出版物内容的价值体现在出版物上，而且以出版物中的内容为基础创作出来的衍生产品所产生的价值甚至会超过出版物本身。因此数字内容提供商要积极对出版物的内容价值进行挖掘，对市场进行细分，进行相应衍生产品的开发，以实现经济效益和社会效益的双赢。

5.1.2 渠道整合

数字出版渠道整合即数字出版发行一体化平台建设。渠道整合是数字出版产业链整合中的另一个重要方面。与传统出版具有明显的渠道分工不同，数字出版内容的电子化和发行的网络化有自身独特的特点。数字图书的全新生产、发售和阅读方式的流行，使得具备为内容提供商所共用的商务运营平台成为数字出版的关键一环。数字出版平台作为扁平化的发售渠道，使得内容生产与用户消费主要通过平台进行，平台供应商成为数字出版产业链中极为关键的一环。

"数字出版运营平台是数字图书、数字报刊等数字出版物在网上的综合超级市场，它以云存储技术为支撑，作为数字出版的承载平台，提供数字出版的工具，建立一条各类数字出版的生产、流通和结算渠道，并实现多样化的终端发布。它具有高度的安全性、智能传输技术、合理灵活的分成模式，确保平台中各实体的经济利益和版权维护。"[2] 有效合理的数字出版公共服务平台要求既可以保护著作权人的知识产权，又可以保证出版人

---

[1] 翁昌寿. 中国出版产业链理论构想与现实操作 [J]. 编辑之友, 2003 (3): 4-8.

[2] 刘肖, 董子铭. 我国数字出版产业协同发展路径分析 [J]. 出版发行研究, 2012 (2): 50.

(社）获取应有的商业利益，最重要的是还可以使读者能够方便地从中寻找到自己所需要的内容和服务，能够简便快捷地享受到优质低价的产品。

随着数字出版的快速发展，在国内数字出版发行一体化的雏形已经形成，比如当当网、淘宝网以及中文在线、番薯网等多家在线数字内容商务网站，基本都具有数字出版平台的性质。只不过它们都没有形成气候，因为各种缺陷处于"徒有其名"和发展缓慢的状态。对此我们要结合产业链整合的相关理论，在数字出版渠道整合和平台建设中，首先要进行明确分工。在具体的职能范围内做精做细，在准确的角色定位中进行分工协作，使各个环节都充分认清各自的责任、权利，并提高这方面的意识。其次，在数字出版中，充分利用已有信息，避免重复建设和资源浪费。这需要建立一个标准化的统一协作平台，甚至通过第三方专门负责协调工作。最后，各环节应该充分发挥自身优势，充分发挥自身核心竞争力，而对自己不擅长、投入大、效率低的环节则应实行外包，在建立的稳定战略联盟关系中，实现整体效益的最大化。

5.1.3 资本整合

出版业也掀起了转企改制浪潮，走政企分开的企业化经营之路。数字出版产业的发展离不开资本的大力支持，"资本运作"在我国运作得还不算很娴熟。随着外资部分进入国内出版业和现有数字出版技术的不断成熟，"技术追逐资本"转向"资本追逐内容"的市场趋势更加明显，传统出版业面临巨大的竞争压力。许多风险投资公司通过收购、兼并、参股等方式曲线进入内地数字出版行业。在我国数字出版产业高速发展的现阶段，对资本的需求不断增加，却无法从纯市场的环境中有效吸收资本营养。目前我国的出版业正在进行改制上市，但我国对出版业内容方面的管制比较严格，社会资本和外资不能进入内容编辑层面，这成为出版企业有力地争取外资进行资本运作的障碍。资本市场和出版业要想获得理想的外部市场竞争环境还有待时日。[1]

纵观国外出版业的发展历程，文化企业兼并、重组比较多见。迪士尼公司收购美国广播公司（ABC）用了190亿美元。卢森广播电视和皮尔森有限公司合并，市值超过了200亿美元。我国文化企业要利用国家大力发展文化产业的机遇，开展详细、周密的市场调研，充分利用国有、外资、民营三种资本，打破区域壁垒、采用兼并重组的方式进行股份制改革，实现产权结构的多样化（见图5.1）。

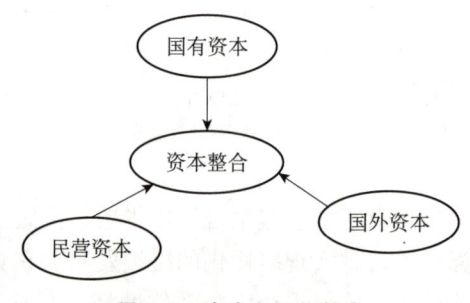

图 5.1 资本多元化整合

"资本"一词在传统的社会主义语境条件下向来是比较避讳的，然而不可否认，在具

---

[1] 黄立雄. 数字出版产业链整合研究 [D]. 湘潭：湘潭大学，2010.

有不同地位的"资本"之间，竞争从一开始就是不公平的。简单划分一下，国家资本、民营资本之间就存在着地位不平等的问题。因而可以说，资本整合其实涉及制度安排的问题，而现在的环境下，各种身份的资本，尤其是民营资本的地位得到了更多的重视。十八大报告对文化产业的发展提出了明确的目标，即到2020年文化产业成为国民经济支柱性产业。一般来说，国民经济支柱性产业是指该产业的增加值要占到国内GDP的5%~6%，这也意味着到2020年，我国文化产业的增加值要占GDP的5%~6%。占文化产业重要组成部分的数字出版产业规模由2006年的213亿元增长到2014年的3,388亿元，在不到十年的时间内增加了15倍，而且还在继续增速，产品数量也在不断增加。

考察出版实践我们可以发现，传统出版企业的转制开始较早，其兼并和重组已经取得一定成效。转制主要以出版传媒企业的集团化建设为目标，有的出版集团已经形成较大规模，具有较强的综合实力，大型传媒集团正在引领产业的发展。十三五规划提出，出版集团要持续深化改革，优化管理。大力实施股份制改造，着力落实新一轮制度创新，形成符合现代企业制度要求、体现文化企业特点的资产结构和经营管理模式。以跨行业、跨地区、跨媒体、跨所有制"四跨"重组与并购为主要手段，推进混合所有制改革。

资本整合本身需要巨大资金支撑，这对于传统的内容提供商来说比较困难。十三五规划中关于"四跨"的提出，解决了内容提供商资金的不足，对于这些内容提供商来说，这既是一个历险之旅，也是一个投资回报巨大的项目。

5.1.4 产业联盟

总体而言，如果说资本整合更加侧重于产业链的纵向整合，那么产业联盟属于产业链横向整合的重要形式。资本整合的运作更大程度上依赖统一开放、竞争有序的市场环境，产业联盟通过借助政府"有形之手"和市场"无形之手"的作用，把产业链整合推向一个更高的阶段。从产业经济发展的一般规律来看，当某个产业依靠单个企业内部生产要素完成基本的原始积累后，为了设置更高的市场壁垒和实现同行业之间的有序竞争，扩大其整体利益，其横向联合的意愿和能力将大大增强，最终结果就是形成了寡头垄断。

从产业发展的基本过程来看，不论哪个国家或者什么产业都存在一定程度的产业联盟，这也是产业链整合的基本形式之一。产业联盟是指出于确保合作各方的市场优势，寻求新的规模、标准、机能或定位，应对共同的竞争者或将业务推向新领域等目的，企业间结成的互相协作和资源整合的一种合作模式。由于企业的联合，产业联盟能在某一领域形成较大的合力和影响力，不但能为成员企业带来新的客户、市场和信息，也有助于企业专注于自身核心业务的开拓。

自20世纪70年代末起，产业联盟开始在美国、日本、欧洲等发达国家和地区蓬勃兴起。据统计，自1985年以来，产业联盟组织的年增长率高达25%。在美国最大的1,000家企业的收入中，16%是来自各种联盟。进入20世纪90年代以来，产业联盟在我国也初见端倪，TD-SCDMA产业联盟、宽带联盟、WAPI联盟、闪联等一大批高新技术领域的产业联盟日益兴起。产业联盟目前已然成为一种重要的产业组织形式，对产业发展、企业成长，特别是高新技术企业的快速成长具有重要意义。

产业联盟主要有五种类型：①创意产业联盟，即在创意产业领域出于确保合作各方的市场优势，寻求新的规模、标准、机能或定位，应对共同的竞争者或将业务推向新领域等目的，企业、高校、科研院所、行业团体之间结成的互相协作和资源整合的一种合作模式；②研发联盟，即创新中常用的企业间组织，其目标是解决产业共性技术问题；③产业链联盟，其目标是打造有竞争力的产业链，其具体作用是促进创新产品尽快形成有竞争力的产业链；④市场合作联盟，其目标是共同开发市场；⑤技术标准联盟，其目标是制定产业技术标准，通过技术标准实现创新技术的商业化。

相对于企业并购等模式，产业联盟能以较低的风险实现较大范围的资源调配，避免了兼并收购中可能耗时数月乃至数年的整合过程，从而成为企业优势互补、拓展发展空间、提高产业或行业竞争力、实现超常规发展的重要手段。

就数字出版领域而言，建立数字出版的产业联盟有利于产业链各方的资源配置，发挥在内容、技术、渠道、市场等方面的优势，促成有利于产业发展的政策的推出，解决影响数字出版产业发展的共性问题，从而提升产业链各方的盈利水平和竞争水平，促进数字出版产业整体的健康发展。

目前我国也相继成立了一些数字出版产业联盟。2014年12月27日，中国数字出版联盟成立大会暨第一届全体理事大会在北京召开。联盟包括人民出版社、商务印书馆等60余家出版单位及相关单位。会议通过了《中国数字出版联盟章程》等文件，选举人民出版社社长黄书元为联盟理事长。中国数字出版联盟的成立是传统出版与新兴出版加快融合发展的重要举措。联盟将致力于促进资源合作、组织合作营销、开展维权行动等，加快传统出版社的数字化转型。[1] 2015年7月22日，中国学术数字出版联盟（www.xscblm.org）在北京成立。联盟是由中国新闻出版研究院、中国人民大学书报资料中心、众书网、人大数媒科技（北京）有限公司共同发起，并联合国家社会科学基金、国家自然科学基金、国家出版基金、教育部社科司、国家汉办、中央外宣办、新闻出版广电总局进口管理司、社科院、国内各大出版社共同组建的专业学术成果评价与出版平台。联盟旨在建立中国学术出版的规范体系，重构学术出版生态圈，实现中国学术出版"走出去"，扩大中国学术的全球影响力，促进中国学术出版繁荣发展的目标。

中国数字出版产业链目前还不是很成熟，产业链中各企业间缺乏有效合作，无法达成共赢目标。因此产业联盟是一种比较高效的模式，成为数字出版产业快速发展的重要途径之一。

5.2 数字出版产业链整合实践

通过考察国内外的数字出版发展实践，可以看出在其发展历程当中产业链的整合是在摸索当中不断前进的，并呈现出多种模式。这些产业链的整合模式是在特定的条件下经过不断探索和尝试的结果，蕴涵着产业界人士的智慧，其本身即具有一定的内在价值。这些产业链的整合模式也是多种力量综合作用的结果，其间充满多方势力的争夺与妥协，因而通过对相关的案例进行分析，我们可以更加清晰地认识到数字出版产业发展的特点以及不足。

本章将着重对几个具有代表性的整合模式做一归纳总结，并将几种类型分别结合具体的案例，说明其产业链整合是如何进行的，呈现出哪些形态。具体来说，主要包括以下四种模式：①内容提供商主导的整合模式；②技术运营商主导的整合模式；③终端生产商主

---

[1] 李苑."中国数字出版联盟"成立[N].光明日报，2014-12-29（09）.

导的整合模式；④渠道运营商主导的整合模式。

5.2.1 内容提供商主导的产业链整合

从总体态势来看，在数字出版产业链中，虽然传统出版单位看起来并未像技术和平台运营商那样处于领导和优势地位，但是传统出版单位的数字化步伐从未停止，其形式是多样的，而有些具有一定实力的传统出版单位还担当起数字出版产业链整合者的角色。在这方面既有成功之处，也有一定的教训。这里以江苏凤凰出版传媒集团（以下简称"凤凰传媒"）为例。

凤凰传媒自 2011 年 11 月 30 日在上海证券交易所上市以来，充分利用上市公司的平台，在打破原有传统出版产业链的基础上，继续保持内容制作、印刷发行等主营业务，增加了新媒体出版、数字平台研发、影视制作等全新业态项目的投资，进行文化产业的跨地区、跨行业、跨媒体经营，打造新型的全产业链。2014 年集团实现销售收入 92.43 亿元，比 2013 年同期增长 25.75%。[1]

凤凰传媒的产业链整合工作主要有以下五点：

1. 数字化工作

凤凰传媒数字化应该说起步还是比较早的，2008 年起步，标志性的节点是成立数字化中心，同时投资 3,000 万元成立数字传媒公司。数字传媒公司从 2010 年开始主要业务转向数字出版领域。从 2010 年开始，到 2013 年的产值大概是 4 亿元，2015 年有 7~8 亿元。不包括电商收入，数字出版业务主要有四类收入：第一类是教育软件；第二类是阅读内容；第三类是数据服务；第四类是音像出版社数字内容的收入。从产品体系来讲主要是这四个方面，实际上就是教育、大众阅读和产业链的一些总体服务以及多元化。

2. 数字化教育产品

围绕着数字化教育产品，通过一些如学科网等比较知名的网站，针对特定用户，即政府、学校、老师、家长进行产业链整合。

（1）资源类教育产品

凤凰传媒作为中国非常有竞争力的教育出版集团，配合国家新课标的实施，开发了一系列数字化的教材、教学参考书以及教育辅助读物，与纸质版教材紧密配套。这些数字化的教材、教参和教辅均有光盘版、网站版以及手机终端版。作为具有核心内容资源的出版集团，凤凰传媒围绕这些内容资源开发了多个个人平台和软件，并进入学校。如凤凰智能英语软件，就在江苏很多学校中被使用。

（2）教育网络平台

凤凰传媒建立了凤凰教育网（http://www.fhedu.cn/）。全国有 90% 的高中教师使用该网。凤凰教育网是凤凰传媒建设的大型教育网站。网站与江苏省教研室、凤凰版各学科教材编写组等权威教科研机构紧密合作，以国内各学科一流教学专家作为学术支撑，将服务教材建设、探索教育出版数字化作为办网宗旨。凤凰教育网首期以 23 种凤凰版中小学教材的官方网站为主体，各教材网站及时提供最权威的教材资讯和培训资料，并利用网络手段向教材使用地区广大教师提供各种延伸服务，网站也为教材编者、出版社与广大教

---

[1] 孙晓翠，张美娟. 我国出版传媒集团产业链研究——以江苏凤凰出版传媒集团为例 [J]. 出版广角，2015 (14)：30-33.

师的沟通交流起到桥梁作用。网站还为广大教师提供多种多样的配套教学资源，包括学科专家讲座、优秀教师示范课、教案、课件、素材及试卷等。这些资源对教师教学具有很强的实用性，有利于提高教学质量。远程教育、在线题库等内容充分利用互联网多媒体技术，实现线上个性化教学与自主学习，为信息化时代背景下的教与学提供了一种全新模式。凤凰教育网是凤凰版教材的权威信息发布平台、网络延伸服务平台和互动交流平台，以数字化手段更好地服务凤凰版教材建设。

截至2015年底，该网的注册会员为1,580万。基本上，高中教师的90%、初中教师的20%~30%以及一部分小学教师都被包括进来了。它是全国更新数据最多最快的教育网络平台，资料有501万套，日更新2,000套左右。比如，每年的高考结束之后，大概不到半个小时全国各地的高考试卷扫描版就可以被上传上来，在两三个小时之后Word版就可以被上传上来，涵盖全国各地高考的各个科目。百度用的基本资料都是这个网站的。[1]

(3) 学习类App

凤凰传媒做了100多个学习类App，用户数量有100多万。如在江苏盐城地区和南京地区使用的智能英语学习App就做得比较好。对于数字教育来说，从内容到软件是一个必经之路。

(4) 在线教育

2015年12月29日，凤凰传媒宣布旗下凤凰创壹教育云平台——100维尔教育网正式上线，这意味着在线教育迎来爆发式增长。凤凰创壹教育云平台通过构建资源海量、功能强大、技术领先、快速流畅的运行体系，实现云平台数据中心与学校信息中心、多媒体教室终端、教师教学终端、学生个人电脑、平板和手机终端的无缝链接，为全国每年3,000万职业院校在校生、3.5亿人次继续教育培训插上信息化教学的翅膀。平台囊括了49个专业大类，460门三维互动数字化精品课程，基本实现职教课程全覆盖，课程资源数量居国内第一。平台还拥有数百万传统的多媒体课件资源，300多万个三维互动模型和具有物理属性的虚拟仿真实训设备，图片、动画、视频、PPT等数字化教学资源海量在线，原理展示、仿真实训、评估考核等三维互动可视化教学资源应有尽有。

凤凰创壹教育云平台的开发企业——凤凰创壹软件有限公司是教育部职教所选定的开发、制作、发行三维互动数字化教学资源唯一合作单位，是国内唯一拥有全部自主知识产权的虚拟现实技术公司，荣获科技部"国家重点新产品证书""高新技术企业证书""中国行业信息化优秀软件产品奖"等多项国家认证与表彰，拥有创壹虚拟现实三维互动教学平台等65项软件产品著作权，为全国14,000多所中高职院校数字化教学资源建设提供服务。其所研发的Web 3D虚拟现实平台等一批成熟的软件产品线，形成高新技术壁垒，打造国内顶级的虚拟现实教学产品群，已覆盖国内29个省、直辖市、自治区的信息化教学市场，1,000多家合作单位已经安装使用。创壹虚拟现实三维互动教学平台连续三年被全国职业院校信息化教学大赛选定为指定专用平台。

凤凰创壹公司依托教育云平台转型在线教育，实现由数字化教学系统提供商向数字化教学服务提供商的转变；立足职业教育，向基础教育、大学教育以及职业培训领域拓展；依托新加坡子公司由国内市场向国际市场进军，力争成为全球最大的在线虚拟现实三维互

---

[1] 宋吉述. 凤凰传媒数字出版发展情况 [EB/OL]. (2016-01-08) [2016-12-30]. http://www.chuban.cc/special/26278/26284/201601/t20160112_171872.html.

动教学服务提供商。凤凰传媒表示，2015年10月引进了好未来战略投资凤凰学易，共同打造K12在线教育的核心平台——学科网。随着凤凰创壹教育云平台的上线，凤凰传媒由传统教育出版商向教育综合运营商的转型迈出了坚定的步伐。[1]

3. 数字化阅读

目前的数字化阅读有两种模式：一种是以百度、腾讯等为代表的知名网站平台的阅读模式，这类平台通过免费内容来吸引用户阅读，通过新媒体广告、衍生推广来获得收益；另一种是以移动手机阅读基地、游戏基地等为代表的收费阅读模式。凤凰传媒的数字化阅读主要是与后者进行深度合作。如参股中国电信阅读基地，收购了一家专门为基地做杂志业务的公司等。通过深度合作，凤凰传媒的内容与产业很好地融合起来。

4. 数字出版产业链延伸

凤凰传媒通过多种方式延伸其数字产业链，具体有：①成立了凤凰数据科技有限公司。该公司主要是做区域配送中心（Regional Distribution Center，RDC）服务和云服务的，是华东比较大的一个RDC中心，2015年收入大概是1.88亿元，利润4,000万元左右。②各级书店的电子商务。③按需印刷（POD）业务。后两者对于凤凰传媒来说，是一个具有巨大增长空间的领域。

5. 多元化拓展

凤凰传媒的多元化拓展包括以下两个方面：①游戏产业。凤凰传媒在2012年购买了第一家游戏公司。通过几年的兼并整合，目前掌控了单机游戏网站70%左右的份额。凤凰传媒于2015年7月推出的第一款游戏《侠客风云传》，取得了非常不错的成绩。②影视产业。北京凤凰联动影视文化传播有限公司由凤凰传媒和目前国内最大的院线公司万达旗下投资公司入主投资。《山楂树之恋》《藏地密码》等超级产品皆出自凤凰联动影视。

凤凰联动影视的核心竞争力在于全版权开发。全版权开发是指对一个优质版权由一个公司（凤凰联动影视）主导，实现图书出版、电影、电视、话剧、游戏等众多领域的多层开发。同一版权不同领域的产品之间相互推动，形成巨大的营销势能。一个版权的全部利益均由凤凰联动控制、享有。

5.2.2 技术运营商主导的产业链整合

数字出版产业链的形成关键在于渠道建设，而目前来看，渠道建设的关键在于先进传播技术的开发和应用。与传统出版主要依托发行关系网和纸质平台相比，数字出版则主要依托网络平台。所以拥有技术优势并借此搭建具有一定盈利模式的数字化网络集成平台的企业单位，在数字出版中更容易形成先导。

在这方面，新兴的信息技术公司在涉足数字出版业之时，就具备先天的技术优势。目前国内提供数字出版技术解决方案的厂商主要有北大方正、厦门书生、北京世纪超星、北京万方数据、中国知网、上海盛大网络、中文在线等，它们都是鱼龙混杂、竞争激烈的数字出版市场中经过多年努力最终立足的几家重要企业，主要通过提供技术服务、数字内容代理发行、内容整合服务三种盈利模式获得收益。其中，方正、中文在线、书生、超星更加侧重前两种业务，同方知网、万方数据则侧重后一种，盛大网络是内容整合和在线文学

---

[1] 刘向红. 凤凰传媒旗下凤凰创壹教育云平台正式上线 [EB/OL]. (2015-12-29) [2016-12-30]. http://ggjd.cnstock.com/company/scp_ggjd/tjd_bbdj/201512/3668120.htm.

与游戏并举。其共同点是,这些高新技术型企业首先成为中国较早从事数字出版的传媒公司,它们依托自身雄厚的技术优势、资本优势,通过资本整合、技术整合等合作方式,不仅向上游集成个体作家和传统出版业的内容资源,而且向下游联系各家终端生产商。从目前的发展态势来看,有些企业显然已经初步完成了由自身主导的产业链的整合,而其中尤其以北大方正取得的成绩令人瞩目。众所周知,北大方正从为传统的图书、报刊提供排版软件起家,如今已经成为数字出版整个产业链中多种综合业务的整合者,而盛大网络文学则以全新的模式和惊人的速度后来居上,成为数字出版产业链整合的一颗新星。这里将以北大方正和盛大网络的产业链整合实践为例,探讨技术运营商在数字出版产业链整合中的角色及一般规律。

1. 北大方正:数字化整合

北大方正从2001年开始就涉足数字出版领域,并在旗下专门成立方正阿帕比公司开发研究数字出版业务。多年来,方正在数字出版技术方面有了很多积累,并在长期发展中注重同出版社、杂志社建立良好的信任关系。

起初方正的操作模式是与传统出版商签订协议,对传统纸书进行扫描,然后加工制作成数字格式文件,放在网上提供在线阅读,并出售给图书馆以及信息机构等机构客户。其中,在线阅读无甚效果,其主要收入来源为图书馆——大学图书馆、中小学图书馆、公共图书馆以及科技信息机构等团体单位,其模式主要专注于B2B市场。在中国有4,000多家机构图书馆使用方正的数字图书馆系统,国内不少大型的企业机构也都是其客户。在数字化浪潮中,各大图书馆都增加了数字图书的采购预算,支撑了方正的生存发展。然而随着图书馆数字图书集中采购量的阶段性完成,方正等数字出版运营商的发展也进入了衰弱期。当然,经过长期经营,公司所积累的海量内容资源也为其以后的发展和阶段性产业转型奠定了坚实基础。

除了具有量的优势外,方正阿帕比公司的数字版权保护技术一直走在国内前列,先后自主研发了数字版权保护(DM)技术、版式文件(CEB)技术,并开发出了业内首套数字出版整体解决方案,将出版、管理、发行等环节置于同一平台上,实现统一管理。这无疑为方正发展数字出版产业提供了良好的技术保证,并最终于2008年通过了教育部鉴定。专家认为,该系统代表了目前国内电子图书出版技术领域的最新技术水平及成果,整体技术达到了国际先进水平,因此还获得了2009年度国家科技进步二等奖。2010年在深圳举行的第六届中国国际文化产业博览交易会上,方正阿帕比展出了领先的数字出版技术和多款数字阅读产品,包括目前最为热门的"U阅"迷你数字图书馆、手机书等,并推出其全新的"数字出版综合服务"理念与战略,为新闻出版机构提供"数字出版咨询、技术解决、培训与服务、运营合作"为一体的一站式服务,协助新闻出版机构在数字时代及新的发展时期面向细分市场做好服务和转型,解决目前出版机构面临的发展难题。其自主研发的Apabi数字出版技术及整体解决方案,为数字出版全产业链提供技术保障,推动了全民数字阅读时代的到来。其中,屡获国家科技大奖的数字版权保护技术(Apabi DRM系统)和新一代中文版式文档技术(CEBX),为出版机构提供全流程的版权保护支持,充分保障内容的价值,而且CEBX技术能够适用多种不同的数字阅读终端,极大地提高了读者的阅读体验,使得数字阅读方式更为便捷。

经过长期的积累与实践探索,方正在数字出版产业链整合方面实现重大跨越的条件越来越成熟,著名的云阅读平台——番薯网的建立,是其标志性事件。

2009年7月由方正与中搜强强联手推出的数字图书门户番薯网，因其宣称的数字图书定位及强大的内容资源，一经推出就备受业界关注。的确，按照番薯网CEO赵舸的说法，"番薯网提供完整的数字出版全媒体发布与服务方案，将真正实现与手机、手持阅读器等多种终端的无缝衔接，使用户轻松地享受丰富的图书资源的全媒体阅读。"而事实上，番薯网除了支持方正的阅读终端外，还支持电脑下载、各种品牌阅读器及手机等多种平台。

据番薯网的负责人介绍，番薯网是全球最大的数字图书门户，是一个为用户提供集数字图书的搜索、阅读、互动分享、个性出版、购买为一体的网络服务平台。目前番薯网正在为读者提供全新的数字图书阅读体验，并为出版社架起迈向数字图书出版的桥梁。

随着番薯网的成长及其影响逐步扩大，如今番薯网在业内已经不再是一个陌生的话题。对于番薯网，笔者认为可以从四个方面进行总结：一是资源优势；二是专业的搜索服务；三是硬件支持；四是版权保护。可以说，番薯网虽然是一个新生的平台，但是经过多年的积累，已经拥有全球最大的开放式数字资源库，上游延伸至出版社和集团，下游面向读者提供基于手机、手持阅读器以及在PC、上网本等多终端进行数字化图书阅读以及购买的服务。相对于国际知名的亚马逊和谷歌图书搜索来说，番薯网的模式实际上相当于二者的融合，即既具有数字图书资源的优势，又开发了综合的搜索方式。据了解，至2011年，番薯网已与421家出版社签署合作协议，拥有60万本正版图书资源。在图书检索方面，由于有合作方中搜的支持，番薯网具有先进的搜索技术，可以通过基本导航、出版社搜索、作者搜索、图书搜索提供精准的服务。此外，番薯网亦支持图书全文检索、原版原文检索，即针对图书的每一页进行检索，如此就可以针对某本书中读者所需要的内容板块进行准确检索，这为读者提供的方便是不言而喻的。对于下游读者的硬件支持，读者可以在番薯网上在线阅读，在手机上阅读，另外番薯网还支持多款手机阅读器。

2010年番薯网又携手中版集团数字传媒有限公司、万榕书业等内容提供商，与翰林电子书、易博士电子书、易狄欧电子书、汉王、爱国者、创维、大唐、欣博阅等移动阅读终端厂商达成战略或意向合作，共同启动了著名的云阅读平台，将支持范围进一步拓展，其目的就在于让用户在任何时间、任何地点应用任何媒介都能够阅读电子书，实现PC、手机和手持阅读终端设备的无缝衔接，共同为用户提供海量的内容服务，试图将众多的内容提供商、手持终端厂商聚合于一条完整的链条中，打通上下游产业链。

北大方正在数字出版产业链整合上向来是不遗余力的。如果说番薯网是其平台整合的首创之举，那么几乎同时推出的中国移动G3手机阅读高端定制产品文房阅读器（Wefound）则又是一个向终端阅读器延伸的大手笔。在2009年中国国际信息通信展览会上，方正飞阅联手卓望信息研发的电子手持终端产品文房阅读器再一次引起了业界人士的广泛关注，个性化信息定制是这款产品的最大亮点。

"文房"除供个人阅读使用外，还为众多行业提供量身定制的专业化信息服务，这在全球电子阅读器领域尚属首次。它采取"硬件＋不限流量的3G套餐＋正版畅销书免费下载三年"这样"终端＋信息通道＋内容服务"三位一体的全新整合型的服务模式，为日后国内手持终端行业的发展提供了方向。有业内专家认为，"'文房'此类产品的出现，体现的不单单是产品的价值，更多的是一种先进的产业模式。借助先进的技术为行业提供整合性的信息化资讯平台，从而打通了内容提供、服务整合、终端生产到移动运营商、营销渠道、最终用户的整条价值链。"据了解，"文房"是全球首款基于3G（TD-SCDMA/GSM）无线模块，可提供图书、新闻、股票等综合资讯服务的电子阅读器，也是中国首款可实现在线浏览、内容下载和信息推送功能的 3G 电子阅读器，其最鲜明的优势是具有强大的正版内容。

通过北大方正的数字出版产业链整合实践，我们可以看出，其起初仅是为出版提供技术支持的企业，由于期间同出版单位建立了良好的关系，逐步积累了大量的内容资源。后期又非常注重版权保护技术的研发，并取得了重要成果，仅凭这一点，就可以说方正已经在数字出版中解决了一个重大的关键问题，即版权保护问题。此外，方正在现有资源的基础上并未停滞不前，而是紧随数字出版的大潮，通过自建出版发行平台番薯网支持多终端的阅读，大力推进数字出版的进程，并凭借自身的原有技术优势开发了文房阅读器。从这一过程我们可以看出，从技术到内容，从内容到平台，再从平台到移动阅读终端设备的研发生产，其产业链整合的道路是清晰明确的，作为产业链的整合者，其为数字出版产业所做的努力和贡献也是有目共睹的。

2. 盛大文学：在线原创

在数字出版产业链的整合中，盛大文学与北大方正及其他企业不同，盛大文学的独特之处在于内容的原创性。它通过借助内容和技术优势搭建自己的"云中书城"数字出版平台，并开发 Bambook 终端阅读器，成为产业链整合的另一重要案例。

盛大文学 2008 年 7 月宣布成立。作为中国最大的社区驱动型网络文学平台，盛大文学是盛大集团旗下文学业务板块的运营和管理实体，占整个原创文学市场 72% 的份额。其运营的原创文学网站包括起点中文网、红袖添香网、小说阅读网、榕树下、言情小说吧、潇湘书院六大原创文学网站以及天方听书网、悦读网、晋江文学城（50% 股权）。同时还拥有"华文天下""中智博文"和"聚石文华"三家图书策划出版公司，是国内最大的民营图书出版公司，签约了韩寒、于丹、安意如、蔡康永等多位当代一线作家。随着国内手机阅读市场需求逐渐扩大，盛大文学成为中国移动阅读基地最大的内容提供商。2015 年 1 月盛大文学与腾讯文学合并成立阅文集团（China Reading Limited），阅文集团统一管理和运营原有子品牌，包括 QQ 阅读、起点中文网、创世中文网、云起书院、潇湘书院、红袖添香、小说阅读网、中智博文、华文天下等。

2011 年 2 月盛大文学宣布云中书城正式独立运营，云中书城是盛大文学的运营主体平台，为消费者提供数字图书、网络文学、数字报刊等数字商品。用户可以通过云中书城网站、Bambook 电子书阅读器、安卓、iPhone 手机端应用、iPad 应用、电视等多种平台设备随时随地下载阅读云中书城的海量内容。通过云中书城的开放平台，所有出版单位均可自主上传数字图书、数字报刊等内容，自主定价，借助云中书城庞大密集的销售网络进行推广销售。云中书城凭借强大的内容和平台优势，推动数字出版，引领数字阅读潮流，为全球用户带来数字时代全新的阅读体验。

2011 年 4 月 18 日盛大宣布其全资控股的 Cloudary Corporation 已经以保密形式向美国证券交易委员会（SEC）递交了上市申请草案，以此为可能的首次公开发行（IPO）做准备。2013 年 3 月 1 日有消息称盛大文学与上海图书馆共同打造的移动端借阅平台"云中上图"阅读应用触屏版已上线内测。2013 年 4 月 11 日下午盛大文学编剧公司在北京宣布成立，这是中国首家编剧培训公司，盛大集团总裁邱文友代表盛大集团董事长陈天桥宣布将以 10 亿元的资金规模成立基金，助推编剧公司开展业务。2013 年 7 月 7 日一名接近盛大文学的知情人士向记者透露，该项交易在 6 月正式完成，高盛购买了盛大文学 20% 的股权，由成交价格来看，盛大文学此轮估值不到 6 亿美元。盛大文学正在构建一个恢宏的想象力世界，继承了中国传统文化基因的中国网络文学已经与世界性写作同步；盛大文学将以这些丰富的内容为核心，打造中国最大的全版权运营基地。2015年1月工商信息显示，盛大文学旗下多个核心公司已转至腾讯名下，而起点中文网已重归吴文辉手下。

盛大文学以及旗下网络原创文学网站作为一种全新的数字出版模式，被西方媒体称为"数字阅读的三种主流模式之一"。其基本操作流程是：作者将作品提供给网站，网站经过审核后进行发布，读者免费阅读部分内容，其他内容或更新章节阅读则需要支付每千字两到三分钱的费用，所得收入由网站与作者共同分成，比例由5∶5到3∶7不等。网站作为数字内容运营商拥有定价权。从这一过程中我们可以发现，该模式的最大特色是所有流程都在网上完成：数字写作、网上发布、在线阅读。而在最初，与欧美数字图书基于移动阅读设备不同，该模式主要还停留在基于在线PC阅读方式，采取连载模式，内容多以类型小说为主，通过连贯性的情节吸引读者，阅读人群也比较特定。而随着盛大的发展壮大，目前其阅读载体也早已扩展到手机、专用阅读器等终端阅读设备。盛大文学也开始由在线付费阅读向移动阅读延伸，目前已是中国移动阅读浙江基地的主要内容提供商，同时在iPhone上还开有自己的数字图书商店，从而实现了出版产业链的延伸。

为实现数字内容引入、整合、营销、结算的一体化，建立完整的产业链，盛大开设的集技术和运营为一体的平台云中书城于2011年2月正式从盛大电子书官方网站独立出来，作为国内领先的数字阅读厂商。盛大文学希望通过云中书城这一运营平台打通数字出版的全产业链。云中书城这一全球领先的中文正版数字书城主要致力于为消费者提供包括传统图书、网络文学、电子报刊、数字杂志在内的数百万种电子图书和报刊，用户可以通过云中书城客户端随时随地免费或低价阅读海量正版内容。

以云中书城为数字出版发行平台，盛大文学实际上已经形成了一整套的数字出版产业链整合模式。从国际先进的数字出版经验来看，盛大文学实际上与亚马逊具有很大的相似之处，其实质是"内容平台阅读器"模式的模仿和创新。总结云中书城的特色可以发现，它主要具备四大优势：一是海量的内容；二是集约化的平台运营；三是便捷的在线支付能力；四是个性化阅读。云中书城首先通过建立数字内容运营平台完善数字出版产业链，实现了数字内容的整合。其次制定合理的电子书商业模式，最后建立科学、良性的利益分配机制。盛大文学相关负责人曾表示，盛大文学从一开始就立志于打造一个全新的出版产业链生态体系。作为盛大文学的运营实体，云中书城不仅仅是买卖数字版权的平台，更是一个数字出版行业的淘宝网。内容提供商、内容运营平台、渠道、终端应用平台、消费者整个链条都通过这一平台连接在一起，这既有效拓展了内容商的分销渠道，又能让用户方便地阅读正版书籍，实现整个产业链的共赢。盛大网络董事长兼首席执行官陈天桥将其比喻为"数字图书商城"，"在这个超市里，我们摆上了非常规范的货架，打造了非常好的购物环境，提供导购等一系列服务，消费者可以到这儿选购商品，内容提供商可以将自己的商品摆上货架。"

读者对于云中书城平台的使用，现在已经扩展到了多种多样的终端设备。其实，在电子书等终端硬件的研发上，盛大文学的步伐甚至比建立云中书城更早。早在2010年7月盛大文学就宣布推出电子书Bambook（又称"锦书"），正式进军电子书行业，电子书终端市场从而又迎来了一家实力派企业。据盛大官方资料公布，Bambook采用最高配置的E-ink电子墨水屏；6英寸大小，16级灰度，分辨率达到800×600，字体清晰锐利，提供如纸张一般的阅读体验。它是全球第一款采用标准ExpressCard扩展接口的电子书，通过更换网卡可以支持所有的移动网络。同时 Bambook 还内置了 WiFi 上网模块，更首家采用 USB 连接上网技术，通过电脑实现网络连接。它开发了从硬件到软件一体化的电源管理系统，配合高性能锂电池，待机时间可以达到 24 天。同时，它也是全球首款支持太阳能充电的电子阅读器，只要有阳光就永不断电，节能又环保。另外还有听书、找书、自有书等多项功能，实现贴心服务。

盛大表示，Bambook 与盛大文学云中书城实现无缝对接，而云中书城累计拥有近 600 亿字原创文学内容、300 万部版权作品、1,000 余种电子期刊等海量的内容。显然，对于拥有大量内容和版权优势的盛大文学来说，其在电子书终端的挺进会对整个电子书行业的格局产生较大影响，这一点也被业内认为是盛大涉足电子书市场的最大优势。因为中国目前绝大部分电子厂商所面临的一个共同的问题在于，要么只卖硬件，要么采取与出版商等合作分成的方式获得电子书内容。而此次盛大推出 Bambook 无疑有助于弥补中国电子书厂商内容资源不足的弊端，通过内容资源优势构建中国版亚马逊模式。盛大推出 Bambook 的寓意不仅在终端市场，更是着眼于内容提供方面，以终端为传播介质，构建"内容＋渠道＋终端"的移动阅读产业链，而这样的产业链具有三大优势：一是依托丰富的内容资源，提升电子书终端市场竞争力；二是占有了庞大的用户，从而对其需求更加掌握；三是网络文学平台的运营经验为移动阅读提供了重要借鉴。同时，依托盛大集团多年积累的海外渠道资源以及娱乐产业链架构，Bambook 不仅在国内市场优势明显，其走出去战略优势也更加明显。而事实上，盛大也已经迈出了海外上市的步伐。

综上所述，盛大文学在数字出版产业链的整合方面首先集合了大量的原创内容，其次搭建了云中书城这一网络平台，进而开发 Bambook 电子书，通过三位一体的整合能力打通了数字出版的全产业链，从而使三者相得益彰。据笔者所知，目前云中书城的海量电子书可以通过云中书城网站、安卓客户端、iPhone/iPad 客户端、PC 客户端、Windows Phone 客户端、云中书城手机 WAP 站、盛大 Bambook 电子书等多种形式的终端，供用户随时随地下载阅读。

综合分析盛大文学的成功经验，我们可以看到盛大是通过网络游戏、网络文学等原创内容以及基于原创内容的版权运营而实现盈利的，其商业模式的核心是原创，而主要优势是其通过原创内容绕过了传统出版商，从而节约了内容合作成本和版权成本，并掌握了作者资源和版权，同时通过强大的互联网运作能力把握了客户资源。可以说，目前盛大的商业模式在整个数字出版产业中是最为清晰也是最为成功的模式。[1]

5.2.3 终端生产商主导的产业链整合

在数字出版产业链中，作为终端阅读器的硬件生产商，其原本只是简单地生产硬件产品，然而随着近年来电子书以及相关平板阅读器的风行，终端生产商逐渐占据重要地位。在终端生产商中，比较有代表性的是亚马逊。亚马逊的数字出版产业链整合可谓全面而又深入，从内容、渠道到技术，再到终端，几乎凡是与书有关的服务都在亚马逊的布局之中。绕开传统出版社和传统出版代理人直接与作者签约；与苹果争夺平板电脑市场，并借助有利的市场地位实现其移动平台战略。亚马逊的种种策略和扩张步伐使其既是设备制造商，又是内容提供商，更是平台渠道商。这里以亚马逊为例进行分析。

---

[1] 吕强龙. 冲突与整合——中国数字出版产业链研究 [D]. 上海：复旦大学，2013.

亚马逊发迹于网上书店，短短 20 年间迅速成长为全球最大的电商平台。进入 21 世纪，随着互联网技术的更迭创新，全球数字出版产业迅猛发展，竞争态势明显。为保证领先优势，亚马逊顺应时代潮流，投身数字出版产业，并不断拓展业务领域。

亚马逊数字出版产业主要包括四个部分：数字阅读、数字音乐、数字影视和数字电视。四者相辅相成，浑然一体，显示出亚马逊试图构建从内容、技术、渠道到消费者的整条数字出版产业链的野心。

1. 亚马逊数字阅读系统

从 1995 年第一本图书《流体概念和创意类比：思想基本机制的计算机模型》(*Fluid Concepts & Creative Analogies: Computer Models of the Fundamental Mechanisms of Thought*)的售出，到 2007 年 Kindle 电子书的推出，预示着亚马逊的图书业务由网上实体书销售逐渐延伸到电子书销售领域。电子书销售比重的逐年增加也推动着亚马逊打造其数字阅读系统的步伐。

2004 年从苹果数字音乐业务中受到启示，贝佐斯认为亚马逊在数字时代若想作为书商继续生存下去，就必须拥有自己的电子书业务，就像苹果控制音乐业务一样。2007 年亚马逊开始向数字化转变，宣布 Kindle 电子书阅读器正式上市。Kindle 家族凭借丰富的数字内容、超低的价格，获取了海量具有品牌忠诚度和黏度的用户群，取得了巨大成功。这也推动着亚马逊不断提升用户体验，更新或开发新的软件系统，比如多终端同屏系统、支付系统等。

随着 Kindle 销量的日益攀升，用户数量的不断增长，亚马逊成为数字阅读重要的力量，也成为出版商的合作伙伴。为了获取海量电子书资源，亚马逊以其强大的市场力量为后盾，强势以低廉的价格购买出版商的电子书版权。

为了和出版商争夺数字市场，加强对内容资源的把控，减少购买内容资源版权的花费，亚马逊开始收购出版社、图书公司等，并试图取消出版商、经纪人等中间环节，自主生产内容。比如 2010 年推出的 KDP（Kindle Direct Publishing）服务，开启了自助出版的步伐。

KDP 主要有以下特征：①三七分成，在 KDP 上出版图书，作者可以得到 70% 的版税。而通过大型出版商，作者获得的版税仅为 17.5%。②作者拥有对自己作品完全的控制权，作者可以随时修改自己的作品，并且可以随时撤下作品。③KDP 拥有健全的市场营销策略。KDP 还有一小段宣传视频介绍出版流程，出版速度、进入市场非常快，24 小时以内就可以出现在亚马逊。④KDP 官网支持多国语言，如英语、德语、法语等。⑤亚马逊拥有广泛的 Kindle 硬件设备用户，并且已经在全球形成了一定的规模，用户可以直接在 Kindle 上非常方便地购买书籍阅读。⑥所有的作品不仅可以在 Kindle 上出售，在 iPhone 等智能手机、PC 机、MAC、iPad 上都有 Kindle 电子书的阅读应用软件，用户可以上传下载。[1]

2015 年 6 月亚马逊又推出了按页收费服务。[2] 按页收费系统颠覆了传统的出版商与作者通过售卖整部作品赚钱的盈利形式，代之以按读者阅读的页数多少向作者支付相应的报酬。按页收费服务的开展一方面提高了作品的质量，另一方面减少了亚马逊版权费用的支出。

---

[1] 方雅丽. 自出版产业链模式探究——以亚马逊和盛大为例 [J]. 东南传播，2016（7）：77 - 80.
[2] 汤姆. 亚马逊启用全新计费模式：按阅读页数付费 [EB/OL]. (2015 - 06 - 23) [2016 - 12 - 30]. http://tech.qq.com/a/20150623/019953.htm.

2. 亚马逊数字音乐系统

苹果的 iTunes 曾经改变了整个音乐市场的发展路径，一枝独秀的姿态明显，精明的亚马逊自然也不会放过数字音乐这个炙手可热的"印钞"市场。亚马逊在数字音乐市场的迅猛发展给苹果带来不小的压力。

亚马逊与苹果、奈飞等争夺音乐市场的手段主要有三种：①转变营销模式。在亚马逊之前，数字音乐营销以 iTunes 制定的"固定价格销售模式"为主。2007 年亚马逊以"变动的数字音乐销售价格模式"打破了固定价格销售模式。比如，根据在线听播量和下载量为单曲实行浮动定价。在古典音乐市场，消费者既可以下载喜欢的单首乐章，也可以下载整张专辑。针对不同产品的变动营销模式，能最大程度迎合有不同喜好的消费者的购买需求。②拓展海量无 DRM 限制的音乐。2008 年亚马逊携手索尼 BMG、EMI、环球音乐及华纳音乐等大型唱片公司，向消费者提供约 450 万首无 DRM 限制的音乐，而苹果的 iTunes 能够提供的只有 200 万首左右。这一举动不但丰富了亚马逊的数字内容资源库，也吸引了消费者的关注。③提升服务品质。优质的消费者服务体验是亚马逊坚持的发展战略之一，这在数字音乐服务上同样体现得淋漓尽致。比如，采用一系列的低价策略和促销活动来刺激音乐产品的销量。发布音乐云播放服务器（cloud player），提供 5G 的存储空间[1]，并为音乐用户免费升级到 20G，这些都是苹果 iTunes 所不能提供的。

3. 亚马逊数字影视系统

虽然亚马逊在电子书市场战绩赫赫，但在数字影视市场，面对苹果、谷歌、Hulu、奈飞、Spotify 等公司强有力的竞争，亚马逊并不占据主导地位。

亚马逊大举涉足数字影视产业是在 2011 年。亚马逊之所以能够取得电子书市场的主导地位，可以说 Kindle 的横空出世做出了不小的贡献。2011 年 9 月亚马逊又推出了新时代成长动力产品——"金读之光"（Kindle Fire）。金读之光是亚马逊公司于 2011 年 9 月 28 日发布的一款平板电脑，拥有一块 7 英寸的多点触摸 IPS 电容显示屏，并且搭载一个深度定制的谷歌安卓操作系统。金读之光内置亚马逊的应用程序商店，有流媒体电影和电视节目以及电子书。使用金读之光能够免费获得包括电子书在内的各种电影、音乐资源，而且相比较 iPad 来说，金读之光拥有巨大的价格优势，其出售的价格不到 iPad 的一半，这为亚马逊数字电影的出售积累了一大批潜在消费者。

2011 年亚马逊还推出了 Prime Instant Video 服务，其电影资源的总数也得到了几何倍数的增长，现已接近 4 万部。为了给消费者提供更好的电影资源，亚马逊与派拉蒙、探索等影视制作公司以及哥伦比亚广播公司、美国广播公司等内容商合作，加大了电影内容的采购及合作力度，以增强其可利用的电影资源。

2014 年 10 月好莱坞多家片商为了打破苹果公司在电影市场上的垄断地位，谋求与亚马逊合作，并试图说服亚马逊加入 Ultraviolet 数字云存储项目中来，这个项目中的片商包括华纳兄弟、索尼影片娱乐公司和环球影片公司。

为了进一步丰富内容资源，亚马逊还打起了原创电影的主意。亚马逊旗下影视制作机构亚马逊工作室成立新部门"亚马逊原创电影"，计划从 2015 年开始，每年制作 12 部电影供影院和在线播映。据介绍，亚马逊原创电影由美国独立制片人、曾参与制作《卧虎藏

---

[1] 徐璐明. 亚马逊扩张"数字音乐版图" 云存储成新热点 [N]. 文汇报，2011-04-15 (05).

龙》的特德·霍普任创意总监,聚焦"顶级和新晋创作人员"的"独特故事、角色和声音"[1]。2015年9月,迪士尼影业也提出和亚马逊合作,这意味着一批新的电影资源扩充亚马逊的影视资源库。

4. 亚马逊数字电视系统

在亚马逊之前,苹果、微软、谷歌、三星、索尼以及很多机顶盒厂商,如Roku、Boxee等都已经进入了电视领域。拥有海量的付费用户、庞大的数据资源库、畅通的销售渠道以及硬件的亚马逊进入互联网电视领域似乎也是必然。

虽然亚马逊进入互联网电视领域的时间要晚于谷歌和苹果公司,但实际上亚马逊对互联网电视的布局早已开始,亚马逊在开拓其数字电影市场的时候就已经原始累积了一大批电视资源。在商业模式上,亚马逊始终走"硬件+内容+用户"的路线,在互联网电视领域也不例外。2010年前后亚马逊就已经和一些高清电视制造商(索尼、松下等)以及数字视频播放器厂商(Roku等)展开了合作,一方面提高了亚马逊电视视频的兼容性,另一方面也为电视机顶盒Fire TV的推出奠定了技术基础。

2014年4月亚马逊正式对外出售价值99美元的电视机顶盒Fire TV,宣告打入互联网电视领域,进军日益拥挤的家庭娱乐市场。电视机顶盒Fire TV的最大亮点是其嵌入了大量的游戏,受到众多年轻用户的欢迎,而且它新添了语音搜索功能,达到了真正的智能化。

亚马逊不仅在数字电影上坚持用原创电影来丰富其内容资源,而且在电视系统上也采用了同样的手法。2013年亚马逊就尝试发布了14部由亚马逊原创视频部门试拍的电视剧,而且亚马逊还针对电视用户提供视频点播服务。与苹果和谷歌相比,亚马逊电视系统最不缺的可能就是付费用户,这也使得Fire TV的市场开辟能力变得更加强悍。2014年10月,亚马逊又发布了一款新的HDMI流媒体设备——Fire Stick,售价39美元,Fire Stick的推出进一步完善了其电视生态系统。可以看出,亚马逊在"硬件+内容"模式的道路上已经走得相当纯熟。

5. 亚马逊经验[2]

(1) 勇于创新,开拓业务新领域

苹果在音乐方面取得的巨大成功是对垂直营销系统运用的典范,贝佐斯并没有随波逐流地首先在数字音乐方面与苹果展开竞争,而是创立Lab126实验室秘密研发Kindle,同时整合电子书资源,准备进军数字内容的另一领域——数字阅读。

在创新时代,有效的创新能力是事业成功的决定因素,而不创新就意味着死亡。诺基亚的衰落证明了即使在某一领域已取得统治地位,若不迎合消费者瞬息万变的需求,不主动寻求创新,后来者居上则是必然。在已经取得统治地位的电子书领域,亚马逊并没有放弃开发新的营销模式。为了遏制内容出版商对内容资源的把控带来的不利影响,亚马逊在积极探索和作者直接对话沟通的渠道,如开发自助出版平台KDP,获取更多更好的内容资源;开启按页收费模式,提高作者收入和作品质量;开启电子书租赁业务等。再如,在影视业务领域,开展针对Prime会员的Instant Video视频服务;在购买电视电影版权时,开启独家授权模式等。除营销模式外,由技术和资金支撑的硬件功能改进、支付渠道增加、

---

[1] 郜婕. 电商亚马逊也要拍电影[N]. 新华每日电讯,2015-01-21 (6).
[2] 冯明明. 亚马逊(美国)数字内容生态系统研究[D]. 北京:北京印刷学院,2015.

软件用户体验提升等,都是亚马逊坚持创新理念的直接表现。通过这些创新,一方面保持技术领先优势;另一方面,技术创新也不断拓展着自己的业务领域。

(2) 客户至上,定位服务新理念

与其说亚马逊是互联网公司或者电商平台,不如说亚马逊是坚持顾客至上的服务型公司。无论是在零售领域还是在数字内容产品领域,亚马逊始终坚持客户至上的服务理念。

硬件技术层面,亚马逊的 Kindle 系列产品几乎剔除了一切"鸡肋"的功能,把消费者真正需要的功能做精做强。对比三星和苹果,亚马逊 Kindle 产品的功能看似没有它们完整,但在核心功能的设计上,亚马逊并不含糊。看电子书所引起的视觉疲劳是很多电子阅读器无法克服的缺陷,亚马逊为了提供更好的服务,选用了黑白电子墨显示法来减轻用户的视觉疲劳。3G 网络咨询下载费用很高,亚马逊便通过移动虚拟网络运营商(Mobile Virtual Network Operators,MVNO)解决了这一难题。不仅如此,亚马逊的 Kindle 还提供离线下载服务。与此同时,亚马逊也在不断提高 Kindle 系列产品的兼容性,省去用户转换格式所带来的不便。

在数字出版层面,亚马逊时常以牺牲自己利润的方式把内容产品以低价的方式售卖给消费者,其电子书产品固守 9.99 美元的价格,音乐产品也时常低至 99 美分。另一方面,亚马逊也在不断丰富其内容产品。亚马逊的智能推荐服务,使消费者更容易找到自己喜爱的数字内容产品,其云服务系统也在不断地拓展消费者的存储空间。

除此之外,亚马逊还和第三方支付平台合作,如在中国地区,和支付宝平台达成了战略合作,以更加便捷的方式服务用户支付。到目前为止,亚马逊支持货到付款、信用卡、邮局汇款、银行转账、第三方支付等支付方式,大大便利了用户。而且亚马逊的货品评价方式,也能够使消费者享受更加透明的消费环境,购买到合适、高质量和满意的产品。

(3) 全球化扩张策略

科技的进步推动着全球化的进程。企业在本土得到快速发展之后,往往都会把眼光瞄准国际市场,企图开拓更宽广的疆域,亚马逊也在其数字内容业务领域实行全球扩张策略。

在数字出版领域,亚马逊全球扩张策略展现得最为充分的要数电子书业务。截至 2013 年,亚马逊电子书业务已经遍及全球十几个国家,成为电子书行业的老大。亚马逊之所以能迅速占领国际电子书市场,与其所采取的一系列措施是分不开的,除了低定价、顾客至上这些亚马逊传统的经营方法和理念外,还包括提高 Kindle 阅读器的销量、大力创建渠道平台、获取更多的内容资源、推广自助出版以及收购出版社和相关企业等。以亚马逊 Kindle 为例,亚马逊电子书能在全球引起电子阅读的潮流,主要归功于它对 Kindle 阅读器的推广。电子书以 Kindle 为载体,Kindle 销量的提升意味着电子书销量的提升。如在 2012 年的英国市场,亚马逊声称拥有 Kindle 的用户对书籍的购买量是普通用户的四倍。在美国 2007 年推出 Kindle 阅读器之后,不到四年的时间,电子书的销量就已超过纸质书,而这一现象在英国仅用了两年时间。现在 Kindle 阅读器已销往全球 100 多个国家和地区,销量从 2009 年的 24 万台增加到 2013 年的 2,000 万台左右[1],远远高于 iPad、Nook 等其他品牌。

---

[1] 博宁. 亚马逊电子书与纸质书销量惊人对比 [EB/OL]. (2011-09-29) [2016-12-30]. http://www.techweb.com.cn/world/2011-09-29/1101090.shtml.

亚马逊已成为全球电子书行业的领头羊，其全球化扩张的手段及策略不仅适用于构建全球化的数字阅读生态系统体系，更适用于数字音乐、数字影视以及数字电视系统；其探索出的成果经验，值得包括各国致力于构建数字内容生态系统的企业借鉴和学习。

（4）合作与企业并购

为开拓新市场或增强现有业务竞争力而进行的企业合作或并购是亚马逊发展其数字内容产业的重要手段。

从 2000 年与 Toys RUs 公司实现玩具类商品合作开始，亚马逊便开始了疯狂的企业合作与投资、并购战略。截至 2012 年 3 月亚马逊先后并购了超过 11 家公司，并与一系列公司开展了业务合作，目前旗下拥有的分公司超过 23 家。

亚马逊在其数字业务领域也展开了大规模的并购与合作。如为了快速启动电子书业务，2005 年亚马逊收购了法国公司摩比电子书（Mobipocket）；为了确保音乐、视频等内容行业的市场地位，亚马逊又收购了有英国的奈飞之称的 Lovefilm；为了提高视频的兼容性，2015 年亚马逊斥资 5 亿美元收购了视频技术商 Elemantal 等。亚马逊通过这些合作或并购行为，不断进入新的市场领域，并完善了自身业务结构，保证了技术领先优势。

亚马逊致力于成为全球最"以客户为中心"的公司。纵观亚马逊数字内容生态系统的发展战略，营销模式及技术的创新是亚马逊未来保持发展能力的重要支撑，而全球化扩张手段、合作与企业并购作为发展点，保证了企业发展的速度和质量。创新、全球化与企业并购，三者合一，不断促进企业愿景的实现。目前来看，亚马逊数字内容生态系统发展战略帮助其克服了成长过程中的重重困难，但随着外部环境的变动以及内部业务的调整，其发展战略也必将面临越来越多的挑战。因此亚马逊要顺应时代要求，不断创新发展战略，以建立并保持自己的竞争优势。

5.2.4 渠道运营商主导的产业链整合

渠道运营商主要是指以中国移动、中国电信、中国联通等为代表的移动通信商所从事的数字出版产业链整合活动。这主要体现在移动出版上。移动出版是指将图书、报纸、杂志等内容资源进行数字化加工后，运用先进的数字版权保护技术，通过互联网、无线网以及传输设备进行传播，使用户能够通过各种便携式移动终端阅读相应的数字内容。

1. 手机出版

近几年来，中国的移动出版步入高速发展期。2016 年 7 月 19 日中国新闻出版研究院在 2016 中国数字出版年会上发布《2015—2016 中国数字出版产业年度报告》。报告显示，2015 年我国数字出版全年收入规模为 4,403.85 亿元，其中移动出版收入 1,055.9 亿元。在线教育作为数字教育出版的核心部分，2015 年收入规模为 180 亿元，呈现出巨大的发展潜力。移动出版中最主要的应用为手机出版。手机出版是指手机出版服务提供者使用文字、图片、音频、视频等表现形态，将自己创作或他人创作的作品经过选择和编辑加工制作成数字化出版物，通过无线网络、有线互联网络或内嵌在手机载体上，供用户利用手机或类似的移动终端阅读、使用或者下载的传播行为。手机出版已经成为数字出版中的一支主力军，而且连续几年保持了绝对优势的地位。究其原因，一方面得益于移动互联网和 3G 业务的迅猛发展，另一方面得益于功能强大的智能手机的发展，使越来越多的人逐渐放弃传统图书，转而通过手机阅读。大屏的智能手机不仅代表着一种新的时尚，更象征着一种新的生活方式，利用"碎片化"时间读书看报，并且可以随时随地、图文并茂地分享生活，这为手机出版带来了广阔的发展前景。

另外，从手机用户的增长情况来看，我们也可以得出类似的推论。根据中国互联网络信息中心2016年8月公布的《第38次中国互联网络发展状况统计报告》调查统计，截至2016年6月，我国手机网民规模达6.56亿，网民中使用手机上网的人群占比由2015年底的90.1%提升至92.5%。仅通过手机上网的网民达到1.73亿，占整体网民规模的24.5%。新网民的稳健增长和原PC网民的转化加快共同带动了手机网民规模的持续扩大。一方面，移动设备上网的便捷性降低了互联网的使用门槛，依然成为带动新网民增长的重要力量。2016年上半年，我国新增网民中手机网民规模为1,301万人，占新增网民的61.0%。另一方面，移动互联网应用服务不断丰富，与用户的工作、生活、消费、娱乐需求紧密贴合，推动了PC网民持续快速向移动端渗透。2016年上半年，新增手机网民中有2,355万人是由原有PC网民转化而来，这一规模较2015年底增加了1,202万。

中国新闻出版研究院国民阅读调查课题组2016年4月发布的第十三次全国国民阅读调查显示，2015年我国成年国民日均手机阅读时长首次超过一小时。其中，人均每天微信阅读时长为22.63分钟，较2014年的14.11分钟增加了8.52分钟；人均每天电子阅读器阅读时长为6.82分钟，比2014年的3.79分钟增加了3.03分钟；人均每天接触Pad的时长为12.71分钟，较2014年的10.69分钟增加了2.02分钟。在手机阅读接触群体中，最喜欢的电子书类型为"都市言情"，其后是"文学经典""历史军事""武侠仙侠""玄幻奇幻"等。在中国数字出版的各种业态中，手机媒体已经异军突起，成为继报刊、广播、电视、网络四大媒体之后的第五媒体。随着手机出版业的不断成熟和发展，一个手机出版的大市场已经出现，而手机出版的产业链也已形成并逐步完善。

2. 手机出版产业链

通过对于中国手机出版业态的分析总结我们可以看到，目前中国手机出版产业链主要包括内容提供商（CP）、网络服务提供商（渠道运营商）、技术服务商（SP）、手机生产商和消费者等重要环节。其中，内容提供商又包括传统出版单位、数字出版商、原创文学网站、个人原创者等。内容提供商负责提供版权内容，技术服务商负责将内容进一步加工和包装，并通过自己的业务平台与渠道运营商对接，负责业务推广、客户服务等，渠道运营商则负责把内容通过自己的通信渠道传输给用户，并从用户的手机费中扣除相关费用，完成业务代收费。上述这些单位以手机出版价值链为基础，通过连续追加价值，构成了手机出版利益关联方的战略联盟。换句话说，这也正是手机出版产业链的基本结构。

通过进一步分析我们可以发现，在手机出版产业链中，各个链条之间既有纵向的联系，也有横向的联系。如内容提供商、网络运营商、技术服务商三者之间，即属于纵向联系，而作为内容提供者的供应商，虽然其提供的内容形式不同，但在整个手机出版产业链中的地位和作用是基本一致的，其关系即属于横向关联。

内容不仅是手机阅读，而且是整个出版业和数字出版的必要资源。尤其在手机出版产业链中，其对手机出版产业能否健康发展尤为重要。在手机阅读产业链中，内容一般是由数字内容版权代理方统一供给，包括图书内容和个人原创作品等，它们拥有丰富的内容资源。此外，在内容方面具有一定优势的文学、小说网站，如起点中文网、红袖添香等，在手机出版中也占有一席之地。它们凭借其内容资源优势，在手机出版产业链中具有一定的话语权。不过总体来看，目前处于产业链上游的内容提供商在一定程度上仍严重缺位，同时内容同质化现象比较严重，尤其是多数出版社等内容资源大户没有参与到手机出版产业链中来。另外，对这些出版社来说，如何确保内容的合法性、真实性以及版权安全性，是有待进一步解决的问题。其次，对于终端生产商来说，各种手机产品现在的功能已经相当强大，而安卓、苹果系统的不断完善，更是助推了手机出版的快速成长。除手机终端外，其他电子阅读设备也逐渐成为移动阅读的重要载体。如随着 iPad 的推出，手机通信正在迅速地与电脑网络相融合，手机及平板电脑的出现极大地改变了数字媒体和通信媒体形态，使手机与电子阅读器、平板电脑三者合一，手机出版正在向全媒体平台过渡。各大电子阅读器厂商除了不断完善阅读器技术、开发新产品外，还积极与中国移动等渠道运营商开展深入合作。还有一些实力雄厚的终端生产商向上游延伸，通过自建平台整合内容资源。如北大方正积极搭建自己的"爱读爱看"电子书平台，进军手机出版。不过对于终端生产商而言，在手机出版中，其无法绕过中国移动、中国电信、中国联通等在通信渠道上的绝对垄断地位。另外，由于众多手机厂商技术水平不同，不同品牌和型号的手机之间存在不兼容现象，这使终端生产商失去了规模效益。此外，手机属于一次售卖活动，如果单纯的终端生产商没有增值服务，其产业链将不完整，而弥补这些不完整的服务即增值服务将由渠道运营商完成。

3. 手机出版运营模式

相对于内容和硬件来说，中国渠道运营商的实力和地位是不言而喻的。首先，在体制上，中国移动、中国电信、中国联通三大集团垄断着国内的移动通信业务，尤其是中国移动，更是牢牢掌握着手机用户的主导权。总体来看，渠道运营商拥有庞大的用户基础、充足的资金、丰富的手机应用运营经验，同时还控制着手机媒体传播渠道，具有十分成熟的收费模式，这些优势使渠道运营商逐渐成为手机出版产业的领导者。从目前市场情况来看，渠道运营商凭其垄断地位使手机内容和手机所享有的服务、手机出版标准的制定以及手机出版物的定价权，大多控制在渠道自己手中。另外，中国移动、中国电信、中国联通等渠道运营商受制于内容的匮乏，均积极开展内容资源整合，着力整合上下游产业链，并利用自身的优势将产品直接销售给终端用户，以其为主导的产业链整合趋势已经日益显现。手机出版运营模式主要有三种：自营模式、"虚拟运营"和合作运营模式。

自营模式是指电信运营商凭借自身的网络资源优势，通过充分挖掘网络发展潜力，对自身的网络资源进行整合规划，积极进军增值服务市场，通过向用户提供多样化、个性化的增值服务为其开拓新的利润空间。这种运营模式的典型代表是英国的沃达丰（Vodafone）模式。沃达丰模式是运营商不仅充当数据业务内容的管理和整合者，还部分地直接充当了提供者。其业务范围包括内容的设计、制作、发布并最终作为运营商提供服务，采用积极的并购和规模扩张经营政策，其经营范围和地域越来越广。并购扩张战略还可以使电信运营商很快获得规模优势，抗衡竞争对手的冲击，面对同一客户可以提供更多的服务，降低服务价格，提高用户忠诚度。[1]

"虚拟运营"是指那些拥有电信经营许可证而没有网络或者频率资源的企业，通过租用网络运营商的网络设施，使用自己的品牌独立地发展用户和开展业务的运营方式。这是双方优势互补、合作共赢发展之路。移动电话业务竞争最为激烈的香港地区，也是虚拟运营业务开展最好的地方之一。目前这一模式主要有两种：一是英国维京（Virgin）移动公

---

[1] 姜奇平. 云计算商业密码：云计算的经济学解释 [J]. 互联网周刊，2011（12）：18-25.

司模式；二是香港润迅模式。[1]

合作运营模式主要指网络运营商联合众多的业务提供商、CP等增值业务提供商，以收益分成、利益共享的形式共同提供增值业务。它通过对产业链的纵向整合，理顺了产业链各环节的关系，实现了资源共享、优势互补和合作共赢，从而使每部分都能相互依靠，健康地发展。运营商通过介入并全程参与开发增值服务，培育和推动了电信市场的发展，扩大了赢利范围，找到了新的业务增长点。这是目前中日韩手机出版产业中较为有效的运营模式。目前中国移动的经营模式主要是"设备供应商—应用软件开发商/系统集成商—基础网络运营商—内容提供商、服务提供商—用户"的新型共赢价值链。通过社会资源重新整合，形成了商业利益较为明晰的合作模式，并充分利用中国移动的用户资源、网络资源、应用支撑平台资源、营销网络、客户服务和宣传渠道等资源，营造电信产业良性发展的生态环境，积极创造移动通信服务新的产业模式。通过这种方法，中国移动用其计费、营业系统向有代收费需求的业务提供商提供代收费服务，并承担坏账风险，各业务提供商向中国移动支付代收劳务费，占信息服务费的15%，从而形成一条完整的产业链。

传统的手机出版经营模式是最为典型封闭的价值链模型。这种业务模式最大的弊端是阻碍了增值业务服务的发展，这是因为内容开发和内容推广都是由渠道运营商独立进行的，这样就大大限制了内容丰富化。开放的价值模式是渠道运营商通过提供开放的数据业务管理平台与内容提供商紧密合作，调动了内容开发商的积极性，提供明确的收入分成规则，从而促进增值服务的发展。在和封闭模型完全相反的通道式的价值链模型中，渠道运营商完全放开了内容服务，而仅作为业务承载的网络提供商不参与信息服务。这种模型的弊端在于内容提供商无法利用运营商的收费平台获得收入，从而阻碍增值服务的发展。[2] 从国内外手机出版运营模式来看，由于各个国家业务发展水平和方向不同，手机出版价值链上各环节目前的发展情况以及占据的地位也各不相同。但总体来说，开放的手机出版价值模式更适合渠道运营商增值业务的开展。

5.3 小结

本章首先指出数字出版产业链的整合途径，包括内容整合、渠道整合、资本整合和产业联盟。其次以案例对数字出版产业链的整合实践情况进行了探讨：以凤凰传媒为例分析了内容提供商主导的数字出版产业链整合；以北大方正和盛大文学为例探讨了技术运营商主导的数字出版产业链整合；以亚马逊为例论述了终端生产商为主导的数字出版产业链整合；以中国移动、中国电信、中国联通等为代表的手机出版为例阐述了渠道运营商主导的数字出版产业链整合。这些为下一章提出的数字出版产业链整合的管理策略奠定了基础。

---

[1] 黄河. 手机媒体产业模式研究 [M]. 北京：中国传媒大学出版社，2011：35.

[2] 王大鹏. 手机出版产业模式研究 [D]. 曲阜：曲阜师范大学，2013.

6 我国数字出版产业链整合的管理策略

我国数字出版产业链在做出一定实绩的同时，也暴露出创新不足和战略摸索阶段的短板。如我国数字出版产业链关联企业之间的关联较弱、传统出版企业与 IT 企业之间业务联系和合作不足、产业链的协作关系尚未理顺等，这些短板影响了我国数字出版产业链的协调发展和有效运行。数字出版产业整合战略的执行需要政府、产业、企业、人力资源四方面合力，紧跟数字出版产业发展脉络，构建完整、科学的数字出版产业链管理战略。

6.1 政府层面

产业链的建设和管理离不开政策的保障。结构完整、协调运行的产业链，不仅是管理强化的结果，也是政策引导的结果。强化对我国数字出版产业链的建设和管理，政府的作用必不可少。

6.1.1 新闻出版业数字化转型升级

随着经济和信息科技的发展，旧有的管理体制越来越不适应日渐活跃的出版领域，出版物无法满足市场的大量需求。在新闻出版领域，政府旧有的管理体制出现了失灵，无法发挥为社会提供高质高量的文化出版物的职能，更没有办法良好地管理近年来迅猛发展的数字出版产业，新闻出版体制改革是必然的选择。2013 年 3 月 10 日《关于国务院机构改革和职能转变方案（草案）》在人大会议上被提出，并于 2013 年 3 月 14 日经表决通过。值得注意的是，此方案中组建了国家新闻出版广播电影电视总局，后名称被修改为"国家新闻出版广电总局"，将原本独立的两个机构进行了职能整合。此次的机构调整和职能整合，可以说是发展新媒体文化产业一个大胆的跨步，但也不可否认，整合之后的中央机构只能涵盖传统的出版和媒体行业，一些跨媒体的出版产品仍然处于管理盲区，如 2009 年 4 月美国暴雪娱乐公司的网络游戏《魔兽世界》的代理权转移问题。《魔兽世界》更换代理公司需要到相关部门进行新一轮的审批才能继续在我国服务器上运作，而正是在游戏重新审批的环节上，文化部（现文化和旅游部）和新闻出版总署之间出现了冲突。为了解决这一冲突，中央机构编制委员会办公室专门下发了《中央编办对文化部、广电总局、新闻出版总署〈"三定"规定〉中有关动漫、网络游戏和文化市场综合执法的部分条文的解释》。由此可见，在体制机制方面，大部制改革之中的部门职能分配仍然需要进一步重组。

在数字出版内容管制方面，虽然新闻出版总署和广电总局合二为一，但相关的行政审批流程暂时仍然没有详细的规定。在数字出版内容传播管制方面，经营者需要向工业和信息化产业部、广电总局申请产业经营执照，多头管制的局面短时间内依然会继续存在。在出版产业与网络媒体平台相互融合的趋向越来越明显的情况下，分散的管制机制增加了产业主体的经营成本，成为产业发展的一大阻碍。因此在机构改革职能整合正在不断推进的当下，需要考虑到跨行业发展产业的前景问题，需要设立专门的数字出版管理机构。可以将该机构设立为数字出版产业专门对接的窗口，以公共服务为价值取向，向相关企业提供一站式的服务，降低企业到不同单位办理业务所需文件、来回奔波的消耗。

鉴于数字出版的跨媒体特性，对于它的管理显然需要多部门一起合作开展，加之相关申请流程程序陈旧，无形中增加了过多的成本，数字出版相关企业四处碰壁，更不利于进行国际合作。设立专门的数字出版管理机构，扶持数字出版产业的发展，首先要明确部门的管理理念，改变以往居高临下的"家长式"作风，以为相关企业服务为宗旨，提供高效的行政服务；其次要整合政府管理工作流程，进行流程重组，并顺应互联网发展，在政府门户网站之中建立便捷的数字出版网上办事门户，打造出便捷的数字化、网络化的互动办公系统；再次要理清不同部门之间对跨媒体的数字出版产品包括前期审批、资格许可，以及产品生产、传播、相关运营方面的职能分工，将落后于现实发展的部门进行整合，重要的部门进行独立；最后要设立良好的协作机制，应用电子政务系统建立数字出版企业信息数据库。[1] 具体来说，要做到在教育出版领域大力发展在线学习与培训业务平台，实现由教育出版商向教育服务商转型；在专业出版领域，加快内容资源知识化、体系化、产品化开发，实现向知识和专业信息服务商转型；在大众出版领域，加大内容资源 IP 运营开发力度，拓展延伸产业链条，提高内容增值服务能力，实现向综合文化服务商转型；在音像电子出版领域，增强内容资源高清化、系统化、移动化开发力度，提升产品交互性和用户体验性，实现向全媒体产品服务商转型。

6.1.2　优化数字出版产业集群

数字出版产业链是数字出版关联企业基于一定的产业集聚区域形成的战略联盟关系，是产业空间组织形式的一种表现。产业集群，波特将其定义为"相互关联的企业或机构在某一特定地理区域内的集中，集群区域内包含的大量关联产业及相关机构，能够形成强劲的竞争优势"[2]。而荷兰学者范迪克认为，产业集群能够给集群区域内的企业带来积极的外部经济性效果。[3] 产业集群既是产业链空间分布的一种主要形式，也是实施产业链整合的重要组织形式之一。对于数字出版产业链来说，推动产业链主体在空间分布的集聚，组建产业集群，尤其是传统出版企业与技术企业的集群，不仅能够更有力地推动二者的有

---

[1] 夏萍. 我国数字出版产业的问题及政府监管研究 [D]. 武汉：湖北大学，2013.
[2] MICHAEL E P. Cluster and new economics of competition [J]. Harvard business review，1998，76 (6)：77-90.
[3] M P VAN DIKJ，R RABELLOTTI. Enterprise clusters and networks in developing countries [M]. London：Class Publishers，1997：77-90.

效融合，加速数字出版的产业融合进程和数字出版产业链的形成，同时能够更好地促进集群区域内关联企业的协调合作，发挥协同、关联效应，提升产业竞争力和产业链的价值增值能力。

优化数字出版产业集群体现了政府对数字出版产业的产业布局政策，是对数字出版产业在空间上的战略部署和规划。其集中体现在数字出版产业基地建设上。

建设数字出版产业基地是数字出版产业布局管理的重要内容，其目的在于通过产业集群效应引导更多的资金、技术、人才等资源流向集群区域，在产业基地内产生集聚和规模效应，形成完整的产业链，从而促进数字出版产业快速发展。[1] 可见，数字出版产业基地对于形成并打造一条结构完整、协调运行的数字出版产业链，壮大数字出版产业，增强数字出版产业竞争力均具有积极意义。《国家"十三五"时期文化发展改革规划纲要》《新闻出版业"十三五"时期发展规划》《数字出版"十三五"时期发展规划》等提出了提升数字出版在公共文化服务体系建设中的支撑能力，这对数字出版产业集群的建立是一个契机。产业集群区应依据各地区资源禀赋和数字出版产品及服务需求结构的不同，形成发展特色，才能增强区域竞争力。而当前各大数字出版产业基地的特色不够明显，部分产业基地存在网络游戏、网络动漫等产业领域的资源重复配置。优化数字出版产业集群，应依据不同区域的资源禀赋条件，建设和发展定位明确、特色鲜明的产业基地。

6.1.3 完善数字出版技术标准

从当前制约数字出版产业健康快速发展的突出问题来看，技术标准不统一的问题十分突出。

由于数字出版产品及服务的形式多种多样，不同的产品及服务形式具有不同的技术标准，因而数字出版产业的技术标准具有一定的复杂性。同时参与数字出版业务的企业众多，不同的企业实施不同的企业标准，又加剧了数字出版产业技术标准的不统一、不规范。就我国的情况而言，数字出版产业技术标准问题主要表现为标准的混乱、不统一、不兼容，严重制约了产业的发展。与产品相关的硬件、软件、文件交换格式及数字内容整合等方面均缺乏行业乃至国家标准，标准建设严重滞后。[2] 就电子书格式而言，目前国内市场有 Adobe 的 PDF、OEB 组织的 OEB、北大方正的 CEBX、超星图书馆的 PDF、中国知网的 CAJ 格式等，它们彼此间缺乏统一的技术标准格式，各格式也不能兼容。这一方面造成了重复浪费，另一方面降低了效率，制约了数字出版产业链的增值服务能力。因此我国需要加强立法和制度建设，建立层次分明、分类合理、使用方便的数字出版技术标准体系。

完善数字出版技术标准，需要注意以下两个方面：

1. 保证技术信息的公开度

开放性是作为行业技术标准最为重要的条件，作为行业标准必须全面公开相关的技术和数据信息，使所有的应用者都能够方便获取，从而能够允许应用者以相关技术和数据为基础进行相应的开发。就我国 2013 年公布的《数字阅读终端内容呈现格式》行业标准而言，其底层技术由于使用的是方正阿帕比的 CEBX 格式，技术信息公开有限。

---

[1] 曹旭，苟莉莉. 论数字出版产业基地的功能及发展建议 [J]. 中国经贸导刊，2010 (22)：69.
[2] 黄孝章，张志林，陈丹. 数字出版产业发展研究 [M]. 北京：知识产权出版社，2011：217.

2. 要做好标准的更新、升级

任何标准都不会是一成不变的，必须时刻把握行业发展的新动向、新需求，做好技术标准的更新换代。当前通行的 EPUB 格式也是经过十多年的不断修改、完善，由最初的开放电子书结构（Open eBook Publication Structure，OEBPS）升级为现今的 EPUB 3.0 版本，该版本在性能等方面较之前的版本有了很大改善，也由此确立了其国际电子书主流标准的地位。

6.1.4 破除产业融合的制度障碍

"十三五"数字出版规划指出，要初步实现传统媒体和新兴媒体融合发展。在报纸出版领域，适应新兴媒体传播特点，加强内容建设，创新采编流程，优化信息服务，以内容优势赢得发展优势，适时建立用户资源库，实现由单一经营内容信息转变为以经营内容信息为基础，向经营用户转变，推动传统媒体和新兴媒体在内容、渠道、平台、经营、管理等方面深度融合。在期刊出版领域，建设学术期刊网络发布平台，支持学术期刊数字化优先出版。

从当前我国数字出版产业链的融合效果看，数字出版产业融合程度还较低。究其原因，很重要的一方面就是，目前我国数字出版领域的产业融合仍存在一定的制度障碍。由于现行制度和政策大多是基于传统技术环境，我国文化产业领域的跨产业兼并与重组受到现行制度和政策的限制，在体制、政策上仍存在一些制约产业融合的因素，也就在一定程度上阻碍了产业融合的深入。比如，不同媒介间、不同地区间的条块分割还较为严重，出版业作为意识形态的重要领域，行业外资本的进入受到限制等。这在一定程度上影响了企业间的兼并与战略联盟，也制约了数字出版产业跨媒介、跨地区、跨行业的融合。

破除产业融合的制度障碍，首先要面对的是市场准入问题，其核心焦点突出表现在市场准入制度方面。只有降低各产业间的进入壁垒，才能打破产业边界，促进产业间的相互融合。对于数字出版产业而言，由于是由传统出版业转型而来的，基于出版业所具有的意识形态属性，并从加强产业规范管理的角度来看，保持一定的准入限制是有必要的。但是这种准入限制只适宜限定在内容的出版领域，对于内容的加工、发布与传播则应当保持相对的准入开放，以保持市场的有效竞争，尽量降低市场进入壁垒，推动产业融合进程。这就需要考验准入制度的合理性，而目前我国在数字出版领域的准入制度仍存在一定的不合理性。以电子书出版产业的市场准入为例，针对我国电子书出版产业无序竞争、同质化、效率低下、资源浪费等发展现实，我国设置了电子书产业准入口槛，强化对电子书产业参与企业的管理。2010 年 10 月 10 日发布的《关于发展电子书产业的意见》中，明确指出了要依法建立电子书行业准入制度，对从事电子书内容原创、编辑出版和电子书内容资源投送平台运营业务的企业，作为电子出版物出版单位和互联网出版单位进行审批和管理；对从事出版物内容的数字转换、编辑加工、芯片植入的企业，作为电子出版物复制单位进行审批和管理；对从事电子书的总发行、批发、零售业务的销售企业，作为电子出版物发行单位进行审批和管理；对从事电子书进口经营业务的企业，作为电子出版物进口单位进行审批和管理。[1] 根据该意见分类审批与管理的指导思想，2010 年 11 月 4 日新闻出版总署公布了首批电子书牌照，共 21 家企业获得了电子书从业资质。这对规范电子书市场秩序，

---

〔1〕 李丹. 新闻出版总署出台电子书产业发展意见 [N]. 经济日报，2010 - 10 - 11（004）.

细分产业市场,避免技术商和内容商的对立,提升我国电子书出版产业资源利用效率和竞争力,具有积极意义。然而,其中也存在一定的不合理性。

从当前获得电子书从业资质的企业情况来看,虽然技术企业占有相当大的比重,但是总体而言,对传统出版企业更为有利。首批公布的电子书牌照名单中,三大运营商瞬间从主角变为了配角。从国家的角度来看,设置电子书从业资质是为了改善我国电子书市场无序竞争的格局;从获得资质的企业角度来看,却有保护传统出版企业、限制技术企业之嫌。限制技术企业,其实就相当于限制了竞争,此举显然不利于保持市场的有效竞争。此外,虽然有部分观点认为数字出版产业链的整合应以内容为主导[1],但从技术企业在数字出版产业链构建中的推动作用,以及技术在数字出版产业链形成机制中的基础地位看,数字出版产业链整合技术为主导显然更具优势和现实可行性。为此,对技术企业开展数字出版业务的准入,理应保持相对的开放度,以促进数字出版市场的有效竞争,推动数字出版产业链的融合与整合。

6.2 产业层面

就产业层面而言,要理顺数字出版产业梯级关系,实施可持续发展的阶段战略。

6.2.1 以梯级战略指导发展主导产业

当前我国数字出版产业在发展阶段上存在明显的不同步现象,其差异性表现在手机出版、网络游戏、互联网广告处于产业的发展期,数字报纸、在线音乐处于萌芽期,其余多数业态处于成长期,构成我国数字出版产业的三大梯级。

对于第一梯级的手机出版、网络游戏、互联网广告,重点是实现核心技术创新,完善产业链构建和实现利益分配合理化。手机出版协调解决电信运营商垄断地位的问题,彰显数字出版产业文化使命的一面,科学调整分成比例,以诚信的销售数据与内容提供商合作,保障内容提供商的利益和参与积极性。同时创新手机显示技术和开发新型智能手机第三方应用程序,改善目前浅阅读状况,以优质内容实现"小屏幕读出大内容",构筑如纸质媒体时代的图书、报刊、文摘等多形态的阅读哲学。网络游戏需协调成本提升和产品开发间的关系,大型网络游戏和网页游戏并重,培养稳定的人才队伍,创新游戏作品内容,吸收传统出版行业的优秀内容资源转化。互联网广告需解决用户精准定位问题,以改善广告效率趋低与侵犯式互联广告(强制广告、强制注册、弹出页面)盛行的窘境,并加大对互联网广告发布方的监管,严格把关广告审核发布。

对于第二梯级的互联网期刊、电子书等,重点是提高产业规模、拓宽产业链和解决版权问题。互联网期刊目前已达到市场覆盖率的饱和状态,高校、公共图书馆、科研机构的用户占有率趋于高位稳定,个人用户市场亟待突破。同时互联网期刊的内容增值尚未形成气候,盈利模式仍然依赖期刊数据库的订阅销售,咨询服务的内容价值体现有待挖掘。另外,互联网期刊的版权保护受复制便捷的影响,丰富的互联网平台为用户转载、检索提供侵权空间,用户不经意间成为侵权人,也是互联网期刊管理必须面对的问题。电子书与互联网期刊类似,也存在版权、盈利模式的问题,还有缺乏统一标准的问题,唯有规范电子

---

[1] 郝振省. 数字出版产业存在的问题与趋势 [N]. 中华读书报,2013-07-31 (21).

书的格式标准，市场的后准入者的研发重心才能落在内容创新上，不用担心兼容问题和重复格式转换的体力劳动。

对于第三梯级的数字报纸、在线音乐，重点是创造产品价值来源，拓展广告业务新模式。数字报纸需解决登载广告的营销效率和个性化实现，在线音乐在扩大音乐产品销售的同时需发挥社区营销效应，以音乐社区形式聚集人气并以广告补充盈利。

深层次来看，互联网期刊、电子书、博客、在线音乐、手机出版、网络游戏、互联网广告在整个数字出版产业构成的第一主成分上有较高载荷，处于主导产业地位，且以在线音乐、网络游戏、互联网广告、手机出版载荷信息较高，主导地位更强。而第二主成分反映了数字报纸、网络动漫两个指标的基本信息。政府和企业应依据不同的阶段性特点确定其发展方向，在技术水平、产业规模、公共服务等指标上区分梯级并有所侧重，维系产业均衡性和规模呈现良性发展的态势。[1]

6.2.2 推动产业链资源的有效整合

强化对数字出版产业链的管理，构造结构完整的数字出版产业链，需要出版业和IT业的共同参与，实现内容、技术、渠道等产业链资源的有效整合。尤其是在当前数字出版产业链结构尚不完整，产业链的资源整合效果仍不理想的情况下，推动产业链资源的有效整合，对产业链有效运行与强化管理就显得尤为重要。要实现出版业与IT业在内容、渠道、技术等产业链资源方面的有效整合，需要实现两方面的目标：

1. 以实现规模经济效应、有效提高产业链效益为目标

始于企业组织分工协作研究的产业组织理论，能够为产业链整合过程中如何实现各关联企业的协同合作提供有益参考。产业组织理论研究在不完全竞争环境下，企业组织如何通过合并等市场行为实施对其他关联企业的控制，以实现规模经济效应。由此，对于数字出版产业链整合而言，无非就是通过在内容资源、渠道、技术等方面的整合实现协同效应与规模效应，最大化产业链的利润。当前数字出版产业链无序竞争乱象突出，内容、技术、渠道割裂，内容提供商试图绕开平台运营商独立搭建市场分销平台，技术运营商凭借技术优势意图通吃产业链，渠道运营商积极布局内容生产以图摆脱内容提供商。数字出版产业链分工协作良好生态系统的缺失，结果只能是资源的严重浪费、市场竞争的无序化和产业链效率的低下。为此，就需要通过内容、技术、渠道等方面的整合协调产业链各方的市场行为，以形成良性竞争格局，实现数字出版产业链效益的最大化。

2. 以有效降低交易费用为目标

数字出版产业链是一种基于分工生产协作的经济方式，涉及中间产业的生产及转化，这必然与成本有关。因此在数字出版产业链环节中，为有效降低交易费用，获得更合理的中间产品价格回报，数字出版产业链条上的相关产业会通过纵向一体化策略将不同环节间形成的市场成本内部化，以获得更高的利润回报，或通过横向一体化策略降低同一环节的采购、生产、交易成本，从而降低整个市场交易费用。当前存在的诸如技术标准不统一、产业链间转换成本高的问题，导致未能很好地降低市场交易费用。因此在推进产业链整合的过程中，有效降低市场交易成本就应成为首要目标。

---

[1] 肖洋. 我国数字出版产业发展战略研究——基于产业结构、区域、阶段的视角 [D]. 南京：南京大学，2013.

6.3 企业层面

就企业层面而言，目前存在的主要问题是传统出版企业与 IT 企业之间的分工协作不足，关联关系较弱。因此数字产业链的各个环节企业必须明确知道自身的角色定位，专注于自身业务的开发发展，无论是产品与服务提供商，还是技术开发商与平台提供商，抑或是产品与服务分销商，都必须明确发展自身的核心业务，防止专业不明确、专业过于宽泛而导致工作质量下降的现象，导致资源浪费。

6.3.1 明确自身定位

企业定位是指企业通过其产品及品牌，基于顾客需求，将企业独特的个性、文化和良好形象塑造于消费者心目中，并占据一定位置。从产品定位、品牌定位、企业定位三者的关系层次来看，一般企业定位要经历的过程是：从产品、品牌、企业定位三者一体化到三者分离，后者相对于前者越来越概括和抽象，越来越多地被用来表现理念。

当前数字出版产业链运行的不顺畅，归根结底是由于产业链分工不明确，产业链中企业定位模糊，因此数字出版企业要解决分工定位问题。

1. 产品与服务提供商的分工定位

数字出版产品与服务提供商作为数字出版产业链的源头，肩负着为数字出版提供内容资源及相关服务的重任。因此在数字内容、数字产品与服务质量、数字产品与服务形态、数字版权管理等方面要明确自身的定位。

（1）数字内容定位

在数字出版时代，用户的阅读需求日趋多元化和"碎片化"，如何整合各类信息以满足这些多元化和"碎片化"的需求，是数字产品与服务提供商应该思考的问题。同时，作为内容提供商核心资源的数字内容是其发展的核心竞争力，因此需要通过内容资源的不断创新巩固其在内容资源占有方面的优势。通过对内容资源的集成形成"规模优势"，已成为数字出版产品与服务提供商获取竞争优势的重要发展模式。

（2）数字产品与服务质量定位

在激烈的市场竞争中，企业要求得生存和发展，除了战略选择外，产品与服务的质量控制至关重要。质量不过硬，将会被市场所淘汰。在数字出版时代，任何一点质量问题，通过微博、微信、网络客户端等被无限放大，都会导致产品与服务提供商遭遇失败。因此优化质量要贯穿策划、组稿、编辑加工、社会营销等数字出版产业链整个流程。

（3）数字产品与服务形态定位

除了数字内容资源创新，产品与服务形态创新也是数字出版产业的重要方面。数字出版产业的产品形态从最初的封装型产品，经历了数据库、电子书、手机出版物等多种形态的变化，并仍在不断丰富当中。数字出版产品与服务形态的每一次创新，都会带动一批企业的兴起，同时也会造成一批企业的衰亡。数字出版企业应该将商业形态定位于内容提供商。数字出版企业具备内容资源优势，以标记语言为基础的数字出版是目前成本最低的出版形态，传统出版是数字出版的一部分，数字出版是基于文章的出版。这样数字出版企业以现有的丰富出版资源，以最低成本的出版形态处于产业链的关键环节，竞争和获利相对稳定。

(4) 数字版权管理

如果说技术开发商和平台提供商的优势在于技术和平台，数字出版产品与服务分销商的优势在于渠道和客户，毫无疑问，产品与服务提供商的优势则在于其所掌握的内容资源及建立在内容资源基础上的对于版权的控制权。[1] 这是产品与服务提供商在数字出版产业链中竞争的根本，为此，应强化其在数字版权管理和授权方面的功能定位。数字出版产品与服务提供商应建立自身的内容管理系统，并通过数字版权加密保护技术、数字对象标识符及相关的版权追踪技术等技术手段进行版权保护，实现数字内容的权利管理。同时，产品与服务提供商应通过建立合理的数字版权授权模式、版权授权费用标准、盗版赔偿标准等，强化对数字版权授权的控制。

2. 技术开发商与平台提供商的分工定位

数字出版技术开发商和数字出版平台提供商作为数字出版产业链重要的参与者，在产业链中不仅极大地推动了数字出版产业的发展，还推动了传统出版商的数字化进程。在数字出版时代，要在技术方面进行不断创新，在资源生产和市场分销、用户服务等方面建立起适合自身的定位。

(1) 数字出版技术和平台创新

数字出版技术是出版业和 IT 业结合的产物，在当前数字出版产业链整合的背景下，两者结合更明显了。瑞丽杂志与瑞丽网（http：//www.rayli.com.cn/）是出版业和 IT 业结合比较好的例子。瑞丽网在视觉效果、互动性、使用性能等方面很不错，这进而推动了瑞丽杂志的品牌构建和市场分销。另外，数字内容资源的上传与发布、产品及服务的在线消费、生产与消费的连接已经越来越离不开平台提供商的平台支持。我国的学术出版，因为有万方数据、中国知网等平台服务商的发展，才有了相对稳定的产业链模式。

(2) 资源生产和市场分销

在数字出版产业链"资源+市场"的二元结构中，技术开发商与平台提供商往往以内容提供商的身份从事"资源生产"或以分销商的身份从事产品的"市场分销"。对于数字出版技术开发商，其在产业链中更多的是以集成型数字出版商的身份参与产业链建设。它们借助所掌握的技术优势，通过提供出版产品数字化加工技术和服务，以及从事内容资源整合、集成发布等活动实现"资源生产"的功能。数字出版平台提供商通过搭建数字出版平台参与产品及服务的分销。近些年来，中国出版集团、中南出版集团、盛大文学等纷纷搭建出版、分销一体化平台，新华书店网上商城、文轩网、汉王书城、当当网等则重点打造分销平台，这些都定位于"市场分销"领域。

(3) 用户体验与增值服务的提供

提供用户体验与增值服务，是数字出版技术开发商与平台提供商在数字出版产业链中的重要功能定位。数字技术开发和平台服务通过一定技术来改进和提高用户体验、增值服务，如用户浏览页面时的自动推荐服务、信息定制等，又如爱思唯尔的文献计量等个性化增值服务等。这些服务均需要数字技术开发商与平台提供商合力完成。由此可见，用户体验与增值服务的提供需要技术开发商和平台提供商的支持，这也是其参与数字出版市场竞争、提高产业链价值增值能力的要求和重要手段。

---

[1] 徐丽芳. 浮现中的大众消费类数字出版产业链[J]. 出版广角，2008 (12): 16-19.

3. 产品与服务分销商的分工定位

数字出版产品与服务分销商在数字出版产业链中扮演着内容提供商与消费者沟通桥梁的重要角色。其定位主要表现在以下五个方面：

（1）数字出版产品与服务销售定位

数字出版时代，面对海量的信息产品，需要多样化的产品与服务销售渠道。单纯依靠内容提供商，不仅不利于扩大用户服务范围，而且也不利于内容提供商的专业化生产，这就需要数字出版产品与服务销售商来发挥作用。数字出版产品与服务分销商促进销售功能的方式主要有三种：一是通过数字出版平台进行分销，消费者通过网银、支付宝等在线结算手段，随时随地购买数字出版产品与服务；二是通过手机、电子阅读器等移动媒体分销，部分数字出版产品及服务直接内置于移动终端，更多的则通过无线网络在线销售；三是通过网上书店或实体书店分销。

（2）资金回收和流转

分销商面对的是产品与服务的最终市场，是实现产品与服务价值的最后一环。分销商需要负责很大一部分的资金回收及流转功能，而资金的及时回笼和正常流转是企业扩大再生产、实现稳定持续发展的重要条件。传统出版业中，由于普遍采用寄销形式，分销商（即传统出版中的发行商）的结算周期长达半年甚至一年，资金很难快速流转。同时，发行商依靠对发行渠道的控制拖欠货款的现象常有发生。这些严重影响了出版社正常的生产经营活动。而在数字出版产业中，数字产品与服务分销商主要通过网银、支付宝、手机短信等方式结算，这样资金的回收和流转速度大大提高。不过，这里需要注意的是支付工具的安全问题及收入分成问题。支付安全问题关乎消费者的消费意愿，收益分成则关系到产业链各方的有效合作。

（3）数字出版市场反馈和沟通

虽然数字出版产业链的任一主体都不能忽视市场需求，都要接触、了解市场，收集市场信息及反馈，但是作为接触消费者与市场的"最前线"，分销商无疑要承担更多市场反馈接收功能。分销商必须最大限度地收集市场信息及反馈，对此，一方面要与读者积极沟通，了解其需求和喜好；另一方面，则要将市场反馈信息提供给内容提供商，为后者把握市场需求、与读者进行有效沟通架设桥梁，合作解决市场反映的问题，从而促进产品与服务的销售。

（4）数字内容集成分销

2016年4月18日，中国新闻出版研究院发布了《第十三次全国国民阅读调查报告》。报告显示，2015年我国成年国民图书阅读率为58.4%，同比上升0.4个百分点；数字化阅读方式的接触率为64.0%，同比上升了5.9个百分点。数字阅读首次明显超过纸质阅读。其中，成年国民网络在线阅读率首次过半，达到51.3%，同比增长1.9%；成年国民手机阅读率最高，达到60.0%，同比上升高达8.2个百分点，电子阅读器阅读、Pad阅读及光盘阅读等均呈增长态势。在数字阅读中，微信阅读最为普及，据统计，有51.9%的成年国民在2015年进行过微信阅读，同比增长17.5个百分点，增幅超过50%。数字化阅读成为主流阅读方式，这就要求分销商必须集成分销多媒体数字内容，才有可能最大限度地满足读者需求。

（5）数字产品与服务分销解决方案开发

数字出版产品与服务分销商在数字出版产业链中除了直接分销数字出版产品外，为内容提供商提供分销解决方案也应成为其重要的功能定位。分销解决方案在帮助内容提供商实现数字内容及服务快速分销的同时，也促进了行业对市场开发和营销经验的积累。

6.3.2 强化战略联盟

数字出版产业链是战略联盟关系，数字出版战略联盟的组织形式能够有效降低市场交易成本，对于推动有竞争力的数字出版产业链的形成和打造有积极意义。当前我国传统出版企业与IT企业间缺乏战略联盟合作，数字出版产业的战略联盟尚未真正建立起来。为此需要强化数字出版战略联盟关系，实现产业链分工协作。

强化数字出版企业的战略联盟关系，就要建立起产业链主体间相互协作、利益共享的机制，进而实现分工的协调与专业化。要通过整合多方资源，尤其是内容资源来提升资源的规模效应，从而提升整体的竞争优势。

强化数字出版企业的战略联盟关系，要构建统一的公共信息服务平台，以加强关联企业之间的信息沟通；要推动内容提供商和产品与服务分销商之间的联合。至于战略联盟关系的组建，可以组成协议性联盟，也可以组成产权式联盟。双方可通过技术研发合作、市场共享和建立合资企业等方式，实现资源互补与利益共享。

6.4 人力资源层面

数字出版产业的发展对人才资源的需求愈来愈强烈，以人为本，实施人才战略是繁荣出版产业的重要基础战略。

1. 健全数字出版人才的培养机制

一方面要注重对数字出版领军人才的培养。为领军人才提供发展平台，以专项资金和项目课题的形式资助其撰写著作，鼓励并组织其分享业务经验，邀请其参与数字出版产业重大改革；另一方面要完善产学研协作体系，加强职前教育和继续教育。培训师资来自企业内部骨干，或来自高校、科研机构的专家学者，也可来自行业协会组织的宣讲团，由跨行业专家组成。

职前教育主要是高校数字出版专业人才的在校培养。一是加强学生对数字出版技术的实践能力的掌握，如网站设计与管理、数据库技术等；二是加强学生对市场经营管理能力的掌握，如电子商务、资本运作等。此举的目的是培养复合型的实用性与理论性兼备的人才。因此数字出版人才的培养不能仅限于表面的出版课程教育，更要通过实践技能训练，通过校企协作模式共建教学实践基地，与市场接轨，提高育人质量。

2. 建立科学的人才流通机制

数字出版企业通过设置优先岗位吸引人才流通，以高薪酬和高福利鼓励人才积极创新，条件许可的实行股权吸引人才，将优秀员工的长期利益与企业利益紧密结合。如一些高校出版社通过高薪聘请数字产品经理、数字产品策划、阅读终端软件开发工程师、网站开发工程师等来发展数字出版业务；又如重庆两江新区国家数字出版基地从税收、奖励和服务等方面对数字出版从业人员提供优惠政策，鼓励和支持高校、科研院所和数字出版企业联合建设人才培养基地和实习基地，为数字出版产业的可持续发展提供强大的人力资源供给。

6.5 小结

本章从政府、产业、企业和人力资源四个层面,提出了我国数字出版产业链整合的管理策略。就政府层面而言,提出新闻出版业要进行数字化转型升级、要优化数字出版产业集群、完善数字出版技术标准、破除产业融合的制度障碍;就产业层面而言,提出要以梯级战略指导发展主导产业、推动产业链资源的有效整合;就企业层面而言,提出要明确自身定位、强化战略联盟关系;就人力资源层面而言,提出构建复合型人才的培养和流通机制。

7　结语

《中华人民共和国国民经济和社会发展第十三个五年规划纲要》明确提出"加快发展网络视听、移动多媒体、数字出版、动漫游戏等新兴产业"。这是"数字出版"首次被列入国家五年规划纲要，对于数字出版产业发展具有划时代的意义。

"十三五"时期，中国数字出版产业在全面建成小康社会和建设社会主义文化强国的过程中，承担着更为重要的任务。在我国"一带一路""中国制造2025"等一系列国家重大战略推进过程中，数字出版对于加快信息传播和流动，促进知识支撑和智力支持有着无可比拟的优势。

当前数字出版产业生态环境日臻完善，产业链日趋成熟，政策保障更加有力，为数字出版业的繁荣发展提供了良好的内外部环境。随着我国国际地位的不断提高，文化软实力的不断提升，构建良好的数字出版产业链，参与国际竞争、服务全球用户成为当下中国数字出版产业的使命和责任。

参考文献

1. 植草益. 产业组织论 [M]. 卢东斌, 译. 北京: 中国人民大学出版社, 1988.
2. 泰勒尔. 产业组织理论 [M]. 马捷, 等译. 北京: 中国人民大学出版社, 1997.
3. 波特. 竞争战略 [M]. 陈小悦, 译. 北京: 华夏出版社, 2005.
4. 艾尔布兰. 传媒经济学——市场、产业与观念 [M]. 陈鹏, 译. 北京: 中国传媒大学出版社, 2009.
5. 小林一博. 出版大崩溃 [M]. 甄西, 译. 上海: 上海三联书店, 2004.
6. 马歇尔. 经济学原理: 上 [M]. 朱志泰, 陈良璧, 译. 北京: 商务印书馆, 2009.
7. 马歇尔. 经济学原理: 下 [M]. 朱志泰, 陈良璧, 译. 北京: 商务印书馆, 2009.
8. 波特. 国家竞争优势: 上 [M]. 李明轩, 邱如美, 译. 北京: 中信出版社, 2012.
9. 财团法人数字内容协会. 数字内容白皮书 2008 [M]. 日本: 经济产业省商业情报政策局监修, 2009.
10. 安德森. 长尾理论 [M]. 乔江涛, 译. 北京: 中信出版社, 2006.
11. 安德森. 免费: 商业的未来 [M]. 蒋旭峰, 冯斌, 璩静, 译. 北京: 中信出版社, 2009.
12. 芮明杰, 刘明宇, 任红波. 论产业链整合 [M]. 上海: 复旦大学出版社, 2006.
13. 程恩富. 文化经济学通论 [M]. 上海: 上海财经大学出版社, 1999.
14. 黄先蓉, 罗紫初. 数字出版与出版教育 [M]. 北京: 高等教育出版社, 2009.
15. 罗宾斯, 库尔特. 管理学: 第九版 [M]. 孙健敏, 黄卫伟, 王凤彬, 等译. 北京: 中国人民大学出版社, 2008.
16. 赫振省. 2012—2013 中国数字出版产业年度报告 [M]. 北京: 中国书籍出版社, 2013.
17. 方卿, 姚永春. 图书营销学教程 [M]. 长沙: 湖南大学出版社, 2008.
18. 于刃刚, 李玉红, 麻卫华, 等. 产业融合论 [M]. 北京: 人民出版社, 2006.
19. 陈昕. 美国数字出版考察报告 [M]. 上海: 上海人民出版社, 2008.
20. 胡永佳. 产业融合的经济学分析 [M]. 北京: 中国经济出版社, 2008.
21. 李东来. 数字阅读你不可不知的资讯与技巧 [M]. 北京: 国家图书馆出版社, 2010.
22. 左文. 文化全球化视野下的中国数字出版业 [M]. 北京: 清华大学出版社, 2012.
23. 陈生明. 数字出版理论与实践 [M]. 北京: 人民教育出版社, 2009.
24. 陈生明. 数字出版概论 [M]. 南京: 南京大学出版社, 2011.
25. 杨公朴, 夏大慰, 龚仰军. 产业经济学教程: 第 3 版 [M]. 上海: 上海财经大学出版社, 2008.
26. 皇孝章, 张志林, 陈丹. 数字出版产业发展研究 [M]. 北京: 知识产权出版社, 2011.
27. 范锋. 中国网络企业商业模式创新 [M]. 北京: 社会科学文献出版社, 2012.

28. 张新新. 变革时代的数字出版 [M]. 北京：知识产权出版社，2016.
29. 郝振省. 数字时代的全媒体整合营销——中文在线全媒体模式案例剖析 [M]. 北京：中国书籍出版社，2009.
30. 官建文. 中国移动互联网发展报告（2012）[M]. 北京：社会科学文献出版社，2012.
31. 方卿，曾元祥，敖然. 数字出版产业管理 [M]. 北京：电子工业出版社，2013.
32. 徐丽芳，刘锦宏，丛挺. 数字出版概论 [M]. 北京：电子工业出版社，2013.
33. 郭亚军. 基于用户信息需求的数字出版模式 [M]. 北京：世界图书出版公司，2010.
34. 刘锦宏. 数字出版案例研究 [M]. 北京：电子工业出版社，2014.
35. 张立. 2015—2016 中国数字出版产业年度报告 [M]. 北京：中国书籍出版社，2016.
36. 黄先蓉，李晶晶. 中外数字版权法律制度盘点 [J]. 科技与出版，2013（1）：14 - 26.
37. 黄先蓉，赵礼寿，阮静. 出版产业政策的价值取向与原则的制定 [J]. 中国出版，2011（11）：26 - 29.
38. 黄先蓉，赵礼寿，甘慧君. 数字技术环境下出版产业政策需求研究 [J]. 出版发行研究，2011（7）：25 - 28.
39. 李朋义. 内容与技术的融合是教育出版发展的趋势 [J]. 出版发行研究，2013（9）：35 - 37.
40. 叶奕. 教育出版数字化转型中的困境与出路 [J]. 出版参考，2013（17）：37 - 38.
41. 吴江文. 基于 MOOC 理念的教育数字出版引导教育资源配置策略探析 [J]. 科技与出版，2014（2）：17 - 21.
42. 文心. 对话殷忠民：教育出版数字化转型需要正确的战略和务实的行动 [J]. 出版发行研究，2013（10）：31 - 34.
43. 陈兰枝，范军. 教育出版数字化转型的困境与对策研究 [J]. 编辑之友，2015（6）：10 - 13.
44. 徐雅金. "云出版"平台与数字出版产业链的构建 [J]. 传播与版权，2015（12）：50 - 51.
45. 张振安. 传统出版与数字出版产业链融合之路探究 [J]. 出版广角，2014（18）：60 - 62.
46. 包韫慧. 北京印刷学院师生大众类期刊数字化阅读分析——以龙源电子期刊阅览室访问数据为例 [J]. 北京印刷学院学报，2013（1）：42 - 44.
47. 王斯爽，陈勤. 基于移动终端的数字杂志第三方平台数据运营研究 [J]. 科技与出版，2015（10）：69 - 72.
48. 牛晓宏. 基于数字出版产业链的数字出版机构与图书馆合作策略研究 [J]. 现代情报，2013（11）：8 - 11.
49. 张晋升，杜蕾. 数字出版产业链融合的价值和路径 [J]. 中国出版，2010（16）：44 - 46.
50. 盖红波. 从数字出版到数字图书馆的有效对接 [J]. 图书馆建设，2007（5）：20 - 23.
51. 汪雪莲. 试论图书馆在数字出版产业链中的地位和作用 [J]. 图书馆杂志，2005（10）：16 - 19.
52. 肖东发. 出版人才的需求和出版教育改革 [J]. 科技与出版，2007（4）：51 - 53.
53. 衣彩天. 高校数字出版人才培养模式思考——浅谈北京印刷学院数字出版人才培养的几点经验 [J]. 出版广角，2013（7）：78 - 79.
54. 聂震宁. 数字出版：距离成熟还有长路要走 [J]. 出版科学，2009（1）：5 - 9，77.
55. 衣彩天，肖东发. 出版产业链模式构建初探 [J]. 编辑学刊，2010（3）：84 - 88.
56. 朱家卫. 从传播学角度解构韩寒《ONE·一个》的传播模式 [J]. 新闻世界，2014（9）：147 - 149.
57. 姜胜林. 浅谈数字出版产业链融合的价值和路径 [J]. 传播与版权，2015（12）：127 - 129.
58. 郑建丽. 浅论数字出版市场 BAT 企业新型产业链的建构 [J]. 出版发行研究，2016（7）：51 - 53.
59. 郑娇. 浅析数字出版产业链中电子杂志的运营模式——以电子杂志《ONE·一个》为例 [J]. 新闻研究导刊，2016（10）：287，320.

60. 徐霖杰，龚伟丽．移动电子杂志《ONE·一个》的运营模式探析［J］．新闻研究导刊，2014 (16)：95-96．

61. 戴旸．众包对我国图书网络营销的促进作用［J］．科技与出版，2013 (2)：54-56．

62. 陈丹，张志林．北京印刷学院数字出版人才培养探索［J］．科技与出版，2010 (8)：67-69．

63. 李聪．浅析众包模式在数字出版产业链中的应用［J］．科技与出版，2016 (7)：75-77．

64. 孔倩．我国数字出版"全产业链"的内涵、障碍与发展探析［J］．科技与出版，2015 (4)：67-70．

65. 曾伟明．构建健康合理的数字出版产业链［J］．科技与出版，2011 (3)：7-9．

66. 崔洪铭．信息资源产业链结构分析——以数字出版业为例［J］．情报资料工作，2014 (1)：62-66．

67. 赵立新，谢慧铃．试析数字出版的图书产业链转型［J］．出版发行研究，2012 (8)：52-55．

68. 张振安．传统出版与数字出版产业链融合之路探究［J］．出版广角，2014 (18)：60-62．

69. 徐丽芳．出版产业链价值分析［J］．出版科学，2008 (4)：16-19．

70. 武赫．数字出版产业链分析［J］．科技传播，2015 (4)：183，185．

71. 陈岚岚．传统出版与数字出版的产业链差异与融合［J］．现代出版，2013 (5)：43-45．

72. 朱佳俊，唐红珍，刘进．动漫全产业链发展模式比较研究［J］．科技管理研究，2014 (11)：92-95．

73. 陈超英．数字版权价值的最大化［J］．出版参考，2010 (22)：19-20．

74. 吴信训，吴小坤．我国数字出版产业链的冲刺关键——构建数字出版公共（交易）平台的构想［J］．新闻记者，2010 (8)：24-27．

75. 李艳梅．融媒环境下我国电影全产业链的构建［J］．新闻知识，2014 (9)：82-84．

76. 许益亮，靳明，李明焱．农产品全产业链运行模式研究——以浙江寿仙谷为例［J］．财经论丛，2013 (1)：88-94．

77. 杨曙．数字出版产业链的整合模式与优化运营［J］．六盘水师范学院学报，2013 (5)：14-19．

78. 朱静雯，曹媛，方爱华．我国出版上市公司数字化转型的困境与对策［J］．出版广角，2016 (11)：28-31．

79. 徐艳．基于需求导向的数字出版产业生态系统的研究［J］．编辑之友，2011 (8)：81-84．

80. 马锐．我国数字出版产业持续发展的现状、问题与对策［J］．新闻知识，2014 (1)：28，49-50．

81. 衣彩天．我国数字出版产业链现存问题及解决策略［J］．编辑之友，2014 (2)：19-21．

82. 方卿．资源、技术与共享：数字出版的三种基本模式［J］．出版科学，2011 (1)：28-32．

83. 林昌强．数字出版服务模式及其演变趋势探析［J］．新闻传播，2013 (10)：126．

84. 应彧．亚马逊在中国数字出版市场的策略研究及建议——基于对数字出版产业链的研究［J］．科技传播，2015 (14)：41-42．

85. 方雅丽．自出版产业链模式探究——以亚马逊和盛大为例［J］．东南传播，2016 (7)：77-80．

86. 王武，彭巧灵．"出版平民化"的狂欢泡沫——析自助出版在中国普及的可行性和面临的困境［J］．编辑之友，2012 (12)：20-22．

87. 沙磊．谋求中国亚马逊，盛大打通电子书产业链［J］．中关村，2010 (9)：36-38．

88. 魏凯．2016年国际数字出版产业发展展望［J］．出版广角，2016 (1)：22-25．

89. 张新华，苗璐．北美地区数字出版移动化转型探析［J］．出版广角，2013 (16)：30-34．

90. 张宸．国外报业付费墙构建模式及发展趋势［J］．中国报业，2012 (23)：35-37．

91. 孙发友，董朝．《纽约时报》在线收费模式［J］．新闻前哨，2012 (5)：53-55．

92. 施勇勤，裴莹，王周衍．Skoobe移动出版商业模式探析［J］．科技与出版，2016 (8)：20-27．

93. 吕尚彬，迟强．2010—2012年美国数字报纸付费墙研究述评［J］．国际新闻界，2013 (6)：163-

171.

94. 闫鑫. 2015—2016年我国移动出版产业年度观察[J]. 科技与出版, 2016 (8): 4-8.
95. 于文. 出版业免费商业模式探析[J]. 编辑之友, 2016 (1): 22-26.
96. 易群. 大众数字出版的免费商业模式探析[J]. 新闻研究导刊, 2016 (17): 282-283.
97. 王晓光. 电子书市场的双边结构及其定价策略研究[J]. 出版发行研究, 2009 (7): 45-48.
98. 周凯. 数字出版业价格制定机制研究——基于双边市场分析框架的解释[J]. 现代出版, 2012 (5): 23-27.
99. 裴永刚. 美国: 电子书现状和出版业走势[J]. 编辑学刊, 2011 (6): 57-61.
100. 安小兰. 从封闭走向开放: 电子书商业模式的演进[J]. 现代出版, 2011 (4): 35-38.
101. 于飞. 基于双边市场理论的电子书定价研究[J]. 出版广角, 2016 (12): 66-68.
102. 吴双英. 数字出版盈利模式探究[J]. 中国出版, 2016 (16): 38-40.
103. 陈芳芳, 余世英. 基于文献计量的国际数字出版研究态势分析[J]. 科技与出版, 2015 (1): 89-93.
104. 周艳敏. 国外数字出版产业政策比较研究[J]. 出版发行研究, 2014 (11): 89-92.
105. 王宇明. 我国数字出版产业政策研究的现状分析[J]. 巢湖学院学报, 2016 (4): 62-67.
106. 曹凤祥. 我国学术期刊优先数字出版的问题及对策[J]. 传媒, 2015 (11): 37-39.
107. 徐铭瞳, 吴星. 学术期刊优先出版发展现状的实证分析[J]. 科技与出版, 2015 (7): 117-120.
108. 邹波, 杭丽芳. 学术期刊优先出版的现状、问题与建议[J]. 出版发行研究, 2015 (8): 63-65.
109. 王书瑞. 我国学术期刊优先数字出版的现状及对策分析[J]. 出版广角, 2016 (12): 44-45.
110. 张晓娟. 学术期刊数字化出版研究综述 (2009—2013) [J]. 内蒙古师范大学学报 (教育科学版), 2015 (2): 171-172.
111. 陈汉轮. 数字出版研究论文的文献计量与分析[J]. 科技与出版, 2013 (5): 92-97.
112. 王慧, 任湘, 张燕. 基于华艺线上图书馆的台湾地区出版研究现状分析[J]. 出版科学, 2016 (1): 105-108.
113. 张新雯, 陈丹. 微版权概念生成的语境分析及其商业模式探究[J]. 出版发行研究, 2016 (3): 30-32.
114. 陈东. 智慧城市中的文化产业新业态思考[J]. 山东行政学院学报, 2014 (1): 90-93.
115. 孙玉玲. 智慧城市建设背景下的数字出版企业转型[J]. 出版发行研究, 2016 (3): 5-9.
116. 李凯声. 对外汉语教育出版数字化转型研究[J]. 出版发行研究, 2016 (2): 45-49.
117. 刘蒙之, 刘战伟. 推动传统出版和新兴出版融合发展的顶层思考[J]. 出版广角, 2016 (12): 33-35.
118. 陈丽芳. 我国电纸书的发展现状与对策[J]. 中国出版, 2011 (2): 25-27.
119. 彭连刚. 泛在环境下移动阅读产业商业生态系统构建研究[J]. 中国出版, 2013 (18): 54-57.
120. 彭连刚. 泛在环境下移动阅读产业价值链及商业模式研究[J]. 出版发行研究, 2016 (2): 40-44.
121. 文宏武. 信息技术与出版的创新和转型[J]. 出版参考, 2007 (9): 1.
122. 周俊华, 刘晓云. 高等教育出版社数字化转型的探索与思考[J]. 出版发行研究, 2016 (9): 44-46.
123. 戴宏伟, 王云平. 产业转移与区域产业结构调整的关系分析[J]. 当代财经, 2008 (2): 93-98.
124. 谢红焰, 肖洋. 数字出版产业跨地区融合的内涵、风险及应对[J]. 编辑之友, 2016 (2): 31-

125. 莫远明. 数字出版产业引领功用及其核心竞争力提升研究[J]. 出版广角, 2016 (16): 19-21.

126. 杨曙. 数字出版企业的外部协同组织模型研究[J]. 编辑学刊, 2016 (1): 93-98.

127. 孙玉玲. 大数据时代数字出版产业的发展趋势[J]. 出版发行研究, 2013 (4): 5-8.

128. 梁志. 图书出版社数字出版体系建设分析[J]. 企业科技与发展, 2016 (7): 67-70.

129. 何皓. 图书质量: 出版宏观管理的一个重要范畴[J]. 出版科学, 2010 (1): 31-36.

130. 谢亚可. 数字出版的信息准确性规范管理刍议[J]. 出版发行研究, 2016 (3): 37-40.

131. 董红杰. 创意产业"五位一体"的成长路径研究[D]. 武汉: 华中师范大学, 2014.

132. 邱楚芝. 媒介融合背景下数字出版产业价值链治理研究[D]. 广州: 暨南大学, 2011.

133. 中国互联网络信息中心. 第37次中国互联网络发展状况统计报告[R/OL]. (2016-01-22) [2016-12-30]. http://www.cnnic.net.cn/hlwfzyj/hlwxzbg/hlwtjbg/201601/t20160122_53271.htm.

134. 李易. 2011中国数字出版产业十大预测[N]. 中国新闻出版报, 2010-12-30 (005).

135. 郑洁. IP战略盛行于投资界[N]. 中国文化报, 2015-10-31 (003).

136. 冯宏声. 书业破局O2O重在实现融合[N]. 中国出版传媒商报, 2015-02-27 (06).

137. 裴永刚. 数字出版五大发展趋势[N]. 中国新闻出版报, 2008-04-01 (08).

138. MobileApps [EB/OL]. [2016-12-30]. http://www.pearsonschoolsystems.com/products/Mobile.

139. 龚牟利. 美电子阅读服务商Scribd下线无限阅读服务[EB/OL]. (2016-02-25) [2016-12-30]. http://www.chuban.cc/gjcb/201602/t20160225_172687.html.

140. 福布斯. Oyster关闭电子书订阅服务, 部分团队成员加盟谷歌[EB/OL]. (2015-09-22) [2016-12-30]. http://www.cbdio.com/BigData/2015-09/22/content_3862019.htm.

141. 牛牛. 盛大文学2011年活跃付费用户数量超120万[EB/OL]. (2012-02-25) [2016-12-30]. http://it.sohu.com/20120225/n335864223.shtml.

142. 张燕鹏. 动漫产业已成井喷态势[EB/OL]. (2015-07-23) [2016-12-30]. http://tech.qq.com/a/20150723/027679.htm.

143. MICHAEL L K. The handbook of digital publishing volume 1: the definitive guide to digital publishing [M]. New York: Prentice Hall, 2000.

144. ROCHELL C D, ROBERA R K. Intellectual property [M]. New York: The Foundation Press, 1996.

145. ADAMANTIA P, GEORGE G. A domain area report on business models [R]. Greece: Athens University of Electronics and Business, 2002.

146. NEIL D Y. How digital content resellers are impacting trade book publishing [J]. Pub. Res. Q. 2009, 25 (3): 139-146.

147. OCTAVIO K. Digital publishing in developing countries: the emergence of new model [J]. Pub. Res. Q. 2011, 27 (4): 311-320.

148. Xuemei TIAN, BILL M, Hepu DENG. The impact of digitization on business models for publishing: some indicators from a research project [J]. Journal of systems and information technology, 2008, 10 (3): 232-250.

图书在版编目（CIP）数据

中国数字出版产业链整合研究/裴永刚著．--北京：中国传媒大学出版社，2021.3
（新闻传播学丛书/李珮主编）
ISBN 978-7-5657-2365-0

Ⅰ.①中… Ⅱ.①裴… Ⅲ.①电子出版物—产业链—研究—中国 Ⅳ.①G237.6

中国版本图书馆CIP数据核字（2018）第184282号

中国数字出版产业链整合研究
ZHONGGUO SHUZI CHUBAN CHANYELIAN ZHENGHE YANJIU

著　　者	裴永刚	
责任编辑	蒋　霞	
特约编辑	于水莲	
封面设计	拓美设计	
责任印制	李志鹏	
出版发行	中国传媒大学出版社	
社　　址	北京市朝阳区定福庄东街1号	**邮　编** 100024
电　　话	86-10-65450532　65450528	**传　真** 65779405
网　　址	http://cucp.cuc.edu.cn	
经　　销	全国新华书店	
印　　刷	北京玺诚印务有限公司	
开　　本	787mm×1092mm　1/16	
印　　张	8.75	
字　　数	230千字	
版　　次	2021年3月第1版	
印　　次	2021年3月第1次印刷	
书　　号	ISBN 978-7-5657-2365-0/G·2365	**定　价** 46.00元

本社法律顾问：北京李伟斌律师事务所　郭建平
版权所有　　翻印必究　　印装错误　　负责调换